O³
16
A /

VOYAGES

EN

AFRIQUE

Bruxelles.—Typ. de A. Lacroix, Verboeckhoven et C°, rue Royale 3, impasse du Parc.

ENTRÉE A TOMBOUCTOU.
7 Septembre 1853.

VOYAGES ET DÉCOUVERTES

DANS

L'AFRIQUE

SEPTENTRIONALE ET CENTRALE

PENDANT LES ANNÉES 1849 A 1855

PAR LE DOCTEUR HENRI BARTH

TRADUCTION DE L'ALLEMAND PAR PAUL ITHIER

SEULE ÉDITION AUTORISÉE PAR L'AUTEUR ET L'ÉDITEUR ALLEMANDS

ENRICHIE DE GRAVURES, DE CHROMO-LITHOGRAPHIES, D'UNE BELLE CARTE ET DU PORTRAIT DE L'AUTEUR

DEUXIÈME ÉDITION

TOME IV

PARIS	BRUXELLES ET LEIPZIG
FIRMIN DIDOT FRÈRES, FILS ET Cie	A. LACROIX, VERBOECKHOVEN ET Cie, ÉDITEURS
RUE JACOB, 56	RUE ROYALE, 3, IMPASSE DU PARC

1863

Droits de traduction et de reproduction réservés

CHAPITRE PREMIER.

ESQUISSE HISTORIQUE SUR TOMBOUCTOU ET LES PRINCIPAUX ÉTATS RIVERAINS DU NIGER AVANT L'INVASION DES FOULBE. — DESCRIPTION DE TOMBOUCTOU.

Contrairement à l'idée généralement accréditée en Europe jusqu'à ce jour, Tombouctou n'a jamais été le centre d'un grand royaume. Déjà longtemps avant que la ville fût fondée, il existait, tout autour, de puissantes communautés politiques et, plus tard, elle grandit pendant des siècles, libre et indépendante, sans être jamais la capitale d'un royaume quelque peu important. D'après notre autorité pour l'histoire des contrées du Niger, Ahmed Baba, dont je parlerai plus amplement par la suite, cette ville célèbre fut fondée dans le cinquième siècle de l'hégire (soit vers 1100), par une fraction des Imoscharh ou Touareg, à l'endroit où, depuis longtemps, ils avaient coutume de stationner. Il n'en est pas moins très vraisemblable qu'une partie des habitants de la ville nouvelle appartenaient, dès le début, à la nation Sonrhaï, et ceci me conduit à penser que la forme primitive du nom de la ville était « Toumboutou » (littéralement « corps » ou « cavité » en Sonrhaï), qui s'appliquait aux excavations existant dans les digues de sables de la contrée [1]. Les Imoscharh changèrent ce nom en « Toumbutkou » qui devint, par le temps, « Toumboutkou » ou, comme les Arabes l'écrivent et le prononcent presque généralement aujourd'hui, « Timbouktou » (ou plus exactement encore « Tinbouktou, » sans voyelle longue et avec l'accent sur la seconde syllabe).

Les deux premiers siècles de l'existence de Tombouctou nous sont complétement inconnus; cette ville ne semble pas avoir joué, pendant ce temps, un rôle d'une certaine importance, ni avoir eu des rapports étroits avec l'histoire des pays environnants, comme étant tout à fait à l'écart, par sa situation topographique aux confins du désert. Tombouctou n'acquit pas même d'importance après avoir été conquis, au XIVe siècle par le royaume nègre le plus puissant alors, celui de Melle, situé sur le réseau du Niger supérieur, toutes les communications avec le Nord s'opérant encore par Walata; ce ne fut qu'à la chute de cet empire, accompagné de la ruine de Walata et de l'élévation rapide du royaume de Sonrhaï, que Tombouctou commença à jouer dans l'histoire un rôle dont l'importance s'accrut en peu de temps. Ses annales se liant étroitement à celles des royaumes voisins, il est indispensable, pour connaître le passé de cette ville du désert, de jeter un regard sur le développement de toutes les contrées du Niger en général; celles-ci offrent, du reste, une foule de particularités remarquables qui méritent bien de fixer pendant quelques instants notre attention.

---

[1] C'est ainsi que le synonyme arabe « El Djouf » est fréquemment employé comme nom de localités.

Avant mon voyage, on ne connaissait presque rien de l'histoire de ces vastes et importantes régions, si ce n'est quelques détails complétement isolés, combinés du reste avec beaucoup de talent par le savant critique et géographe anglais, M. William Desborough Cooley [1]; détails puisés, d'après les travaux de mon excellent professeur, M. Charles Ritter, dans El Bekri, dans les annales d'Ebn Chaldoun, dans les récits vagues et confus de Léon l'Africain, relatifs au grand Askia, et enfin dans les brèves relations de la conquête de Tombouctou et de Garho par un général de l'empereur du Maroc, relations dues à quelques écrivains espagnols. C'est à moi qu'était réservé le bonheur de découvrir une histoire complète du royaume de Sonrhaï jusqu'à l'année 1640 de notre ère. Le manuscrit formait un gros volume in-4°, et comme il me fut malheureusement impossible d'en rapporter en Europe une copie complète, je dus me contenter, pendant mon séjour à Gando, d'en extraire les passages que je considérais comme les plus importants au point de vue de l'histoire et de la géographie. J'ai utilisé ces extraits, ainsi que d'autres matériaux encore et le résultat de mes propres observations faites sur place, à la rédaction d'une chronique assez complète du royaume de Sonrhaï et des États voisins, chronique qui figure dans l'appendice du quatrième volume de mon grand ouvrage. J'en citerai ici ce qui sera nécessaire à un examen sommaire de l'histoire politique de la Nigritie.

Quoique l'auteur des annales du Sonrhaï ne s'y nomme qu'à la troisième personne, les savants de la Nigritie s'accordent à en attribuer la rédaction à un personnage éminent,

---

[1] COOLEY, *Negroland of the Arabs.* 1841.

nommé Ahmed Baba; le manuscrit, qui date du milieu du xviie siècle, porte le nom de « *Tarich E' Soudan.* » Ahmed Baba était un homme de haute science, si l'on considère le pays où il vivait, et il publia d'autres ouvrages encore. Il se distinguait, en outre, par son ardent patriotisme et son caractère tellement digne de respect qu'il fut honoré et traité avec la plus grande considération par le conquérant de son pays, qui l'emmena lui-même en captivité au Maroc, vers la fin du xvie siècle. Si ces qualités offrent déjà une grande garantie de la véracité d'Ahmed Baba, il s'en trouve encore une autre dans la manière prudente et entendue avec laquelle l'auteur traite la partie de ses annales qui s'étend sur des siècles encore ensevelis dans les brumes mystérieuses du passé; rappelons en outre, la grande précision analytique qu'offrent les chroniques d'Ahmed Baba, qui contrastent, sous ce rapport, avec les travaux des annalistes du Bornou. Appuyés d'une autorité semblable, je pense que nous pouvons accepter avec la plus grande confiance en leur valeur historique, les données dont voici le résumé.

Le royaume le plus ancien de toute la région du Niger, fut, selon notre auteur, celui de Ghana ou Ghanata, dont j'ai déjà parlé au sujet de l'histoire des Foulbe, et qui était situé à l'ouest de Tombouctou. J'ai eu alors occasion de faire remarquer au lecteur que le nom ou le titre de fondateur de ce royaume, « Wakadja Mangha, » devait évidemment provenir de la langue Foulfoulde (« *mangha* » ou « *mangho* » signifiant « grand »), d'où nous pouvons conclure que les Foulbe formaient l'élément pâle dominant de la population du Ghanata. La capitale du même nom se trouvait située à peu près sous le 18e degré de lat. sept. et le

7ᵉ degré de long. occ. de Greenwich ; la partie centrale du royaume forme aujourd'hui la province de Baghena ou la contrée qui s'étend entre le Sénégal supérieur et le Niger, vers le point où celui-ci décrit un angle vers le nord, au dessous de Djinni. Le royaume de Ghanata fut fondé environ trois siècles après J.-C., précisément à l'époque où le christianisme faisait des progrès si énormes sur tout le littoral méditerranéen et surtout dans la Mauritanie, en produisant partout d'immenses révolutions. Nos renseignements relatifs aux premiers temps de l'histoire du Ghanata sont peu nombreux, mais nous savons que vingt-deux princes y régnèrent jusqu'à l'avénement de l'islamisme, au commencement du vıɪᵉ siècle de l'ère vulgaire ; nous savons également que la doctrine de Mahomet y pénétra de bonne heure et que, dès le commencement du xᵉ siècle, la capitale du Ghanata possédait un vaste quartier musulman où se trouvaient douze mosquées.

Ce furent les tribus berbères venues du Nord qui importèrent et répandirent la croyance nouvelle dans la Nigritie occidentale. La première tribu qui apparut fut celle des Limtouna, puissante au désert ; après avoir été attaquée et vaincue, elle fut suivie de celle des Senagha, ou Senhadja, selon les Arabes. Cette dernière semble avoir étendu avec succès son influence sur la région occidentale du désert, sur toutes les contrées voisines du Soudan ainsi que sur une grande partie du royaume de Ghanata. Vers le milieu du xᵉ siècle, les Senagha possédaient déjà, à environ trois degrés de la capitale, l'importante colonie commerciale d'Aoudaghost qui, d'après mon estimation, devait se trouver près du Kasr El Barka actuel, entre les 10ᵉ et 11ᵉ degrés de long. occ. et les 18ᵉ et 19ᵉ degrés de lat. sept. de Greenwich ;

pendant ce même xe siècle, il n'y aurait pas eu moins de vingt-trois rois nègres [1] tributaires d'un seul chef Senagha.

Sur ces entrefaites, s'était élevé, plus vers l'orient et dans les contrées riveraines du Niger moyen, un autre royaume, celui des Sonrhaï. Ahmed Baba nous laisse complétement ignorer l'origine première de ceux-ci, mais maintes traditions nous engagent à la chercher près des nombreux embranchements du Niger qui s'étendent au dessus de Tombouctou. Toutefois je pense que la signification historique des Sonrhaï, comme nation, part de Bourroum, localité située sur le grand angle oriental du Niger à l'endroit où celui-ci, après avoir côtoyé le désert en se dirigeant vers l'est, prend son cours vers le S. S. O. A partir de ce point, l'influence des Sonrhaï s'étendit, des deux côtés, le long du Niger et se concentra, en amont, dans les environs de leur ancienne capitale Koukia, située près du Goga ou Garho actuel.

C'est là que serait arrivé de l'orient, vers le commencement du viie siècle, et par conséquent de l'hégire, un homme du nom de Sa, qui aurait fondé la plus ancienne dynastie Sonrhaï qui soit connue. La nationalité de ce personnage est restée un mystère, mais la tradition le fait venir de l'Yémen, en Arabie, tandis qu'il paraît, avec plus de vraisemblance, avoir appartenu à la race berbère. Quoi qu'il en soit, le fait même, que la tradition fait venir de l'orient le

---

[1] Il est bon d'ajouter que le pays des Nègres, à cette époque, s'étendait encore, en moyenne, jusqu'au vingtième degré de latitude, et ce ne fut qu'alors que ces derniers furent refoulés par l'arrivée des Berbères. L'invasion de ces hordes produisit la dévastation de ces contrées jusqu'alors abondamment peuplées, du moins en certaines parties.

fondateur de la première dynastie Sonrhaï, indique, ainsi que maintes autres circonstances, que la civilisation de cette partie du Soudan fut due à l'Égypte. Le premier effet de cette influence extérieure fut de détruire les principaux dogmes des superstitions païennes ou tout au moins à les ensevelir sous d'autres doctrines, tel que le culte surtout, voué à certaine espèce de grand poisson ; c'était probablement le célèbre ayou (*Manatus Vogelii*), dont j'ai déjà parlé à plusieurs reprises et que nous rencontrerons encore dans les eaux du courant principal du Niger.

Le petit domaine qui s'était ainsi formé autour de Koukia, semble avoir grandi promptement en étendue et en puissance. C'est ainsi qu'il s'éleva bientôt, aux environs de la capitale, sur le Niger, la ville de Gogo ou Garho, place commerciale considérable, qui, d'après des indices évidents, était déjà en relations, dès la fin du IXe siècle, avec Ouarghela, le centre de commerce le plus ancien qui ait existé sur les limites septentrionales du désert. Il résulte de là que les rapports commerciaux entre l'Afrique septentrionale et la Nigritie datent d'infiniment plus loin qu'on ne l'a jamais cru. Vers le milieu du Xe siècle, la puissance du roi de Sonrhaï était déjà tellement grande que le chef des Senagha, qui avait sa lointaine résidence à Aoudaghost, crut prudent de lui envoyer des présents pour éviter une guerre avec lui. Les Sonrhaï, à cette époque, étaient encore tous païens, à peu d'exceptions près, et ce ne fut que le quinzième roi de la dynastie des Sa, nommé Sa Kassi, qui embrassa l'islamisme, en 1009, ou 400 de l'hégire.

Avec le changement de religion, s'opéra également un changement de capitale, Koukia étant surpassé de beaucoup par le florissant Gogo. L'islamisme semble avoir jeté parmi les Sonrhaï des racines profondes, même avant que le peuple fût entièrement converti et alors même que la cour et les grands seuls reconnaissaient la croyance nouvelle. Vers 1067, la capitale Gogo se composait de deux villes ou quartiers, dont l'un était la résidence du roi et des musulmans, tandis que la population païenne habitait l'autre. L'islamisme n'en était pas moins déjà dominant à tel point que la pratique en était une condition formelle de l'exercice du pouvoir; chaque prince recevait, lors de son avénement au trône, trois objets emblématiques, consistant en une bague, un glaive et le Koran. Ces gages sacrés de la puissance royale avaient été, à ce que l'on prétendait, envoyés autrefois d'Égypte à un prince Sonrhaï, comme *emir el moumenin,* ou « chef des croyants. »

Outre son nouveau rang comme capitale, Gogo pouvait toujours prétendre à son ancienne importance comme centre de commerce. Le sel y était, à cette époque, l'article principal; il arrivait à Gogo, de la ville berbère de Taoutek, située au milieu du désert, à quinze journées de marche plus au nord. L'ancienne capitale, Koukia, déjà presque entièrement peuplée de musulmans, et située au commencement de la route des caravanes vers l'Égypte, se livrait au commerce de l'or avec autant de profit que d'activité. Elle avait toujours été le grand marché du Soudan pour ce métal précieux, quoique la qualité de celui que l'on exportait des contrées situées entre le Sénégal et le Niger (telles que Bambouck et Boure) pour Aoudaghost, parût être supérieure. Outre le sel et l'or, les coquillages, le cuivre et les perles de verre étaient les principaux articles de commerce de Koukia.

Nous voyons donc déjà des villes du Sonrhaï s'élever,

grandes et florissantes par leur puissance politique et l'extension de leurs rapports commerciaux, bien avant qu'ait existé la première hutte de Tombouctou. Avant de m'occuper des événements postérieurs à la fondation de cette dernière ville, je demanderai au lecteur la permission de continuer le récit des faits relatifs à l'histoire des contrées occidentales, qui m'y conduiront, du reste, par la suite.

Nous avons vu que la tribu des Senagha dominait, au xe siècle, sur toute la région occidentale du désert ainsi que sur les pays voisins au midi; le royaume de Ghanata lui-même était en partie tombé en son pouvoir. Il paraît toutefois que le Ghanata se réveilla plus tard et subjugua à son tour une partie du territoire des Senagha. Ce fut ainsi que Aoudaghost devint dépendant du Ghanata; mais cette ville fut conquise et pillée, en 1052, par les Merabetin, adeptes d'un chef religieux récemment sorti des rangs des Senagha et nommé Abd Allah Ebn Yassin. En peu d'années, les rois de Ghanata se trouvèrent rangés sous la dépendance du chef des Merabetin et, en 1076, ces derniers prirent possession du pays et forcèrent la plupart des habitants à embrasser l'islamisme; ce dernier se répandit, en outre, par les armes des Merabetin, sur les contrées voisines de la Nigritie.

Quoique les Senagha fussent restés la tribu dominante au Ghanata, leur puissance décrut rapidement. Vers 1203-1204 (600 de l'hégire), ils étaient déjà tellement déchus, qu'ils ne purent résister à une attaque de la part des Soussou, tribu alliée aux Wakore ou Mandingo, et qu'ils durent abandonner le royaume à celle-ci. Vers 1235, la domination des Senagha dans le désert, prit fin à son tour, et les débris de cette nation jadis grande et puissante, les Limtouna et les Messoufa, furent successivement réduits à l'état de tributaires, car un nouvel empire avait surgi : celui de Melle, sur le Niger supérieur.

Tout ce que nous savons de l'origine de ce royaume, qui devint bientôt le plus puissant de toute la Nigritie, c'est que le premier roi musulman de Melle se nommait Baramindana, qu'il fit, en 1213, un pèlerinage et que l'un de ses successeurs, Mari Djatah (1235-1260) battit les Soussou, maîtres alors du Ghanata. Nous devons citer, comme le plus grand roi du Melle, Mansa Moussa, ou plutôt Kounkour Moussa; il régna de 1311 à 1331 et porta la puissance politique et militaire de son royaume au point que celui-ci, selon les paroles d'Ahmed Baba, possédait « une force d'agression sans limite ni mesure. » Mansa Moussa subjugua le Baghena ou les débris du royaume de Ghanata, y compris tout le pays habité de Taganet et d'Aderer (c'est à dire la partie occidentale du désert) ainsi que le Tekrour occidental[1]; au retour d'un pèlerinage à la Mecque, en 1326, il s'empara encore du royaume de Sonrhaï avec sa capitale, Gogo, et enfin de Tombouctou. Une seule des villes alors florissantes de la Nigritie, résista au roi de Melle, quoiqu'elle fût constamment attaquée par lui; c'était Djenni, place très considérable, située au S. S. O. de la ville actuelle de Hamd Allahi, sur le Niger supérieur. Djenni était déjà fondé vers le milieu du xie siècle et jouissait même, à cette époque, d'une grande importance commerciale.

Tombouctou, qui semble s'être rendu sans résistance au conquérant, gagna, comme capitale de province, en splen-

[1] Tekrour, nom qui indique, dans l'origine, le domaine de l'islamisme en Nigritie, signifie ici les contrées situées sur les deux rives du Niger moyen, là où le fleuve se dirige vers le S. S. E.

deur et en considération, car le nouveau souverain, homme énergique et ami des arts, dota la ville de mosquées et de palais nouveaux. L'avantage que retira, en outre, Tombouctou de la perte de son indépendance, fut de se trouver, par le fait de son incorporation à un puissant royaume, protégée contre les violences des Berbères voisins. Il en résulta un accroissement rapide de la ville, qui ne tarda pas à devenir un marché de premier ordre. Jusqu'alors Ghanata avait été seul le principal entrepôt du commerce de l'Afrique septentrionale pour cette partie du Soudan, et la résidence de nombreux négociants du Fezzan, de Ghadames, du Taouat, du Tafilet, etc.; peu à peu, tous émigrèrent vers Tombouctou, dont ils accrurent naturellement le commerce et la richesse.

Avec sa prospérité, Tombouctou vit s'élever des ennemis nouveaux. Vers la fin du règne de Mansa Moussa, les Mossi païens qui, jusqu'alors, avaient lutté avec quelque succès contre l'islamisme, combattirent avec non moins de bonheur les musulmans du Melle et pénétrèrent, depuis leurs établissements situés dans le vaste triangle formé par le Niger, jusqu'à Tombouctou. Les troupes du Melle prirent la fuite et le roi du Mossi mit la malheureuse capitale à feu et à sang. Après ces événements, Tombouctou semble être resté pendant sept années à l'état indépendant, jusqu'à ce que Mansa Sliman, devenu roi de Melle en 1335, rétablit son royaume et reprit Tombouctou, qu'il rebâtit et qui resta, sans interruption, pendant tout un siècle sous la même domination. Ce fut pendant ce temps, c'est à dire vers 1373, que Tombouctou fut connu pour la première fois en Europe, par le travail géographique espagnol, nommé *Mappamondo Catalan*, où cette ville figure sous le nom de « Timboutsch. »

Pendant longtemps, l'état politique des contrées nigériennes se maintint sans modifications dignes de remarque. Disons cependant que, sous le successeur de Mansa Moussa, le prince Sonrhaï Ali Killoun ou Kilnou, réussit, ainsi que son frère, retenu comme lui en otage à la cour de Melle, à s'enfuir et à rentrer dans sa patrie, où il fonda la dynastie des Sonni; toutefois il ne parvint pas à s'affranchir complétement, ni d'une manière durable, de la domination du Melle. Ce n'est que vers le milieu du xve siècle, que commence à décliner la puissance de ce dernier, grâce aux partis instigués par les différents gouverneurs du pays. Il en résulta que le Melle ne fut plus à même de résister aux tribus berbères dont l'une (probablement celle des Massoufa, établie aux confins du désert), conduite par son chef Akil, prit possession de Tombouctou; toutefois elle ne parvint jamais à étendre sa domination jusqu'au delà du Niger (1433). Malgré ses désastres et ses luttes intestines, le Melle resta, pendant de longues années encore, le royaume le plus puissant de toute la Nigritie. La capitale, Melle [1], exerçait toujours sur une grande échelle le trafic de l'or, métal que l'on y exportait dans trois directions différentes. Il allait d'abord à Koukia, d'où on le transportait en Égypte; en second lieu, on l'envoyait de Melle à Tombouctou, et de là au Taouat; ensuite on le dirigeait également sur Tombouctou, d'où il partait pour Wadan ou Hoden (20° lat. sept. et 11° long. occ. Greenw.), place très importante non seulement pour cette branche de commerce, mais encore pour la traite des esclaves. Tombouctou lui-même était, à

---

[1] La ville de Melle était située sur un des bras septentrionaux du Niger, au sud-ouest de Tombouctou.

cette époque, un entrepôt considérable pour le sel, que l'on y apportait des mines de Teghasa, situées à 17 ou 18 milles au nord de Taodenni.

L'an 869 de l'hégire (1464-1465), le « grand tyran et scélérat » Sonni Ali monta au trône du Sonrhaï. Il était le seizième roi de la nouvelle dynastie des Sonni et devait jouer un grand rôle dans l'histoire de la Nigritie. C'était un souverain cruel, mais énergique, qui renversa toutes les conditions politiques de cette partie du Soudan, en provoquant la chute du royaume de Melle. Lorsque les Berbères eurent conquis Tombouctou, sous Aktil, ils y placèrent un gouverneur choisi parmi la race berbère qui y était déjà établie, et poursuivirent leur existence nomade. Ils ne tardèrent pas, cependant, à être traités de telle sorte par le successeur de ce premier gouverneur, que Sonni Ali se vit forcé de marcher contre Tombouctou (1468-1469). Cette circonstance vint à point au conquérant, qui livra Tombouctou au pillage et au meurtre, au point de faire pâlir les horreurs dont s'était souillé précédemment le roi idolâtre des Mossi. Sonni Ali semble avoir sévi surtout contre la classe lettrée, qui avait choisi de préférence Tombouctou pour sa résidence. Dans tous les cas, la ville dut se relever en peu de temps de ce coup terrible, car, à la fin du même siècle, elle était plus peuplée qu'elle ne l'avait jamais été. Il est, du reste, évident qu'après la conquête de Tombouctou par Ali, les marchands arabes du nord cessèrent leurs relations commerciales avec Ghanata, pour aller visiter plutôt les marchés de Tombouctou et de Gogo.

Sonni Ali conquit encore le Baghena ou centre primitif de l'ancien royaume de Ghanata, mais se contenta de rendre tributaire le chef de ce pays. Il agit de même avec Djenni, étendant ainsi ses conquêtes au delà des limites du Melle, car, selon toute apparence, Djenni n'avait jamais été sous la dépendance de ce royaume; toutefois, Ali signala encore sa victoire par un massacre épouvantable, en cette ville florissante par sa production des tissus indigènes. Ce doit être à Sonni Ali que Jean II de Portugal envoya une ambassade; en tout cas, ce fut lui qui permit aux Portugais d'établir à Wadan ou Hoden une factorerie qui, du reste, ne dura guère, à cause de l'infertilité de la ville et de son trop grand éloignement de la côte. Soni Ali périt, le 5 novembre 1492, au retour d'une expédition contre le Gourma, en voulant franchir un torrent impétueux que je traversai moi-même dans une saison bien plus défavorable. Son fils Abou Bakr Daou lui succéda, mais fut battu et détrôné presque aussitôt par l'un des généraux de son père.

Le lecteur se rappellera que la dynastie des Sa, dont celle des Sonni ne formait qu'une branche, était d'origine étrangère. Or, la cruauté de Sonni Ali avait été plus que suffisante pour attirer une haine générale non seulement sur lui-même, mais sur toute sa famille. A sa mort, un certain Mohammed, fils d'un Sonrhaï nommé Abou Bakr, réunit tous les mécontents, attaqua le nouveau roi et fut d'abord battu; mais revenant à la charge, il le battit à son tour dans les environs de sa capitale et le força d'aller mourir dans l'exil. C'est ainsi que nous voyons la dynastie étrangère remplacée par une dynastie nationale, celle des Askia; car Mohammed Ben Abou Bakr était natif de l'île nigérienne de Neni, située au dessous de Sinder.

Le premier acte que posa ce grand roi Sonrhaï, en vue d'asseoir son autorité nouvelle, fut d'assurer à son peuple une longue ère de paix, après que la population mâle presque tout entière eût été sacrifiée au service militaire d'Ali. Ahmed Baba dit d'Askia « que Dieu s'était servi de lui pour arracher les vrais croyants à leurs misères et à leurs douleurs. » Il créa l'un de ses frères gouverneur de Tombouctou (*toumboutoukoy*) et en commit un autre à la surveillance des frontières occidentales du royaume; il s'empara ensuite du gouverneur de Djenni, qu'Ali s'était contenté de rendre tributaire, et le retint en captivité, à Gogo, jusqu'à la fin de ses jours. Après avoir ainsi étendu et affermi ses domaines, Mohammed entreprit, avec ses princes et ses savants, un pèlerinage à la Mecque, qui contribua puissamment à accroître sa renommée. Il fut accompagné, dans cette lointaine et pénible entreprise, non seulement des personnages les plus éminents de toutes les tribus rangées sous son autorité, mais encore de 1,500 soldats, dont 500 cavaliers. Il emporta 300,000 *mithkal* d'or, soit environ 550,000 thalers de Prusse, somme énorme pour le temps. Sa libéralité était telle qu'il dut encore contracter en route un emprunt de 150,000 *mithkal;* aussi fonda-t-il à la Mecque un établissement pour les pèlerins du Soudan. Ce pèlerinage eut lieu pendant les années 1495 et 1496, ou 1497.

Revenu dans son pays, il voulut contraindre les Mossi à embrasser l'islamisme, et, sur leur refus, il marcha contre eux et dévasta leur pays. Il s'empara ensuite du Baghena, dont Ali n'avait également rendu le roi que tributaire, et battit les Foulbe, alors déjà puissants (1499-1500). Son frère Omar subjugua complétement le royaume de Melle et en prit la capitale, la première ville du Soudan à cette époque, renfermant 6,000 habitations. Dans la même année (1501), Hadj Mohammed livra une guerre acharnée au Bargou, contrée située entre le Gourma, le Yorouba et le

Niger. Les habitants de ce pays semblent avoir été fort belliqueux, car le roi de Sonrhaï dut lutter contre eux pendant quatre ou cinq années.

L'an 1506 paraît avoir signalé le commencement d'une longue trêve. Le roi s'occupa principalement, depuis cette époque, des affaires intérieures de son vaste royaume, qui s'étendait depuis le Kebbi, à l'orient, jusqu'au Kaarta actuel, c'est à dire jusqu'aux sources septentrionales des affluents du Sénégal. Il séjourna probablement, pendant cette période, aux environs de Tombouctou; du moins s'y trouvait-il lors du voyage de Léon dans cette partie de l'Afrique. Ce fut en 1512 que se rouvrit la série des exploits militaires du grand Askia, dont le résultat fut l'extension plus grande de ses possessions vers l'ouest. L'influence d'Askia atteignait même jusqu'au littoral de l'Atlantique, au point que les Portugais du Sénégal s'étonnaient de la puissante furie guerrière qui « pareille à un vaste incendie, » dévastait toutes les contrées, de l'orient à l'occident. En 1513, le roi se rendit à Katsena, d'où il revint l'année suivante, pour entreprendre, en 1515, une expédition contre la ville d'Agades, fondée en 1460, en expulser les tribus berbères et y implanter à leur place un grand nombre de ses compatriotes.

Ces succès avaient porté à leur plus haut période, non seulement la puissance de Hadj Mohammed, mais encore celle du royaume de Sonrhaï. Au retour du roi, Kanta, gouverneur de Leka, dans la province de Kebbi, lequel l'avait, comme vassal, suivi dans son expédition d'Agades, réclama une part du butin qui, selon toute apparence, devait être considérable. Comme sa demande ne fut pas accueillie, il se leva contre son maître (1516), resta vainqueur dans une grande bataille et maintint contre lui, l'année suivante, l'indépendance du nouveau royaume de Kebbi. Nous avons vu, plus haut, que Kanta fut soutenu dans cette lutte par les Foulbe.

Hadj Mohammed visita de nouveau, en 1518, la partie occidentale de son royaume et séjourna encore, en cette circonstance, à Tombouctou. Il eut le malheur, dans le cours des années suivantes, de perdre ses deux frères, les plus fermes soutiens de sa puissance. Devenu vieux, il fut le jouet de ses fils ambitieux, dont les intrigues se firent jour vers 1524. Trois ans plus tard, l'aîné, Hadj Moussa, qui l'avait accompagné à la Mecque, le menaça de mort et le força de fuir. On parvint cependant à réconcilier le père et le fils, mais ce dernier reprit bientôt parti contre son père, tua Yahia, son oncle, qui soutenait ce dernier, et contraignit Mohammed à abdiquer (1529).

Ainsi se termina le règne remarquable de Hadj Mohammed Askia, après une durée de trente-six ans et six mois. Le fils de ce prince, Moussa, l'avait laissé paisible possesseur du palais royal de Gogo, mais le successeur de Moussa, fils d'Omar Koumsaghou et neveu de Mohammed, en expulsa celui-ci et le réduisit en captivité. Ce ne fut qu'après l'avénement d'un autre de ses fils au trône, que l'infortuné vieillard fut rendu à la liberté, mais pour peu de temps, car il mourut, en 1537, dans la capitale, où il fut enterré dans la grande mosquée. Les derniers événements de la vie de Hadj Mohammed peuvent être considérés comme une expiation des commencements injustes de son règne glorieux, dans lesquels il avait donné à ses fils l'exemple de la sédition. A cela près, Hadj Mohammed Askia doit être regardé comme le plus grand prince qu'ait jamais produit la Nigritie. Fidèle et ardent sectateur de l'islamisme, il aimait la littérature musulmane et les savants, dont il écoutait les conseils ; aussi n'est-ce qu'avec une considération et une vénération profondes, que les musulmans les plus pieux et les plus instruits parlent du fondateur de la dynastie nationale des Askia. Or, c'est précisément comme étant un nègre indigène, et non, ainsi que d'autres princes célèbres plus anciens dans l'histoire du Soudan, un descendant de race étrangère, que Hadj Mohammed Askia mérite, de notre part, une attention toute particulière ; car il offre l'exemple du plus haut degré de développement intellectuel dont semble susceptible la race noire. Pour quiconque s'occupe d'étudier à fond les diverses races humaines, il ne sera réellement pas d'un médiocre intérêt de jeter un coup d'œil général sur cette période historique du continent africain.

Les Portugais, c'est à dire l'un des peuples les plus entreprenants d'Europe à cette époque, animés d'un esprit héroïque, découvrent graduellement toute la côte occidentale d'Afrique, le cap méridional du continent et fondent leur empire colonial ; au même moment un roi nègre de l'intérieur de la terre ferme n'étend pas seulement ses domaines sur une vaste étendue de pays (c'est à dire depuis le Haoussa, comme centre, jusque près des côtes de l'Atlantique, et depuis le royaume idolâtre de Mossi, situé sous le 12e degré de lat. sept. jusqu'au Taouat, au midi du Maroc), mais encore gouverne ses tribus subjuguées, avec justice et fermeté ; dans toutes les villes que renferment ses frontières, naissent le bien-être et l'abondance, tandis qu'il dote ses sujets de tous les progrès de la civilisation musulmane qu'il juge leur être nécessaires. Malheureusement les limites de cet ouvrage ne me permettent de rapporter que ce que nous savons par Ahmed Baba et quelques autres auteurs, des mœurs et des rapports sociaux des Sonrhaï à l'époque de la splendeur de leur royaume. Quelque peu que ce soit, on y trouvera du moins, la justification de ce qui précède. Je n'en citerai, comme exemple, que les soins dont les morts étaient l'objet chez les Sonrhaï; c'est ainsi que le corps des rois qui mouraient dans des parties reculées du royaume, était disséqué et embaumé au moyen de miel, pour être transporté à grand labeur dans la capitale, où on l'enterrait avec un cérémonial déterminé. Il existait même une défense sévère de rendre les honneurs funèbres en usage, aux ennemis de qualité trouvés morts sur les champs de bataille. Or, revenons à l'histoire du Sonrhaï et au successeur du grand Askia.

Il y a peu de chose à dire d'Askia Moussa, si ce n'est qu'il persécuta ses frères et fit mourir tous ceux d'entre eux dont il parvint à s'emparer, tandis que, de leur côté, ils s'efforçaient de se défaire de lui. Ce fut sous son règne que les Portugais envoyèrent, de Mina, sur la Côte d'Or, une ambassade au gouverneur Sonrhaï de l'ancienne province-capitale de Melle (1534). Pas plus que Moussa, ses successeurs ne contribuèrent à élargir les limites ou l'influence du royaume, et ce ne fut qu'Isshak, autre fils de Hadj Mohammed, qui, arrivé au trône vers 1541, se montra de nouveau un prince énergique, mais aussi le plus grand despote qu'ait jamais possédé le Sonrhaï. Il entra d'abord en hostilités avec le Maroc ou Maghreb occidental, hostilités qui devaient conduire bientôt le royaume à sa décadence. Moulaï Ahmed, le puissant souverain de cet empire, avait jeté un regard avide du côté de la Nigritie, si riche en or, et résolu, comme prétexte au débat, d'élever des prétentions sur les mines de sel de Teghafa ; ces prétentions furent énergiquement repoussées par Isshak, qui y répondit par une invasion de 2,000 Touareg et força l'empereur du Maroc à l'inaction pendant de longues années. A Isshak succéda son frère Daoud (1553), monarque paisible qui n'entreprit aucune expédition militaire, et sous le sage et long règne duquel le royaume acquit de nouveaux éléments de force. Son fils aîné lui succéda au trône en 1582 ; il s'appelait El Hadj Mohammed, comme son aïeul, dont il se rendit digne par son courage et sa persévérance, mais dont il dut envier le succès. Du jour de son avénement, il eut à lutter contre des compétiteurs de sa puissance, et son règne fut marqué par des soulèvements et des guerres civiles sans relâche, qui remplirent de royaux captifs la prison d'État de Kantou. La seule cause de tous ces désordres était la polygamie, d'où naissaient à chaque souverain une quantité de frères, de fils et de cousins. Dans d'autres contrées du Soudan, comme au Wadaï, tous les proches parents ou prétendants éventuels du nouveau sultan étaient mis à mort ou privés de la vue ; au Sonrhaï, au contraire, on leur confiait les emplois et les gouvernements les plus importants, ce qui leur mettait aux mains, avec la puissance, un instrument de sédition.

Le royaume était menacé non seulement par ces discordes intestines, mais par un nouveau danger venant du Nord. Moulaï Ahmed, désireux de s'enquérir de la puissance du Tekrour et du Sonrhaï, y envoya une ambassade avec des présents précieux. El Hadj Mohammed la reçut amicalement et renchérit sur la munificence du sultan marocain en lui donnant, entre autres choses, quatre-vingts eunuques. Moulaï mit alors en campagne une armée de 20,000 hommes, à ce que l'on dit, avec ordre de se diriger vers Wadan, de s'emparer de toutes les villes situées le long du Sénégal et du Niger (qu'il semble avoir pris pour un fleuve se dirigeant vers l'ouest) et de marcher ensuite contre Tombouctou. Cette fois encore, cependant, le danger fut écarté et le nombre même de l'armée d'expédition causa sa perte par la famine au désert. Voulant prendre du moins sa revanche de cet échec, l'empereur du Maroc envoya un officier avec quelques mousquetaires pour s'emparer des mines de sel de Teghafa, qui servaient alors à l'alimentation de toute la Nigritie occidentale. Ce fut à partir de cette époque que l'on abandonna ces mines célèbres pour exploiter de préférence celles de Taodenni, situées plus au midi et qui fournissent encore aujourd'hui à toutes ces contrées.

Malgré tout l'énergie et les qualités dont il était doué, El Hadj Mohammed Askia ne devait pas mourir sur le trône. Une longue maladie semble avoir miné ses forces primitives, de sorte qu'il fut supplanté par un rival, en 1587. Peu de jours après il mourut, mais il semble que sa fin fut due à des causes naturelles. Toutes les luttes qui éclatèrent après sa mort entre les nombreux fils d'Askia Daoud, tournèrent au profit d'Isshak, l'un d'eux. Tombouctou, qui avait pris parti pour un de ses rivaux, fit jeter en prison les agents qu'il y avait envoyés lors de son avénement au trône; il paraît que cet acte d'hostilité ouverte valut aux habitants de la ville un rude châtiment.

Après être parvenu, par quelques succès militaires, à raffermir le royaume ébranlé, Isshak Askia vit s'avancer contre lui, l'armée (*mahalla*) du pacha Djodar, vaillant eunuque de Moulaï Ahmed. Cette armée ne consistait, à la vérité, qu'en 3,600 mousquetaires, subdivisés en 174 pelotons de 20 hommes chacun ; mais elle se montra infiniment supérieure aux innombrables hordes indisciplinées et dépourvues d'armes à feu, du Sonrhaï, qui furent mises en fuite avec Isshak lui-même. Djodar pénétra ensuite dans la capitale, Gogo, où la vue du palais le désillusionna tellement de ses espérances de riche butin, qu'il consentit à la proposition d'Isshak de le laisser en possession de son royaume, moyennant l'abandon de 1,000 esclaves et de 100,000 *mithkal* d'or. Il se rendit ensuite à Tombouctou pour y attendre la ratification de cette convention par son maître. L'ambitieux Moulaï Ahmed, qui voulait, à l'envi de Philippe II, son contemporain et son ami, conquérir de vastes royaumes, éclata en fureur à la réception du message de Djodar, destitua sur le champ ce dernier et envoya le pacha Mahmoud Ben Sarkoub reprendre le commandement du corps expéditionnaire et chasser Isshak de ses domaines.

Le premier soin de Mahmoud, aussitôt son arrivée à Tombouctou, fut de faire construire une nouvelle flotte, l'inspecteur du port ayant pris la fuite avec la sienne à l'approche de Djodar. Dans ce but, le pacha fit abattre tous les arbres de la ville : c'est pourquoi elle est encore sans ombre aujourd'hui. Il marcha ensuite contre Askia et le battit près de Gogo, malgré sa résistance acharnée (1591). Cette fois encore, ce fut à leurs armes à feu que les Marocains durent la victoire, car, tandis que le sultan du Bornou, Edriss Alaoma, possédait alors déjà une troupe de mousquetaires, les Sonrhaï n'avaient pas un seul fusil. Une petite pièce de canon, que les Marocains trouvèrent parmi le butin, et qui était probablement un présent des Portugais, eût été parfaitement inutile aux Sonrhaï, qui n'auraient su comment en tirer parti.

Le roi vit qu'une grande armée indisciplinée ne pouvait rien contre un corps expéditionnaire armé de la sorte et bien organisé. En conséquence, il envoya contre le pacha son plus vaillant capitaine avec une troupe de 1,200 cavaliers d'élite qui n'avaient jamais plié devant l'ennemi. Malheureusement le sort du Sonrhaï était arrêté : la trahison et la discorde divisèrent les dernières forces du pays et quand Isshak vit ses troupes l'abandonner pour embrasser le parti d'un prétendant nommé Mohammed Kagho, il comprit que tout était perdu et prit la fuite vers le Kebbi. Repoussé des frontières de ce jeune royaume, dont les chefs étaient hostiles à la dynastie des Askia depuis l'expédition faite contre Agades, et craignaient les Marocains à cause de leurs armes à feu, le roi fugitif repassa le Niger et alla implorer la protection des païens du Gourma. Ce fut près de Tera qu'il se sépara des derniers amis qui lui fussent restés fidèles. « Ici, » dit notre auteur, « on se sépara et on se dit adieu. Le roi pleurait et ses courtisans aussi, car ils se voyaient pour la dernière fois. » On était assurément bien en droit de verser les larmes sur la décadence de ce vaste royaume, si puissant encore quelques mois auparavant. Les idolâtres du Gourma se montrèrent plus charitables que les musulmans du Kebbi, et donnèrent asile au malheureux Askia ; toutefois sa présence leur porta probablement ombrage, car ils le tuèrent plus tard avec tous ceux qui l'avaient accompagné. Ces événements eurent lieu dans la dernière année du xe siècle de l'hégire (1591-1592).

Tout ce qu'il restait encore de la puissance du Sonrhaï s'était groupé autour du prétendant Mohammed Kagho ; seulement il était impossible d'arriver à l'union. Tandis que Mohammed délivrait quelques-uns de ses frères captifs à

Kantou, pour s'en faire des appuis, d'autres passèrent à l'ennemi ; le dernier vestige de l'indépendance du Sonrhaï disparut ainsi, sous les coups d'une petite armée marocaine et grâce surtout à l'énergie de son chef, qui poursuivit les fugitifs jusque dans les provinces les plus orientales du royaume, comme dans celle de Dendina, située au delà du Niger. Tout le vaste territoire de cette dernière, à l'orient du fleuve, jusqu'à Denni, ainsi que la province de Hombori et une partie du Baghena et du Tombo passèrent au pouvoir de l'empereur du Maroc, qui se trouva ainsi en possession d'immenses quantités d'or, au grand étonnement des potentats européens. On plaça dans les villes les plus importantes des garnisons marocaines qui y restèrent fixées, par le mariage des soldats avec des femmes du pays. Il en résulta une certaine classe de population que l'on distingue, encore aujourd'hui, par le nom de « *erma* ou *rouma* » (tireurs) et qui parle un dialecte particulier de la langue Sonrhaï.

Tombouctou joua un grand rôle dans ces dernières luttes autour de la souveraineté du Sonrhaï. Cette ville, siége de la science musulmane, formant le foyer de l'indépendance et de la nationalité Sonrhaï, ses habitants repoussèrent les restrictions que le gouverneur marocain Kaïd El Moustapha voulait mettre à leurs libertés. Il s'ensuivit un tumulte sanglant, et, comme un chef Tarki vint prêter main-forte au gouverneur, probablement sans autre but que le pillage, la ville fut livrée aux flammes. Ce fut même à grand'peine qu'un autre général marocain parvint à empêcher Moustapha irrité, de massacrer la population en masse, et à opérer une réconciliation. Peu à peu cependant, la tranquillité se rétablit, les émigrés rentrèrent et l'inspecteur du port lui-même revint avec toute sa flotte.

Ahmed Baba, auquel nous empruntons nos renseignements pour l'histoire du Sonrhaï, eut à déplorer personnellement les malheurs de sa patrie ; en effet, il perdit tout ce qu'il possédait et, traîné en captivité dans le pays du vainqueur, ne dut sa liberté et son retour au Sonrhaï qu'à la vénération que sa science et ses vertus avaient su inspirer au conquérant. Il semble avoir fini ses jours au Sonrhaï, cherchant à se consoler de ses malheurs par l'amour de la science et le récit des désastres de sa patrie. La rédaction, ou du moins la conclusion de son ouvrage s'arrête à l'an 1640.

Les contrées du Niger étaient donc devenues une province du Maroc, mais sans être l'objet d'une organisation politique particulière. Au commencement, les anciennes formes subsistèrent à tel point que, pendant un certain temps encore, on maintint au pouvoir un fantôme d'Askia. Bientôt cependant, on reconnut l'inefficacité des anciennes coutumes, et les luttes qui s'étaient produites depuis dix ans autour du trône du Maroc, eurent leur influence sur le pays conquis et firent tomber celui-ci au pouvoir exclusif des *rouma*. Ceux-ci eurent bientôt concentré tous leurs intérêts dans leur nouvelle patrie et s'inquiétèrent peu du Maroc, dont ils semblent avoir secoué le joug en fort peu de temps car, dès 1667, le gouverneur révolté de la province de Souss, la plus méridionale du Maroc, trouva un refuge au Sonrhaï. Dans tous les cas, il paraît que ces *rouma* ne formèrent jamais une société régie par un seul individu ; ils se divisaient plutôt en une quantité de petites communautés aristocratiques auxquelles une certaine discipline rendait possible une prépondérance politique ; de nos jours encore, les *rouma* affichent des prétentions à une sorte de supériorité morale. On comprend qu'en présence de pareilles circonstances, la domination fondée de la sorte par une tribu mélangée, ne pouvait être que passagère et, après une guerre assez longue, les *rouma* furent à leur tour vaincus par les Touareg; actuellement ils ne forment plus, dans la plupart des villes du Sonrhaï, qu'un élément ordinaire de la population.

Ce furent les Aouelimmiden qui devinrent, au xviiie siècle, la tribu dominante sur le Niger moyen. Dès 1640, ils avaient chassé du pays d'Aderer les Tademekket, tribu de la même souche, qui étaient allés s'établir ensuite entre les affluents du Niger qui avoisinent Tombouctou au sud-ouest; en 1770, les Aouelimmiden s'emparèrent de l'ancienne capitale, Gogo, jusqu'alors en possession des *rouma* et, dix ans plus tard, ils fondèrent, sous leur chef Kaoua, un puissant royaume sur la rive septentrionale du Niger; aujourd'hui encore, cette contrée est en leur pouvoir. Ils sont actuellement en lutte, pour la possession du Niger moyen et de Tombouctou, avec les Foulbe, qui commandent les deux extrémités du fleuve, par suite de l'importance religieuse qu'ils ont acquise au commencement de ce siècle.

Jetant encore un regard sur Tombouctou et sur son histoire la plus reculée, nous voyons prouvé à l'évidence ce que je disais au commencement de ce chapitre, c'est à dire que c'est à tort que cette ville a été considérée en Europe comme le centre politique et la capitale d'un grand État nègre, attendu qu'elle n'a joué à aucune époque, et surtout à celle de l'antique splendeur du pays, qu'un rôle politique tout à fait secondaire. Par contre, Tombouctou fut le siége célèbre de la littérature musulmane et le centre de la vie religieuse; aucune ville du royaume ne possédait d'aussi belles mosquées ni d'édifices aussi vastes et aussi grandioses. Tombouctou méritait par là le nom distinctif de *medinah* ou « ville. » On peut juger de l'importance à laquelle pouvait prétendre Tombouctou, comme centre intellectuel, par ce seul fait que le *toumboutoukoy* ou gouverneur devait être, à ce qu'il semble, un *faki* ou lettré. Il s'y trouvait réuni des trésors littéraires considérables, eu égard à l'époque et au pays. Ahmed Baba, qui nous a donné une longue nomenclature de savants nigritiens et qui offre lui-même un remarquable exemple de la science cultivée alors à Tombouctou, possédait une belle bibliothèque renfermant seize cents livres ou manuscrits qui, sans être tous des plus volumineux, n'en constituaient pas moins une assez belle collection. Il arriva même qu'un des nombreux prétendants au trône, allant en guerre et passant par Tombouctou pour se rendre à Gogo, renonça subitement à ses plans ambitieux et, jetant la lance et l'épée, s'ensevelit dans les richesses littéraires de Tombouctou, au grand mécontentement de son armée avide de sang, de puissance et de butin. A cette valeur intellectuelle, vient se joindre pour Tombouctou son importance comme place commerciale. Quoique cette ville eût atteint un haut degré de prospérité sous ce rapport, après la destruction de Ghânata et la chute de Walata, la décadence du royaume Sonrhaï, qui entraînait celle de Gogo, profita naturellement à Tombouctou, car sa proximité du Maroc y fit graduellement affluer les débris épars du commerce de toutes les contrées du Niger. Quoi qu'il en soit, la célébrité de Tombouctou a atteint en Europe des proportions exagérées, fabuleuses même; ce sont surtout les descriptions fantastiques et réellement inconcevables, de l'ancien consul anglais au Maroc, Jackson, qui ont présenté cette ville sous un aspect auquel la réalité est infiniment loin de répondre.

Il nous reste à jeter un rapide coup d'œil sur l'histoire actuelle de Tombouctou. Tandis qu'après la ruine du royaume Sonrhaï, le commerce des contrées riveraines du Niger moyen se concentrait à Tombouctou, qui devenait ainsi le but unique de toutes les caravanes venant du Nord, les circonstances politiques n'offraient pas assez de stabilité pour permettre à ces conditions favorables de produire toutes les conséquences que l'on était en droit d'en attendre. La conquête du pays par les *rouma* ne tarda pas à être suivie de l'anarchie; à celle-ci vinrent se joindre la domination et les exactions des Touareg du Nord, jusqu'alors tenus en respect par les Sonrhaï, tandis que le midi était menacé par les belliqueux idolâtres Bambara ou par les Foulbe envahisseurs. On conçoit qu'en présence de semblables circonstances, Tombouctou ne pouvait se trouver dans un état complétement normal; toutefois cette ville conserva son existence comme place de commerce, en dépit des vicissitudes de la lutte de l'islamisme contre le paganisme, jusqu'à ce que sa conquête par les fanatiques Foulbe du Massina, en 1826, faillit anéantir à tout jamais son activité commerciale. Habitants et étrangers se virent traités de la manière la plus dure et les actes arbitraires n'eurent pas seulement pour victimes les marchands idolâtres du Wangara et du Mossi, mais les coreligionnaires septentrionaux des intolérants Foulbe eux-mêmes, et spécialement les commerçants de Ghadames et du Taouat.

Ensuite de ces circonstances, et surtout après un accroissement de forces qu'éprouvèrent les Foulbe en 1831, les Ghadamsi parvinrent à faire partir de l'Asaouad pour Tombouctou le cheik El Mouchtar, personnage très considéré parmi les tribus berbères et frère aîné d'El Bakay. Nous voyons ainsi s'élever, au milieu de cette situation politique ébranlée, un troisième élément qui se sert des Touareg pour lutter contre l'arbitraire des Foulbe, pour autant que le permette leur état de désunion. A la suite de ces discordes incessantes, les Foulbe furent complétement chassés de Tombouctou par les Touareg, en 1844; il en résulta une bataille au bord du fleuve, bataille où un grand nombre des premiers furent massacrés ou noyés. Cette victoire des Touareg fut stérile et ne servit guère qu'à pousser la malheureuse ville un peu plus vers l'abîme; en effet, Tombouctou, situé au bord du désert, ne peut se suffire et doit toujours dépendre de la tribu qui domine le pays fertile situé en amont du fleuve; or, le Massina n'avait qu'à prohiber l'exportation des blés pour mettre Tombouctou dans la situation la plus critique. En 1846, il fut conclu, par les soins du cheik El Bakay, une convention en vertu de laquelle Tombouctou serait soumis aux Foulbe, mais sans être occupé militairement, tandis que les impôts seraient recueillis par deux cadis, l'un Poullo, l'autre Sonrhaï. Ces deux fonctionnaires devaient, de commun accord, juger toutes les questions secondaires, tandis que les autres devaient être déférées à l'autorité de la capitale. Actuellement, le gouvernement, ou plutôt la police de la ville, se trouve entre les mains d'un ou deux fonctionnaires Sonrhaï portant le titre d'émir et qui n'exercent pas une fort grande autorité, attendu que, se trouvant placés entre les Foulbe, d'un côté, et les Touareg, de l'autre, ils cherchent à rester en bons rapports avec tous, en s'appuyant, d'une part sur les deux cadis et de l'autre, sur le cheik El Bakay. La totalité du tribut perçu par les Foulbe ne dépasse certainement pas 4,000 *mithkal* d'or (soit une valeur de 7,000 thalers de Prusse), mais les extorsions commises au nom de l'autorité vont à l'infini. En outre, les malheureux habitants sont constamment en butte aux exactions des Touareg, qui, sachant le gouvernement trop faible pour protéger leur victime, arrivent chaque jour dans la ville, appuyant leurs prétentions par la violence. Ils viennent frapper aux portes jusqu'à ce qu'on leur ouvre, faute de quoi ils escaladent les murs. Enfin le cheik El Bakay et ses frères s'attribuent encore de riches présents.

Telle est aujourd'hui la malheureuse situation de Tombouctou, situation qui restera sans remède jusqu'à ce qu'une puissance ferme et éclairée arrache le Niger supérieur aux fanatiques Foulbe. Ce n'est également qu'alors, que l'on pourra tirer un parti réel de l'excellente situation commerciale de Tombouctou.

J'ai cru devoir joindre à tous ces détails sur les régions nigériennes et sur Tombouctou lui-même, un plan topographique afin que le lecteur puisse acquérir l'idée la plus complète possible de cette ville célèbre, où je devais passer plus de six mois dans des circonstances qui, pour n'être pas d'une nature ordinaire, ne furent malheureusement pas toujours des plus favorables.

Pour ce qui concerne la situation géographique de Tombouctou, l'excellent géographe, docteur A. Petermann, de Gotha, l'a établie sur la carte routière qui accompagne mon grand ouvrage, d'après mes observations faites le long du fleuve, tant en allant qu'en revenant; cette situation correspond à 17° 57' lat. sept. et 3°5' long. occ. de Greenwich. D'après mes observations, du moins d'après celles faites seulement en me rendant à Tombouctou, cette ville serait un peu plus rapprochée du 18ᵉ degré de latitude. Quoi qu'il en soit, je suis convaincu que de bonnes observations astronomiques faites sur place ne révèleraient pas un écart de plus de 20' dans l'évaluation de la longitude et de 30' dans celle de la latitude. En somme, la situation de Tombouctou, telle qu'elle a été établie par M. Jomard, l'ingénieur-géographe français, d'après l'itinéraire de Caillié, s'est trouvée parfaitement confirmée.

Tombouctou est situé à quelques pieds seulement au dessus du niveau moyen du Niger et se trouve éloigné de 1 3/4 à 2 milles allemands de l'embranchement principal du fleuve. La ville forme, comme l'indique le plan, un triangle plus ou moins tronqué dont la base regarde le midi, et conséquemment le Niger. Le plan donne naturellement la configuration de la ville actuelle, tandis qu'au temps de sa splendeur, Tombouctou s'étendait à deux mille pas plus au nord, de manière à renfermer la sépulture du *faki* Mahmoud; d'après certains renseignements, celle-ci aurait même été située jadis au centre de la ville. Le pourtour actuel de Tombouctou est de 1 1/4 à 1 1/2 lieue. Si cette cité ne brille pas par son étendue, elle se distingue du moins par ses constructions solides, de toutes les villes chancelantes du reste du Soudan. Les maisons y sont toutes en bon état et le nombre des habitations d'argile y était, lors de mon séjour, de 980, tandis que les huttes de nattes pouvaient s'élever également à quelques centaines. Celles-ci sont de forme hémisphérique et forment, à peu d'exceptions près, l'enceinte extérieure de la ville, des côtés nord et nord-est, où d'immenses amas de ruines se sont accumulés pendant le cours des siècles. Les maisons d'argile, bâties avec une grande variété de styles, sont généralement conçues sur un plan voisin de celles de Pompeï; quelques-unes sont basses et laides; d'autres, plus vastes, sont pourvues d'une sorte d'étage; dans le nombre il s'en trouve plusieurs où se trahit un certain goût d'ornementation architecturale. Les toits sont plats et entourés d'un parapet; l'étage dont je viens de parler consiste en une chambre superposée au toit, mais qui ne s'élève que du côté de la façade. Cette espèce de mansarde est la retraite favorite d'un grand nombre d'habitants de Tombouctou, parce qu'elle est bien aérée et offre conséquemment de la fraîcheur. J'ai levé également le plan de la maison que j'habitai; toutes les autres habitations étaient bâties dans les mêmes conditions, avec cette différence, que celles des pauvres n'avaient qu'une cour et qu'elles étaient dépourvues d'une chambre au dessus du toit.

Tombouctou n'a pas d'enceinte actuellement, celle qui y existait et qui consistait en un simple rempart de terre, ayant été détruite par les Foulbe, lorsqu'ils s'emparèrent de la ville, au commencement de 1826. Les rues sont en partie régulières et en partie tortueuses; elles ne sont pas pavées, mais pour la plupart couvertes de sable et de gravier; quelques-unes possèdent au milieu des rigoles destinées à faciliter l'écoulement des eaux qui descendent en quantités considérables des plates-formes des maisons, lors des grandes pluies. Le quartier méridional, qui est en même temps le plus populeux, ne contient d'autres places que le grand et le petit marchés et un carré fort restreint devant la mosquée Sidi Yahia.

Comme il ne reste guère plus de vestiges du palais où résidaient parfois les rois de Sonrhaï, que de la citadelle bâtie par les Marocains lors de leur première occupation, les trois grandes mosquées sont actuellement les seuls édifices publics de Tombouctou; ce sont les mosquées Dginjere ber, Sankore et Sidi Yahia. La première, qui est la « grande mosquée, » est située à l'angle sud-ouest de la ville et constitue un édifice réellement imposant, quoiqu'elle ne soit construite qu'en blocs d'argile arrondis, du moins dans ses parties modernes. Sa plus grande longueur est d'environ 262 pieds, sur 194 de large. Une vaste cour empiète sur une partie de la mosquée, qui n'a pas moins de douze nefs; le côté occidental, qui en renferme trois, est le plus ancien et appartient très probablement à l'ancienne mosquée, bâtie en 1327, par Mansa Moussa, roi de Melle, ainsi que l'indique une inscription, devenue presque illisible, au dessus de la porte principale. Caillié, dont les renseignements, pour être souvent incomplets n'en sont pas moins en général très dignes de foi, a donné de cette mosquée une description excellente, sauf quelques erreurs de détail, description que je recommande à quiconque s'intéresse à cette question. Cependant, lorsque Caillié parle de sept mosquées, il fait encore allusion, sans doute, à trois mosquées qui existaient antérieurement, ainsi qu'à un petit oratoire. Il n'y a pas lieu d'être surpris de ce manque d'exactitude, Caillié n'étant resté que très peu de jours à Tombouctou, et dans des circonstances très défavorables, ce qui ne lui permit pas de voir tout par lui-même. Je signalerai, par la même occasion, la description tout à fait inexacte qu'a donnée de Tombouctou ce voyageur méritant mais peu habile; sa principale erreur consiste à dire que toute la ville semble ne se composer que d'habitations dispersées, tandis qu'il y existe en réalité des rues parfaitement alignées; n'oublions pas cependant que Caillié visita Tombouctou en 1828, peu de temps après la prise de la ville par les Foulbe, époque où cette dernière était dans un état encore moins florissant que lorsque je la visitai moi-même (1).

La plus ancienne des mosquées de Tombouctou semble être celle de Sankore, qui fut bâtie aux frais d'une riche dame Sonrhaï. Massive, elle termine d'une manière grandiose le quartier septentrional de la ville, qui s'appelle également Sankore (ou « ville des blancs, des notables ») où ont habité de tout temps et de préférence, les Sonrhaï. De là, la mosquée avait acquis, aux yeux de ceux-ci, une

(1) Je rappellerai ici, pour l'édification des lecteurs peu versés dans l'histoire des explorations de l'Afrique centrale, que deux Européens avant moi, avaient pu pénétrer jusqu'à Tombouctou : c'étaient le major anglais Laing et le Français René Caillié. Le premier était un des officiers les plus instruits et les plus entreprenants de l'armée anglaise; en 1826, il arriva, au prix des difficultés et des périls les plus grands, du Taouat à Tombouctou; au bout de peu de jours, il en fut chassé par les Foulbe, et, comme il s'en retournait, un chef des Berabisch, Ahmed (Hamed), Ouëled Abeda, le fit assassiner. René Caillié, homme résolu mais malheureusement tout à fait incapable, parvint du Sierra Leone, sur la côte occidentale d'Afrique, jusqu'à Tombouctou, d'où il rentra dans sa patrie par le Maroc. Son voyage s'accomplit au milieu des privations et des tribulations les plus terribles. Déguisé et caché tour à tour, Caillié ne resta à Tombouctou que du 20 avril au 3 mai 1828, temps évidemment trop court pour qu'il pût se livrer à des études réellement dignes de ce nom. Malgré son incapacité, il était doué d'un certain esprit d'observation, et je pus m'assurer de l'exactitude de ses relations en général, lorsque j'atteignis, près de l'île Kora, en me rendant à Kabara, sur le Niger, une partie de la route qu'il avait suivie. Un malheur pour Caillié fut qu'il marcha pour ainsi dire sur les brisées du major Laing, ce voyageur doué de grandes qualités, mais peu favorisé du sort et qui, paraît-il, ne brillait pas, d'ailleurs, par la circonspection et la science du cœur humain. Grâce à d'autres circonstances, et surtout à la conduite du consul français de Tripoli, il n'était que trop naturel que la jalousie des Anglais s'émût de ce qu'un pauvre aventurier français, privé de tout appui, se livrât à une entreprise où avait succombé l'un des officiers les plus capables et les plus distingués de leur armée.

certaine importance nationale; aussi les Foulbe, arrivés en conquérants, la livrèrent-ils à dessein à la ruine et à l'abandon; ce ne fut qu'à l'époque de mon séjour à Tombouctou, que le cheik El Bakay la fit rétablir dans son ancienne splendeur. La mosquée est longue de 120 pieds, large de 80 et renferme cinq nefs; elle donne à toute la ville un aspect fort imposant, attendu qu'elle n'est pas seulement surmontée, comme la mosquée principale, d'une vaste tour massive et carrée, mais occupe en outre, une position particulière, par l'élévation considérable de tout le quartier Sankore. La mosquée Sidi Yahia est la moins grande; située dans le quartier méridional de la ville, elle fut bâtie par un cadi, vers le milieu du XVe siècle.

Les divers quartiers de Tombouctou sont suffisamment indiqués sur le plan, pour que je puisse me dispenser de les décrire plus en détail. Je rappellerai seulement que le quartier méridional Sane Goungou, se distingue par sa richesse et le meilleur aspect de ses constructions; ensuite, tandis que Sankore est le quartier le plus élevé (la pente qu'il décrit vers le nord-est, étant de plus de 80 pieds, à certains endroits), Bagindi est, au contraire, le quartier le plus bas. Lors de la grande inondation de 1640, il fut, à ce qu'il paraît, complétement submergé et, pendant mon séjour même, on y nourrissait de vives appréhensions à l'égard d'une nouvelle catastrophe du même genre.

Une remarque caractéristique au sujet de Tombouctou, c'est qu'il ne s'y trouve presque pas d'arbres; c'est tout au plus si l'on y rencontre quatre ou cinq malheureux exemplaires de l'*hadjilidj* (*Balanites Ægyptiacus*). La végétation des environs n'est guère moins pauvre et quelques rares groupes de palmiers, au sud-ouest de la ville, sont tout ce qu'il est resté des vastes ombrages d'autrefois. Les rues de Tombouctou sont, pour la plupart, peu vivantes et ne trahissent pas l'activité d'un grand centre commercial. La population fixe ne s'élève guère à plus de 13,000 âmes ; pendant la saison des affaires, c'est à dire de novembre à janvier, il arrive à Tombouctou de 5,000 à 10,000 étrangers parfois, qui y résident pendant un temps plus ou moins long. Ce sont en partie des Mores du désert ainsi que des marchands arabes du Nord, et en partie des Mossi et surtout des Wangaraoua ou Mandingues orientaux, qui jouent un rôle extrêmement important dans le commerce intérieur de toutes ces contrées.

Je parlerai plus loin des rapports commerciaux de la ville ; quant au chapitre suivant, je le consacrerai au récit des événements qui signalèrent mon séjour à Tombouctou.

CHAPITRE II.

SÉJOUR A TOMBOUCTOU JUSQU'A LA FIN DE 1853. — CONDUITE DES FOULBE ENVERS L'AUTEUR. — ANOMALIES DES CRUES PÉRIODIQUES DU NIGER.

J'avais atteint enfin le but de ma pénible entreprise; mais dès les premières heures de mon arrivée à Tombouctou, j'acquis la certitude qu'il ne me serait pas donné de jouir en parfait repos de corps et d'esprit, de la victoire que j'avais remportée sur les difficultés et les dangers de la longue route que je venais de parcourir. L'excitation constante causée par des retards incessants, ainsi que mes incertitudes sur l'avenir de mon entreprise, avaient soutenu jusqu'à Tombouctou ma santé chancelante; mais au moment où j'avais atteint mon but, presque au moment même où je mis le pied dans ma nouvelle demeure, je fus pris d'un violent accès de fièvre; et jamais cependant, la présence d'esprit et l'énergie physique ne m'avaient été plus nécessaires.

Il avait été convenu que ma maison resterait fermée pendant l'absence d'El Bakay, et que nul ne serait admis à me visiter. Malgré cela, une foule d'individus pénétrèrent chez moi au moment où j'emménageais mon bagage; ils passèrent tout en revue, pièce par pièce, et comme il se trouvait, dans le nombre, des objets pour eux étrangers, quelques-uns de mes visiteurs ne pouvaient manquer de concevoir des doutes sur ma nationalité. A la vérité, je n'avais jamais eu l'intention de me faire passer pour musulman aux yeux des habitants de Tombouctou, car je n'avais joué le rôle d'Arabe que pour la dernière partie de mon voyage, et j'étais encore trop près des localités où j'étais connu comme chrétien, pour pouvoir continuer à donner le change ; mais je désirais n'être pas reconnu trop tôt pour ce que j'étais en réalité. Quoi qu'il en fût, la première chose que j'appris, le 8 septembre au matin, était que Hammadi, le compétiteur et l'ennemi personnel d'El Bakay (il était fils du frère aîné du cheik, Sidi Mohammed, et d'une esclave), avait prévenu les Foulbe qu'un chrétien avait pénétré dans la ville, et qu'en conséquence on avait résolu de m'assassiner.

Quand on m'apporta cette nouvelle, je m'en émus assez peu, dans l'espoir que mon hôte, Sidi Alouate, me couvrirait de sa protection ; mais cette illusion fut bientôt détruite par la certitude où j'étais, que Sidi Alouate, homme cupide et sans conscience, ne me protégerait que tout juste dans la mesure du profit qui pourrait en résulter pour lui ; bien plus, il devint mon plus cruel persécuteur. En effet, non content du présent considérable que je lui avais fait, il éleva des prétentions exorbitantes ; ce fut ainsi qu'il exigea de moi un vêtement de plus de 190,000 *kourdi*, une paire de petits pistolets, 7 livres de poudre, 10 écus d'Espagne en espèces (l'argent étant, dans ces contrées, un métal fort rare et par conséquent très recherché), une paire de rasoirs anglais et maints autres objets. En un mot, la valeur de tout ce qu'il prétendait obtenir de moi n'était nullement en rapport avec mes moyens actuels, car je ne possédais plus à peine que 1,000 thalers, tant en argent qu'en marchandises, et il me fallait songer au retour. Je n'en dus pas moins passer par ces exigences, et Sidi Alouate fut assez impudent pour oser m'en demander autant le lendemain. Il me promit bien, non seulement de donner de ma part quelques-uns de ces objets à des chefs Touareg, mais encore de faire un beau présent au gouverneur de Hamd Allahi; malheureusement cette promesse ne fut pas exécutée, quoi qu'il eut été fort important pour moi de m'acquérir la bienveillance des chefs de Tombouctou.

Après avoir satisfait ainsi plus ou moins la cupidité de mon hôte, je fus pendant quelque temps à l'abri de semblables attaques à ma propriété; toutefois, je suis persuadé que, malgré toutes ses protestations d'amitié, Sidi Alouate me trahissait sous main et trempait dans toutes les intrigues qui furent tramées contre moi, dans l'espoir de s'approprier mon bien, de l'une ou l'autre manière.

Je m'installai le plus commodément possible, et, comme je n'osais sortir, j'allais souvent prendre l'air sur la terrasse de ma maison. Comme j'y jouissais d'un horizon assez large, je m'efforçai de découvrir ainsi les principales particularités de la ville. Vers le sud et le sud-est, il est vrai, la vue était bornée par les belles demeures des riches marchands Ghadamsi du quartier Sanegoungou, tandis que du côté du sud-ouest, je n'apercevais ni la grande mosquée, ni la mosquée Sidi Yahia; par contre, j'avais un coup d'œil des plus intéressants sur tout le quartier septentrional, sur l'imposante mosquée Sankore et toute la partie du désert qui s'étend à l'est de la ville. Lorsque je ne me tenais pas sur ma terrasse, je travaillais à mon journal de voyage ou j'écrivais à mes amis d'Europe, auxquels je devais tenir naturellement à annoncer mon heureuse arrivée dans la ville célèbre.

Je ne devais pas longtemps pouvoir me livrer en paix à ces travaux. Le matin du 10 septembre, comme j'étais en proie à un nouvel accès de fièvre, on vint m'avertir que mes ennemis se préparaient à attaquer ma maison; Sidi Alaouate me faisait dire, en même temps, que je pouvais, pour plus de sécurité, confier tout mon bien au trésorier d'El Bakay. Je pris immédiatement les armes, ainsi que mes domestiques, et mon hôte ne fut pas peu étonné, en entrant avec le Walati, de me voir complétement équipé et prêt à repousser énergiquement la force par la force. Il n'arriva rien cependant et, sans nul doute, mon attitude résolue avait détourné le danger dont j'étais menacé. Sidi Alaouate n'en continua pas moins de venir, presque chaque jour, me mendier telle ou telle chose, joignant à ses extorsions les plus opiniâtres sollicitations pour me faire embrasser l'islamisme.

Le 13 septembre au soir, je reçus enfin une lettre du cheik El Bakay, m'apportant les promesses de protection les plus formelles, et, malgré mon état fébrile, je me mis immédiatement à répondre à cette missive venue si fort à propos. Je développai au cheik les motifs de ma visite à Tombouctou, en lui disant que je ne l'avais entreprise que par la confiance que m'inspiraient sa justice et ses lumières. J'eus la chance de voir bien accueillie d'El Bakay ma lettre, qui fut ainsi l'origine des bonnes relations qui régnèrent toujours entre nous par la suite. Trois jours après, le 26 septembre, à trois heures du matin, arriva le cheik lui-même. Aussitôt commença devant sa maison, située vis à vis de la mienne, une sérénade où la grosse caisse jouait la partie principale, ce qui troubla complétement le repos dont j'avais doublement besoin, vu mon état maladif; ce fut ainsi que je ne me sentis pas la force, le lendemain, d'aller rendre en personne une visite à mon protecteur. Dès le matin, celui-ci m'envoya dire d'être sans inquiétude aucune quant à ma propre sécurité et que, si le ciel me conservait la santé, je rentrerais sain et sauf dans ma patrie. Avec ces affirmations rassurantes il m'envoyait, en témoignage de ses dispositions bienveillantes à mon égard, deux bœufs, deux brebis, deux grands vases contenant du beurre, une charge de chameau de riz et autant de sarrasin; il m'invitait en même temps à choisir d'avance la route par laquelle je désirais m'en retourner.

Il y en avait trois. L'une passait par le territoire des Foulbe du Massina et se dirigeait vers la côte occidentale du continent; la seconde traversait les contrées des Touareg et conduisait, par le nord, vers la Méditerranée; la dernière enfin était celle par laquelle j'étais arrivé à Tombouctou. Le fanatisme des Foulbe et surtout de leur chef de Hamd Allahi, ne m'eût pas permis, non plus que mes propres ressources, de choisir la route occidentale; je crus donc faire infiniment mieux de redescendre le Niger jusqu'à Saï, que de tenter l'exploration des contrées nigériennes supérieures pour me rendre au Sénégal. D'un autre côté, je ne pouvais trop compter sur la navigabilité du fleuve, et je crus prudent, dans ma réponse au cheik, de lui exprimer mon désir de visiter Gogo, l'ancienne capitale du Sonrhaï, ce qui m'aurait permis, par la même occasion, de connaître la plus grande partie du fleuve. Malheureusement, comme nous le verrons plus loin, il n'était encore guère opportun de songer au départ.

Ce fut ainsi qu'arriva le 27 septembre, jour anniversaire

de la mort d'Overweg. Je n'avais que trop lieu, vu mon état de maladie et les incertitudes de ma situation, de me laisser aller à de tristes pensées en ce jour qui me rappelait la fin de mon dernier compagnon européen, que je semblais devoir suivre bientôt dans la tombe; mais je réussis à me réconforter un peu par la confiance que m'inspirait le caractère de mon protecteur et à chasser les rêves sombres et fiévreux qui me troublaient, par l'espérance de revoir bientôt mon pays.

Je me préparai donc de mon mieux à la première audience du cheik, n'emportant des présents que je destinais à ce dernier, qu'un petit pistolet à six coups. La maison d'El Bakay donnait presque exactement en face de la mienne, dont elle n'était séparée que par une ruelle étroite et une petite place que le cheik avait appropriée à son usage comme *msid* ou sorte d'oratoire quotidien. Ahmed El Bakay, fils de Sidi Mohammed et petit-fils de Sidi Mouchtar, de la tribu des Kounta, était, à cette époque, un homme d'une cinquantaine d'années, d'une taille bien prise et un peu au dessus de la moyenne; il avait les traits presque européens et empreints d'une grande bienveillance; son teint était foncé, sa barbe noire et quelque peu grisonnante, et ses cils fort sombres. Le costume du cheik consistait en une tunique noire, un châle garni de franges et roulé négligemment autour de la tête et des culottes, le tout également noir.

Je trouvai mon protecteur dans sa petite mansarde, avec son jeune neveu, Mohammed Ben Chottar, et deux de ses écoliers. Au premier coup d'œil que je jetai sur le cheik, je fus agréablement surpris de trouver en lui un homme dont la physionomie trahissait des sentiments d'humanité et de droiture dont j'avais vainement cherché l'expression dans les traits de son frère cadet, Sidi Alaouate. Complétement rassuré par toute son attitude, je le complimentai en toute confiance, tandis qu'il se levait pour me recevoir. Notre entretien fut non seulement exempt de toutes les formules creuses et affectées d'une vaine étiquette, mais constitua plutôt, dès le premier moment, un libre échange de pensées entre deux hommes qui n'étaient pas seulement inconnus l'un à l'autre, mais qui différaient encore par leurs mœurs et leur nationalité.

Le pistolet que je donnai au cheik, ne tarda pas à amener notre conversation sur la supériorité des Européens sous le rapport industriel et social. L'une des premières questions que me fit El Bakay, fut de savoir s'il était vrai, comme le *raïs* (major Laing) l'avait, pendant son séjour dans l'Asaouad, dit à son père, Sidi Mohammed, que la capitale du royaume britannique renfermait vingt fois 100,000 habitants.

J'appris alors, à ma grande joie, un fait que je trouvai plus tard confirmé par les détails de la correspondance du major Laing lui-même (1); c'est que cet intrépide, mais malheureux voyageur, en retournant au Taouat, ayant été entièrement dévalisé et laissé pour mort par les Touareg, avait été transporté par ses guides au camp de Sidi Mohammed, père du cheik El Bakay dans le Hillet El Mouchtar, où après un séjour fort long, il s'était guéri de ses graves et nombreuses blessures. Le major Laing était le premier et le seul chrétien qu'eussent jamais vu, et mon hôte (El Bakay, désormais) et la plupart des indigènes eux-mêmes. Pendant tout le temps que nous fûmes ensemble, le major fournit l'un des sujets les plus fréquents de nos entretiens, et mon noble

---

[1] Voyez les lettres du major Laing dans la *Quarterly Review*, vol. XXXVIII, p. 101; XXXIX, p. 172; XLII, p. 172 et 465.

ami ne manquait jamais d'exprimer son étonnement, non seulement de la force physique du major, mais encore de son caractère élevé et chevaleresque. Je me livrai à des investigations pour retrouver les papiers que Laing pouvait avoir laissés à Tombouctou, mais j'appris qu'il n'en était point resté ; toutefois le cheik m'assura que, pendant son séjour dans l'Asaouad, près de Sidi Mohammed, le major Laing avait dressé une carte de toute la partie septentrionale du désert, depuis le Taouat, jusqu'au Hillet E' Scheich. Malheureusement, il n'y a aucun profit à tirer du voyage de Laing depuis Insalah, attendu que l'on ignore laquelle des deux routes il a prise ensuite. L'audience fut levée après que le cheik m'eut de nouveau promis sa puissante protection et son appui pour mes voyages ultérieurs.

Je retournai chez moi et j'envoyai au cheik les présents que je lui avais destinés. Ils consistaient en trois burnous, dont un *helali* (ou composé de soie blanche et de coton mélangés), et deux du drap le plus fin, le premier rouge, le second vert ; deux cafetans également en drap, dont un jaune et un noir ; un tapis de Constantinople ; quatre tuniques, parmi lesquelles une fort riche de la sorte nommée *harir* (que j'avais achetée à Kano 30,000 *kourdi*), une du genre appelé *filfil,* et deux noires de la plus fine espèce ; 20 écus d'Espagne en argent ; trois châles noirs et plusieurs menus objets. Le tout avait une valeur d'environ 200 thalers. Bientôt arriva chez moi un envoyé du cheik, chargé de me témoigner la reconnaissance de ce dernier envers le gouvernement qui m'avait envoyé, pour la libéralité dont j'avais fait preuve ; El Bakay me faisait dire en même temps qu'il était très satisfait de mes présents et n'exigeait de moi rien de plus ; il me priait aussi de ne pas l'oublier au retour, afin que le gouvernement britannique lui envoyât quelques bonnes armes à feu et quelques livres arabes. Je crus pouvoir lui assurer que le gouvernement britannique ne manquerait pas, s'il se conduisait aussi bien envers moi jusqu'à la fin, de lui en témoigner sa reconnaissance. En effet, lord Clarendon lui envoya, plus tard, un présent selon ses désirs et d'une valeur de plus de 2,000 thalers.

Tous nos rapports furent, par la suite, cordiaux et agréables, mais je ne m'en sentais pas moins, par suite de mes grandes fatigues et de mon faible état de santé, dans un état de profond abattement; le lendemain, à midi, je me proposais d'aller rendre une seconde visite à mon ami, lorsque je fus pris d'un accès de fièvre tellement violent que je dus renoncer à mon projet. A part mon indisposition, le mois de septembre se termina bien, et mes affaires semblaient prendre une tournure meilleure que je ne l'avais d'abord espéré, quand le premier jour d'octobre vint leur rendre un aspect tout autre et des plus menaçants.

Dans l'après-midi de ce même jour, arriva une troupe considérable d'individus armés, dont une vingtaine porteurs d'armes à feu; ils venaient de Hamd Allahi, résidence d'Ahmedou Ben Ahmedou, souverain du Massina et chef suprême de la ville de Tombouctou. Ils apportaient à l'émir l'ordre pur et simple « d'agir envers le chrétien tout à fait de la même manière qu'il en avait été fait avec le précédent (major Laing), c'est à dire de le chasser de la ville. » Hammadi, le compétiteur d'El Bakay, dont j'ai parlé plus haut, ne manqua pas de faire tourner cette circonstance au profit de ses propres desseins; il lança donc une proclamation aux habitants de Tombouctou pour les engager à obéir aux ordres de l'émir et même à ne pas épargner mes jours, en cas de résistance. D'un autre côté, l'ordre venu de Hamd Allahi peinait profondément El Bakay, qui se voyait forcé, comme étant mon protecteur, de se mettre en opposition formelle avec la volonté des Foulbe et de toute la population, et de leur montrer qu'il jouissait d'une considération et d'une autorité suffisantes pour me protéger pendant mon séjour dans la ville. Malheureusement, mon excellent et digne ami manquait précisément des qualités nécessaires au maintien d'une résolution semblable, c'est à dire d'énergie et d'humeur guerrière. En présence de pareilles circonstances, il ne pouvait plus être question de mon départ immédiat, quand bien même le cheik en aurait eu précédemment et en réalité l'intention.

Pendant un instant, et comme pour rendre ma situation plus pénible encore, de graves difficultés faillirent s'élever entre El Bakay et moi. Elles étaient dues aux intrigues de mes propres compagnons car, non seulement mon courtier Ali El Ageren m'abandonna tout à fait lorsqu'il vit la position critique où je me trouvais, mais le Walati, à son tour, recommença son jeu en cherchant à jeter la zizanie entre le cheik et moi. El Bakay avait résolu de me charger d'une lettre autographe au gouvernement britannique, pour lui exprimer la satisfaction que lui avait causée mon arrivée, essayer d'atténuer la mauvaise impression causée par l'assassinat du major Laing et faire en sorte d'obtenir encore quelques présents, s'il était possible. Or, le 3 octobre au soir, le cheik me fit dire à l'improviste d'envoyer à Ghadames ou à Tripoli Ali El Ageren avec quelques mots de ma main, tandis que je resterais moi-même en otage à Tombouctou, jusqu'à la réception des objets exigés par le cheik. J'avoue que cette nouvelle me plongea dans une profonde terreur. Le lendemain matin, j'envoyai à El Bakay une protestation énergique, lui déclarant qu'il pouvait en agir avec moi-même comme bon lui semblerait, mais qu'il ne devait pas s'attendre à obtenir un fétu du gouvernement qui m'avait envoyé, tant que je ne serais pas retourné en toute sécurité. Presque au même moment, mon hôte m'avait fait dire également qu'il serait de mon intérêt de lui confier mon fusil et mon cheval. Je lui fis simplement répondre que ni l'un ni l'autre, ne sortiraient de chez moi tant que j'aurais la tête sur les épaules. Pour mettre le comble à mes misères, une nouvelle tribulation vint m'accabler à son tour; un orage, accompagné de la pluie la plus violente que je visse à Tombouctou, inonda complétement, dans l'après-midi du 5 octobre, ma maison, déjà tout juste suffisante à mes besoins; l'eau, pénétrant à travers le mur de ma salle aux bagages, avait endommagé livres, médicaments, présents et tous les menus objets d'échange que je possédais. Cet accident non seulement me causait un grand tort, mais rendait encore plus douteuse ma sécurité. Il nous fallut, en vue de nous prémunir contre une agression, fermer de notre mieux les brèches et barricader tant bien que mal le mur postérieur de la maison, à moitié écroulé, les ouvriers de la ville n'osant rien faire pour nous, de peur de nos ennemis.

L'horizon cependant s'éclaircit de nouveau pour moi. Il était étonnant qu'un personnage aussi vulgaire que le Walati eût pu, même un instant, agir sur un homme doué de qualités distinguées tel que le cheik; mais celui-ci fut bientôt convaincu du caractère méprisable de cet habile intrigant. Après l'avoir bien apprécié et s'être aperçu de toutes les trahisons dont j'avais été la victime, il lui ordonna de faire revenir mes chameaux de l'Aribinda, car il était devenu patent que le fripon, au lieu de mettre ces animaux en dépôt, les avait vendus ou du moins voulait les vendre, ce que je ne pus éviter, du reste, qu'en les donnant comme présent au cheik.

La turbulence de nos ennemis, auxquels étaient encore venus se joindre une bande de Touareg, gens assez mal disposés envers El Bakay, obligea celui-ci à prendre enfin un parti. Il fut donc convenu qu'il sortirait de la ville pour camper aux environs, afin de se mettre en rapport plus étroits avec ses amis, formant les principales tribus des Imoscharh; nous partîmes donc, le 11 octobre vers midi, après que le cheik eut envoyé au préalable sa famille à l'endroit où nous devions camper.

Comprenant dans toute son étendue la gravité de ma situation, je suivis mon protecteur à travers les rues de la ville, entouré des habitants, qui se pressaient pour me voir. Délivrés enfin, nous laissâmes à notre gauche le quartier septentrional et nous nous dirigeâmes vers le N. N. E. en suivant un terrain sablonneux couvert de petites broussailles. Après un trajet de 1 3/4 mille, nous arrivâmes, vers le soir, à notre lieu de campement. Le pays, orné de beaux *Mimosa* et le camp, établi sur une pente du sol, dont la surface blanche était éclairée des rayons du soleil couchant, présentaient un spectacle charmant. Les plus jeunes hôtes du camp, y compris les deux favoris du cheik, âgés de quatre à cinq ans, vinrent à notre rencontre, et bientôt je fus installé dans une tente basse en poil de chameau, appartenant à un neveu d'El Bakay, originaire du pays de Tiris, au désert, sur le littoral de l'Atlantique. Les autres tentes étaient en coton blanc, du moins les meilleures et les plus spacieuses; les plus petites, au contraire, étaient en cuir.

Nous passâmes au camp plusieurs jours dans la retraite et dans le repos le plus absolu. Cette vie nouvelle était pour moi aussi salutaire qu'agréable, tant au point de vue du changement d'air que de la différence d'aspects. Notons que depuis le 8 septembre, jour de mon arrivée à Tombouctou, je n'avais pu que me rendre sur la terrasse de ma maison ou, de temps à autre, chez le cheik, mon proche voisin. Je pouvais désormais me donner un peu plus de mouvement, quoique le soin de ma propre sécurité m'obligeât encore d'user de la plus grande circonspection et ne me permît pas de trop m'éloigner.

Le camp offrait, surtout le matin, un coup d'œil fort animé. Les deux grandes et magnifiques tentes de coton blanc du cheik, ornées d'une couverture à carreaux noirs et blancs et de rideaux de laines bariolés, étaient alors ouvertes à moitié pour permettre à l'air frais du matin de circuler à l'intérieur; autour des huttes de cuir étaient groupés, sur tout le coteau, des chameaux, des bœufs et des chèvres. Tout dans la nature était frais et plein de vie, et de nombreux ramiers se tenaient dans les arbres aux alentours. Le soir, on voyait le bétail revenir du pâturage, des ânes, conduits par des esclaves, apporter de l'eau, et les pieux écoliers du cheik, groupés dans une sorte d'oratoire entouré d'une haie d'épines et guidés par la voix sonore de leur maître, apprendre par cœur leurs prières. El Bakay se tenait presque toujours dans sa tente pendant la journée, mais il ne manquait jamais de vaquer à cette occupation du soir. Les plus avancés parmi les élèves du cheik chantaient un passage du Koran, parfois jusqu'à une heure assez avancée de la nuit, et l'écho des collines de sable voisines répétait la mélodique expression de ces magnifiques versets. Souvent aussi avaient lieu des entretiens animés, et des groupes nombreux se rassemblaient alors autour du feu, devant le camp.

Ainsi s'écoulèrent, assez paisiblement du reste, le peu de jours que nous passâmes en cet endroit. Il n'y eut qu'une troupe d'une douzaine d'Imoscharh, qui vinrent demander l'hospitalité au cheik. En examinant de près les armes de ces individus, je remarquai avec étonnement que toutes leurs épées portaient la marque de Solingen, comme du reste chez presque tous les Touareg; si elles ne venaient pas réellement de cette ville d'Allemagne si célèbre pour la fabrication des armes blanches, il fallait bien qu'elles fussent tout au moins contrefaites quelque part.

Le 15 octobre, nous rentrâmes en ville; mais nous revînmes encore plusieurs fois au camp avant la fin du mois. L'animosité toujours croissante de mes ennemis et les tentatives de soulèvement du peuple contre mon protecteur et moi, rendaient parfois nécessaire notre éloignement de la ville, ne fût-ce que pour quelques jours. Pendant notre séjour à Tombouctou même, je me hasardai un jour sur la demande expresse du cheik, à me rendre auprès de lui, armé de pistolets et d'un fusil chargés jusqu'à la gueule, au milieu du cercle de ses visiteurs. On comprend qu'il ne fût plus du tout question de mon départ, malgré mes instances les plus vives auprès du cheik. Si j'avais voulu renoncer à l'exploration du Niger jusqu'à Saï et suivre la route désagréable et défavorable du major Laing, j'aurais pu profiter du départ d'une caravane de marchands du Taouat, qui se mettait en marche vers le nord, le 20 octobre ; mais je ne désirais ni l'un ni l'autre, et je ne profitai de la *kafla* que pour le transport de mes dépêches.

Une excursion à Kabara vint faire agréablement diversion aux circonstances critiques et pénibles où je me trouvais. El Bakay l'entreprit comme un défi aux Foulbe de Tombouctou, afin de leur montrer la considération dont il jouissait et la sécurité que m'offrait sa protection; en effet, Kabara, situé au bord du fleuve et plus soumis encore à l'influence des Touareg que Tombouctou, constituait pour les Foulbe un centre comparativement plus favorable que ce dernier lui-même. Si malheureusement le cheik se faisait illusion sur son autorité, je devenais infailliblement la victime de son erreur; l'excursion n'était donc pas exempte de dangers pour moi, mais je n'en suivis pas moins très volontiers mon ami, pour observer les variations des contrées riveraines du fleuve pendant les pluies de septembre et d'octobre. En effet, toute la plaine sablonneuse, sèche et aride, que j'avais vue deux mois auparavant, était couverte de verdure nouvelle, et quand nous arrivâmes près du village lui-même, nous vîmes tous les champs couverts de pastèques, que les habitants y cultivent sur une grande échelle. Le fleuve avait entièrement inondé le plat pays, et l'embranchement qui se dirige vers Kabara et qui ne formait précédemment qu'un étroit canal, présentait un vaste amas d'eau offrant un accès facile à des embarcations indigènes de toute grandeur.

A Kabara, je ne tardai pas à me voir entouré d'une foule nombreuse dans laquelle se trouvaient beaucoup d'habitants de Tombouctou ; mais nul ne tenta de m'inquiéter. Nous repartîmes dans l'après-midi sans encombre, comme nous étions venus. Avant de rentrer à Tombouctou, nous visitâmes les deux petites plantations de dattiers situées au sud-ouest de la ville, puis nous nous dirigeâmes vers la grande mosquée Djingere ber, que je n'avais pas encore eu l'occasion de voir de près ; son architecture belle et grandiose n'en fit sur moi qu'une impression d'autant plus profonde. L'architecte qui l'éleva, sous Mansa Moussa, était un more de Grenade ; Léon l'Africain l'indique comme « *Granata vir artificissimus.* » Tandis que nous contemplions ce magnifique monument, nous fûmes entourés d'une foule d'habitants qui nous suivirent ensuite à travers les rues de la ville. Pas un seul d'entre eux ne témoigna à mon égard la moindre intention hostile ; un grand nombre, au contraire, me serrèrent la main ; je ne puis, du reste, m'empêcher de reconnaître que les habitants proprement dits de la ville, c'est à dire les Sonrhaï, sont de très braves gens. Traversant le marché, nous rentrâmes chez nous.

Le mois de novembre était venu et devait se passer, à son tour, sans que mes affaires prissent une tournure décisive. Nous passâmes encore au camp quelques-uns des premiers jours du mois et, plus tard, l'attitude menaçante de nos ennemis nous contraignit d'émigrer de nouveau. Quelque intérêt qu'eût pu m'offrir le camp au commencement, je devais finir par y éprouver un grand ennui, par la privation de toute occupation intellectuelle. Ce n'était que lorsque le cheik jugeait convenable de quitter sa belle tente pour venir nous favoriser de sa compagnie, que nous pouvions nous livrer à des entretiens agréables et instructifs, surtout quand il se trouvait auprès du cheik des personnages remarquables ou venus des pays éloignés, ce qui arrivait assez fréquemment. Les avantages de nos religions respectives constituaient naturellement le thème favori de nos conversations. Le cheik, en ces occasions, se montra à plusieurs reprises doué d'un esprit aux vues larges et exempt de préjugés ; par contre, j'eus souvent à soutenir des luttes assez vives contre des individus plus convaincus de la prétendue supériorité de l'islamisme. Heureusement, je n'étais pas tout à fait dans l'ignorance des principes de la religion musulmane, et, quand je ne pouvais parvenir à faire partager à mes opiniâtres adversaires ma manière de voir, je n'en réussissais pas moins toujours à mettre fin à leurs tentatives de prosélytisme.

La vie quotidienne, dans ces sortes de camps, s'écoule très tranquillement, quand il n'arrive pas quelque attaque de bandits, chose d'ailleurs assez fréquente. La plupart de ces Arabes croisés n'ont plus qu'une seule femme et semblent mener une vie domestique assez paisible, dans le genre de celle du cheik lui-même. Je ne crois pas qu'il y ait guère en Europe, surtout dans les classes élevées, de maris plus attachés à leur femme et à leurs enfants, que ne l'était mon hôte de Tombouctou; je pourrais dire même qu'il était un peu trop soumis aux volontés de sa moitié. Je remarquai une différence extraordinaire dans la condition de la femme parmi toutes ces tribus moresques, comparée à celle qu'elle occupe chez les Touareg, quoique ceux-ci n'aient généralement qu'une compagne. Tandis que la femme Amoscharh se rend librement n'importe où, sans être voilée, l'épouse de l'Arabe ou du more » même le plus pauvre, n'est jamais visible sans voile; elle est ordinairement vêtue d'une robe de dessous et d'un surtout, noirs tous deux, et se cache soigneusement au moyen de la première; exceptons-en toutefois les coquettes femmes de Walata, qui aiment à faire voir leur visage de profil ainsi que leurs bras. Les dames des gens aisés ou des notables ne quittent jamais leur tente. J'ai la conviction que les mœurs féminines, parmi la population de ces camps, sont très pures, car le châtiment de l'infidélité y est fort rigoureux, toute femme convaincue d'adultère étant impitoyablement lapidée.

Je dois avouer cependant que je puis difficilement rendre compte de la manière de vivre ordinaire dans les camps mores ou arabes, car celui du cheik, chef religieux, faisait naturellement exception à la règle commune. Une autre cause en est la proximité, où nous étions, des Foulbe, auxquels leurs principes rigoureux en matière religieuse, font regarder d'un mauvais œil toute espèce d'amusement ou de distraction; il en résulte que tous les camps moresques établis aux environs de la ville, ont en grande partie perdu leur caractère primitif; c'est probablement à cette influence qu'est dû le manque absolu de chants et de danses que l'on y remarque.

Pour ce qui concerne mes rapports avec le cheik El Bakay, ils étaient de la nature la plus satisfaisante. Tandis que j'avais rencontré en lui un homme digne et éclairé dans son genre, je suis fondé à croire qu'il éprouvait pour moi un sincère attachement, auquel se joignait une certaine considération que lui inspirait la supériorité de la civilisation européenne. Mon digne ami n'avait qu'un défaut : c'était d'user d'une lenteur et d'une circonspection indicibles, là où il fallait agir avec promptitude et fermeté; d'un autre côté, j'avais la conviction qu'il ne me livrerait jamais à mes ennemis. Indigné des retards sans fin et des pertes de temps qu'il me fallait subir, je le pressais de me laisser partir; il me promit de ne plus me retenir longtemps, mais le moment du départ semblait n'être pas encore venu, selon lui; lorsqu'enfin arrivèrent les quatre derniers chameaux que j'avais laissés au delà du fleuve, l'état d'émaciation de ces animaux fut pour lui un nouveau prétexte à différer mon voyage.

Pendant toutes ces hésitations, les difficultés ne faisaient que s'accroître partout autour de nous, et la discorde commençait à régner de tous côtés. C'est ainsi que dans le Nord toutes les relations avec le Maroc étaient rompues, à la suite d'une guerre civile qui avait éclaté dans la tribu des Tadjakant, par le moyen desquels s'exerçaient exclusivement les rapports avec ce pays. Au Midi, les Aouelimmiden avaient repris, sous leur chef El Chadir, leur ancienne lutte contre les Foulbe exécrés, grâce à laquelle cette tribu berbère pénètre toujours de plus en plus au cœur de la Nigritie. Tandis que ces circonstances excitaient partout les esprits, ma position fut empirée par un nouvel ordre d'expulsion venu de Hamd Allahi ; or, j'appris en même temps que les Ouëlad Sliman, cette subdivision des Berabisch à laquelle appartenait le meurtrier du major Laing, avaient résolu de m'assassiner.

Nous étions retournés au camp, vers la fin du mois, quand nous reçûmes la nouvelle que des Foulbe étaient arrivés de la capitale avec mission de s'emparer de moi, mort ou vif. Je passai ainsi la nuit du 1er décembre, dévoré d'inquiétude et armé jusqu'aux dents. Un de mes domestiques arriva de la ville, de grand matin, m'annonçant que les habitants étaient dans un état de grande exaltation et qu'une attaque contre ma demeure était imminente ; en conséquence, mes domestiques avaient confié au trésorier d'El Bakay tous mes objets de valeur. Je ne me doutais pas cependant combien j'étais alors déjà près du danger. Le temps était maussade et une sorte de tristesse pesait sur tout le camp ; vers deux heures de l'après-midi, apparurent au loin des cavaliers, et j'étais à peine rentré dans ma tente pour voir si tout y était en ordre, qu'un écolier du cheik accourut tout hors d'haleine, me criant de prendre les armes. Je saisis toutes celles que je possédais, c'est à dire un fusil à deux coups, trois pistolets et une épée ; et comme le camp était assez mal pourvu, je donnai les armes qui ne m'étaient pas nécessaires aux deux compagnons du cheik les plus énergiques. El Bakay était monté sur sa belle jument blanche et quoiqu'il fût toujours sans armes sinon, vu son caractère sacré, il tenait à la main le petit pistolet à six coups que je lui avait donné. Nous couchâmes en joue les cavaliers qui arrivaient vers nous au nombre de treize, et sur notre menace de faire feu, ils s'arrêtèrent ; leur guide alors s'avança seul en nous criant qu'il avait une lettre à remettre au cheik. El Bakay lui défendit d'avancer davantage et lui répondit qu'il n'acceptait pas de lettre en cet endroit, mais seulement en ville. Après quelques pourparlers, les cavaliers jugèrent prudent de tourner bride et de nous débarrasser de leur présence. L'arrivée de Sidi Alaouate avec une troupe d'hommes armés nous tira bientôt d'inquiétude.

Nous résolûmes d'abandonner ce camp isolé et peu sûr, pour rentrer dans la ville. Au moment où nous montions à cheval, nous vîmes arriver une troupe de Touareg de la tribu des Kel Hekikan, montés à chameau, compagnons assez peu agréables en toute autre circonstance. Nous rentrâmes avec eux à Tombouctou, sans que personne fît mine de s'y opposer ; mais Hammadi était déjà occupé à réunir ses adhérents pour aller nous attaquer lui-même dans le camp que nous venions d'abandonner. La lettre du sultan de Hamd Allahi ordonnait que je fusse livré avec tout ce que je possédais, à ses envoyés ; elle était accompagnée d'une seconde missive adressée à l'émir de Tombouctou et à tous les administrateurs de la ville, blancs ou noirs, les menaçant des peines les plus sévères au cas où ils ne me feraient pas prisonnier ou, tout au moins, ne s'arrangeraient pas de manière à rendre impossible toute fuite de ma part.

Toute la ville était dans le plus grand émoi; comme si si l'on eût été à la veille d'une grande lutte, les habitants essayaient leurs fusils et l'on n'entendait que des coups de feu de tous côtés. Naturellement, il ne manquait pas d'individus qui pressaient le cheik de me livrer; c'étaient surtout les marchands marocains, qui ne cessaient de lui représenter que jamais chrétien n'avait été l'objet de tant de ménagements dans leur pays. Mon protecteur ne se laissa pas séduire cependant, mais resta, au contraire, ferme dans sa résolution de me défendre; il écrivit même immédiatement une lettre détaillée, conçue dans les termes les plus énergiques, au chef Foulbe, Seko Ahmedou; il lui demandait dans cette lettre comment il osait prétendre lui arracher par la violence un homme qui, tout en n'étant qu'un chrétien, était plus compétent que lui, Ahmedou, en matière de religion et qui, venu d'un pays lointain pour présenter ses hommages au cheik, se trouvait par là même sous la protection du droit de l'hospitalité.

Mon ami avait, en outre, paré à toute éventualité en envoyant un message urgent à la tribu des Tademekket, pour la prier de lui prêter main-forte. En conséquence, le 6 décembre au soir, arriva l'un de leurs chefs, Aouab, accompagné de 50 cavaliers, et le surlendemain il fut suivi de son neveu conduisant un renfort d'un même nombre d'hommes, qui furent logés aux environs de nos demeures. Le lendemain matin de l'arrivée d'Aouab, le cheik me fit appeler afin que j'allasse rendre mes devoirs à ce dernier.

C'était un personnage à l'aspect réellement imposant et à l'attitude fière ; il était vêtu d'une tunique Djellaba rayée de blanc et de rouge et ornée de broderies de soie verte ; sa coiffure consistait en un bonnet rouge de forme élevée, tel qu'on en voit rarement en ces pays, tant parmi les Touareg que parmi les Arabes. Je le complimentai et lui expliquai le but de mon arrivée à Tombouctou ainsi que les motifs qui me faisaient désirer sa protection. Aouab, à son tour, parut assez médiocrement disposé en ma faveur, parce que je ne reconnaissais pas Mahomet comme prophète ; je lui répondis que les musulmans eux-mêmes ne le considéraient pas comme le seul prophète, puisqu'ils admettaient également comme tels Moussa et Aïssa (Moïse et Jésus) et accordaient même une prééminence à ce dernier, dont ils attendaient, à la fin du monde, la résurrection. Je lui démontrai ensuite comme quoi nous suivions au fond les mêmes principes religieux, en adorant le même Dieu, malgré la diversité de nos prophètes et que, par conséquent, nous étions plus près qu'il le croyait de nous entendre et parfaitement capables d'être bons amis. Je lui parlai ensuite de l'histoire de sa tribu, lui disant que j'en avais visité, dans l'Aïr, l'ancienne résidence, Tiggeda, et l'entretins de tout ce que je connaissais à cet égard, ainsi que du temps où les siens avaient embrassé l'islamisme. Ce chef fut ravi de m'entendre parler de la sorte ; il en était visiblement flatté et ce fut ainsi que je parvins à disposer en ma faveur ce fils du désert. Lorsque je retournai auprès de lui, dans l'après-midi, pour lui offrir un présent, il m'en témoigna toute la reconnaissance dont était susceptible un barbare de son espèce. Toutefois j'eus encore çà et là, avec lui et ses compagnons, quelque discussion à l'égard de mes croyances.

Tandis que les menées des Foulbe et leurs reproches contre mon protecteur continuaient de plus belle, ma situation fut aggravée par l'arrivée d'une foule d'étrangers qui s'étaient, pour ainsi dire, donné le mot et dont le fanatisme était infiniment plus grand que celui des habitants eux-mêmes. Les Berabisch qui avaient juré de me tuer étaient arrivés également à Tombouctou avec 1,000 chameaux chargés de sel et 120 chevaux; ils étaient conduits par Ali, fils aîné de Hamed Ouëled Abeda, le meurtrier avéré du major Laing.

Fortement excité par cette vie pleine d'agitations, je me trouvais dans ma chambre, le 7 décembre au soir, quand un grand esclave, traversant la cour, vint m'annoncer qu'il était arrivé du Nord une lettre pour moi. Il fut bientôt suivi de Mohammed El Aïsch, indigène du Taouat et mon ami, m'apportant un petit paquet qui avait été ouvert, de même que la lettre qu'il renfermait. Cette dernière était de M. Charles Dickson, le vice-consul anglais à Ghadames, et portait la date du 18 juin; elle renfermait quelques recommandations pour des marchands Ghadamsi établis à Tombouctou. Cette lettre était également accompagnée d'un numéro du *Galignani's Messenger*, journal précieux pour l'Européen absent; j'y appris les premières opérations des Russes sur le Danube. Les Ghadamsi eux-mêmes, qui m'apportaient la lettre, avaient déjà répandu la nouvelle d'une terrible et sanglante bataille entre les Turcs et les Russes, dans laquelle ces derniers auraient perdu 50,000 morts et 40,000 prisonniers. On prétendit que le paquet avait été ouvert par erreur, comme étant cru destiné à un Ghadamsi nommé, ainsi que moi, Abd El Kerim; mais la vérité était qu'on l'avait décacheté à dessein par défiance.

Je ne pus consacrer longtemps ma pensée aux nouvelles

venues d'Europe car, le lendemain 8 décembre, le danger qui me menaçait atteignit son plus haut période d'intensité. Des deux cadis ou émirs de la ville, l'un, nommé Kaouri, était un homme excellent, tandis que l'autre, Ouëled Faamme, était l'un de mes ennemis les plus acharnés. Le susdit jour donc, comme on venait d'achever la prière *dhohor* (qui se fait, dans ces contrées, de deux à trois heures de l'après-midi), les Foulbe tinrent conseil dans la grande mosquée, en présence de toute la foule qui s'y trouvait assemblée. Faamme, qui revenait précisément de Hamd Allahi avec les ordres les plus sévères, s'adressant au peuple dans un langage passionné, lui dépeignit la nécessité de prendre sur-le-champ les armes, pour exécuter contre moi les volontés de leur souverain, dût-on aller jusqu'à combattre en même temps El Bakay, Aouab et Kaouri. Par bonheur, l'individu lui-même était doué d'une poltronnerie rare, et lorsqu'un ami de Kaouri vint, en feignant d'abonder dans son sens, l'engager à se mettre à la tête du mouvement et à commencer l'attaque, le grand hâbleur se retira, laissant aller les choses; les bons bourgeois de la ville s'en retournèrent chez eux et je fus enfin laissé en repos.

Cet incident mit fin pour longtemps aux tracasseries dont j'étais l'objet, sauf une tentative que l'on fit encore, le jour suivant, pour amener El Bakay à se conformer aux ordres venus de Hamd Allahi. Ce même jour nous étions retournés, pour nous mettre sous la protection d'Aouab et de son neveu, au camp, qui avait été transporté plus loin dans la ville, près du fleuve débordé, à un endroit orné de forts beaux arbres. Ce fut avec une vive satisfaction intérieure que je respirai, le premier matin de notre arrivée, l'air pur et vivifiant de ce pays à moitié désert, où se montraient alors des chevaux, des chameaux, du bétail et des groupes d'hommes ; j'étais heureux de me sentir de nouveau en pleine liberté. A peine était-il midi, cependant, que nous vîmes apparaître au loin une troupe de cavaliers dont l'approche causa une alarme générale ; je sautai aussitôt à cheval ainsi que mes domestiques, et nous nous livrâmes à une fuite précipitée. L'ennemi s'avançait toujours, lorsque nous reconnûmes que nous n'avions affaire, en réalité, qu'à vingt-cinq des habitants les plus notables de Tombouctou, accompagnés de Moulaï Abd E' Salam, le plus grand marchand du Maroc et conduits par un noble vieillard nommé Fassidi. Ils se flattaient d'obtenir du cheik par leur influence personnelle et d'une manière paisible ce qu'il avait refusé à la force ouverte, c'est à dire d'abord une copie de la lettre que je prétendais avoir apportée de Stamboul et ensuite la promesse que je retournerais immédiatement à la ville. Je n'avais malheureusement pas de lettre semblable ; mais comme j'en possédais plusieurs émanant de grands personnages musulmans, le cheik promit de souscrire à la première de ces demandes, mais refusa de prendre la seconde le moins du monde en considération. Il en résulta que l'ambassade s'en retourna comme elle était venue.

Le lendemain soir, nous rentrâmes nous-mêmes à Tombouctou ; il y régnait une joie générale, les habitants ayant découvert au lever de la lune (comme il arrive souvent en ces pays) qu'ils s'étaient trompés d'un jour dans la supputation du temps et que le lendemain déjà venait la fête du *mouloud* ou commémoration de la naissance du prophète. Je pus donc rentrer dans ma demeure sans être inquiété.

Mon premier soin devait être de m'attacher le plus étroitement possible les chefs des Touareg, qui formaient mon unique appui militaire et dont les territoires seuls m'offraient un moyen de retraite plus ou moins sûr. J'avais déjà fait au neveu d'Aouab un présent aussi considérable qu'à ce dernier lui-même, et comme il désirait avoir un peu d'argent pour en parer sa chère épouse, je lui donnai mon étui et quelques anneaux de ce métal. J'avais mis de côté, pour le retour, les quelques dollars qui me restaient encore. Ces libéralités de ma part semblèrent ne pas avoir été vaines, car Aouab me témoigna une amitié plus grande et il me donna, ainsi que son neveu, un sauf-conduit des plus satisfaisants, pour tous les Anglais qui visiteraient leurs contrées par la suite; malheureusement l'influence des Tademekket n'est pas suffisante pour pouvoir protéger un chrétien contre les Foulbe du Niger supérieur.

Si je n'avais plus à craindre désormais, de la part de ces derniers, d'attaques directes à ma sécurité personnelle, ils étaient loin de m'avoir oublié. Seko Ahmedou fit menacer les habitants de Tombouctou de couper l'exportation du blé sur le Niger supérieur, s'ils ne trouvaient moyen de m'expulser de leur pays. Cette circonstance força l'excellent émir Kaouri de se rendre en personne à Hamd Allahi, afin d'y aller déjouer les intrigues de son collègue Faamme.

Sur ces entrefaites, il se produisit dans ma situation un événement décisif. J'ai déjà parlé, plus haut, de l'arrivée de la caravane des Berabisch, accompagnée d'un grand nombre d'hommes armés conduits par Ali, l'un des fils du vieux Ahmed ou Hamed Ouëled Abeda. Ali avait, ainsi que ses compagnons, donné ouvertement en plusieurs circonstances des preuves non équivoques de ses dispositions hostiles à mon égard; il avait même négligé à dessein de rendre visite au cheik, à cause de l'amitié que me témoignait ce dernier.

Or, il arriva, par une circonstance réellement providentielle, qu'Ali qui, âgé d'une quarantaine d'années, exerçait, par la vieillesse de son père, toute l'autorité de ce dernier lui-même, fut atteint d'une maladie subite qui l'emporta, dans la matinée du 19 décembre. La mort soudaine de cet homme fit une sensation extraordinaire, le fait étant généralement connu que son père était le meurtrier du chrétien qui avait visité la ville avant moi ; l'impression fut d'autant plus profonde que l'on me croyait partout le fils du major Laing.

L'effet que produisit cet événement, quant à ma sécurité personnelle, fut rendu plus réel encore par le bruit, répandu de tous côtés, que les Ouëlad Sliman, c'est à dire la fraction la plus notable des Berabisch, s'étaient engagés par serment à me tuer ; chacun en conclut, par voie de rapprochement, qu'il existait un rapport surnaturel entre la mort de cet homme en cet endroit et le meurtre commis par son père. Les compagnons d'Ali furent saisis d'une telle terreur qu'ils se rendirent en cortége solennel auprès du cheik El Bakay pour lui demander pardon de l'avoir négligé jusqu'alors et implorer sa bénédiction. Le vieux misérable Ahmed Ouëled Baba lui-même envoya, peu de temps après, un message pour dire qu'il n'empêcherait en aucune manière mon départ, mais qu'au contraire, son vœu le plus ardent était que je pusse rentrer sain et sauf dans mon pays. Ceci calma un peu l'excitation causée par ma présence dans la ville, et les Foulbe semblèrent vouloir attendre avant tout les résultats du message envoyé par El Bakay à Seko Ahmedou, à Hamd Allahi.

Après cet heureux changement dans ma situation, je pouvais espérer de jouir, pendant les derniers jours de l'an 1853, d'un repos relatif, dont j'avais le plus grand besoin. Ma santé avait été fort ébranlée depuis mon séjour à Tombouctou et je fus assailli par de nouveaux accès de fièvre. Je n'en fus donc que plus heureux de pouvoir retourner, pour plusieurs jours au camp avec mon protecteur. Le désert m'offrait un spectacle du plus haut intérêt, car tout y était changé comme par enchantement, et un torrent considérable roulait avec impétuosité ses eaux dans les vallées et les bas fonds de cette zone de sable. La paix et le calme régnaient dans notre petit camp et partout aux alentours. Nous n'y fûmes troublés que pendant une couple de jours, par l'arrivée d'un seul intrus; c'était un lion, qui nous tua trois chèvres le premier jour et deux ânes le lendemain; l'abondance momentanée des eaux avait attiré cet hôte dangereux dans ces régions septentrionales du Niger, où il ne se trouve généralement pas de bêtes féroces, sauf des chacals.

Des entretiens aussi agréables qu'attachants, avec le cheik et au milieu de ses enfants et de ses écoliers, contribuaient à me faire paraître les jours moins longs; pour la plupart du temps, nos conversations roulaient sur des questions religieuses, mon protecteur ayant à cœur de faire connaître à ses amis et compagnons ma science en matière de religion. Rien ne me causait cependant une impression plus profonde que le moment où les écoliers du cheik, aux voix retentissantes et mélodieuses, chantaient, le soir, sous la voûte immense du ciel, des passages du Koran. Le chrétien doit avoir été témoin de scènes semblables pour pouvoir juger en connaissance de cause les musulmans et leur croyance; c'est là leur orgueil, de faire voir au chrétien comment ils adorent partout l'Architecte des mondes, aussi bien au milieu des splendeurs sans bornes de la nature, qu'entre les murs des temples consacrés. Ce fut dans ces circonstances et sous ces vives impressions que se passa pour moi la veille de Noël de l'an 1853, la quatrième de mon séjour en Afrique [1].

J'éprouvai une amélioration de santé aussi prompte que sensible, par la vie en plein air et le régime fortifiant auquel je me livrais en me nourrissant de viande et lait. J'avais la tête beaucoup plus libre, et, lorsque mes forces furent un peu revenues, je fis, par un beau matin, une longue promenade vers une éminence située à quelque distance au nord de ma tente et d'où je jouis d'une vue très étendue sur la contrée. Celle-ci avait un aspect qui tenait à la fois du désert et des pâturages maigres ; en effet, le sol ondulé et sablonneux y était plus ou moins couvert d'accacias de grandeur moyenne et de buissons d'épines offrant aux chèvres une nourriture suffisante. Les cours d'eau argentés qui traversaient ce pays désert, s'étendaient à de grandes distances, et le tout offrait un spectacle de nature à jeter dans l'étonnement le voyageur qui se serait rendu, vers cette époque, à Tombouctou, en arrivant par l'aride désert septentrional. C'est ainsi que des marchands étrangers, quittant les rives du grand fleuve de la Nigritie, s'exagèrent le nombre de rivières qui s'y relient (quelques-uns en admettaient jusqu'à trente-six), tandis qu'au contraire, ces cours d'eau en sortent et ne doivent, par conséquent, leur existence qu'à lui-même ; en effet, après avoir suivi pendant peu de temps la direction de l'intérieur du pays, ils retournent, par la pente naturelle

(1) J'avais déjà fêté deux fois la veille de Noël dans un précédent voyage en Afrique ; c'était pendant mes explorations du littoral méditerranéen, en 1845 et 1846.

du fleuve, dans un sens opposé, malgré la grande déperdition qu'ils subissent par l'absorption de l'eau dans le sol et l'évaporation produite par le soleil, absorption peu considérable, du reste, dans la saison froide.

Puisque je m'occupe en ce moment des phénomènes relatifs au Niger, je consignerai ici mes observations sur les faits correspondants aux crues et aux décrues de ce fleuve, quoique certaines circonstances qui s'y rattachent se présentent même auparavant.

Le Niger offre, en comparaison de la période des crues d'autres fleuves africains situés au nord de l'équateur, des anomalies de la nature la plus étonnante et bien propres à exciter l'étonnement profond et les méditations de quiconque s'occupe, en connaissance de cause, de ce genre de phénomènes. La crue périodique des fleuves de ce continent étant due à la saison des pluies tropicales, on supposerait naturellement que le Niger doit, comme le Benouë et le Nil, atteindre sa plus grande élévation en août ou septembre. Or, dans l'état actuel de la science et de notre connaissance de ces régions, il n'est pas possible d'expliquer complétement à quelle cause peut être due le fait étonnant, que cette vérité n'existe qu'en partie pour le Niger. En effet, et d'après les observations les plus minutieuses que je fis sur les lieux, le Niger moyen croît, chaque année jusqu'à la fin de décembre ou le commencement de janvier, sans décrue avant le mois de février; par contre, le Niger inférieur, à l'endroit où il porte le nom de Kouara, n'atteint son niveau le plus élevé que vers la fin d'août ou le commencement de septembre et ne décroît que dans la première moitié d'octobre, exactement comme le Nil et le grand affluent oriental du Niger inférieur, le Benouë.

Pour nous rendre compte, autant que possible, de ces phénomènes, il nous faut nous représenter les caractères différents de ces fleuves. Le Benouë, par exemple, après avoir pris d'abord la direction de l'ouest, la conserve en n'en déviant que fort peu ; le Grand Fleuve occidental, au contraire, décrit les trois quarts d'un cercle, et comme il n'a que peu de pente dans la plus grande partie de son sinueux trajet, les eaux qui y affluent des régions lointaines, mettent beaucoup de temps à atteindre son cours moyen. Les pluies qui tombent sans interruption dans le pays des Wangaraoua ou Mandingues du sud-ouest, depuis les mois de septembre et d'octobre jusqu'à la fin de novembre et même dans le courant de décembre, ne cessent d'alimenter le fleuve près de Tombouctou ; car de ce qu'il pleut dans les régions situées à la hauteur du Sierra Leone et du cap Palmas jusqu'à la fin de septembre et même en octobre, on peut conclure, avec un certain degré de certitude, qu'il en est de même sur le littoral [1] ; ce fait est confirmé, du reste, par les observations de Caillié sur les pluies faites à Kakondi et Timbo [2]. Dans les montagneuses régions méridionales de

---

[1] Voyez Isert, dans la *Zeitschrift Hertha*, X^e partie, ann. 1827, p. 374 ; M' Gill, dans la *Berghaus' Zeitschrift*, VIIIe partie, ann. 1848, p. 59-61. En ce qui concerne le cap Palmas, consultez Frayssinet, *Nouvelles Annales de Voyages*, 1855, IIe partie, p. 291-293 et surtout l'excellent opuscule de M. le professeur Schirren, *Der Nyassa*, Riga, 1857.

[2] Voyez Tomaro, d'après les observations de Caillié, dans les *Annales de Berghaus*, 1829, p. 769, et surtout la relation que fait Caillié lui-même de son séjour à Time (Ire partie, p. 328 de l'édition anglaise) : « La pluie ne tombait pas sans interruption, mais nous en eûmes un peu tous les jours, *jusqu'au mois d'octobre*, époque à laquelle elle devint moins fréquente. » Caillié nous apprend également que le Milo, l'embranchement sud-est du Niger supérieur ou Dhiouliba, atteint son niveau le plus élevé au mois de septembre. Les observations de Park indiquent que les pluies

l'Abyssinie, dont la latitude correspond exactement à celle des sources du Niger, on a également constaté des pluies continuelles pendant le mois de septembre.

Tout le pays qui s'étend entre Djenni et Tombouctou est, en général, extrêmement plat, de sorte que le fleuve, qui le parcourt très lentement et en décrivant de très nombreuses sinuosités, non seulement occupe un lit très large et s'étend loin dans la contrée, mais forme encore un grand nombre d'amas d'eau et de lacs, dont le plus considérable est apparemment celui que Park et Caillié nous ont fait connaître sous le nom de Debo ou Debou. Par contre, le fleuve n'a plus que quelques centaines de pas de largeur plus bas, au dessous de Bamba et principalement dans le pays nommé Tinscherifen; il en résulte que ses eaux, après s'être étendues sur un immense espace de pays, n'ont pas la force qu'elles auraient sinon, et qu'elles conservent leur élévation ou même gagnent encore en largeur et en profondeur, à l'époque où la crue due aux pluies a déjà cessé dans les régions supérieures du fleuve.

C'est ainsi que je m'explique un fait si opposé à tous les phénomènes observés relativement aux pluies et aux crues

---

durent jusqu'en novembre dans les contrées qu'il traversa. La Gambie, quoiqu'elle prenne sa source presque dans les mêmes régions que l'embranchement occidental du Niger, offre, par le peu d'étendue de son cours, de tout autres particularités que le long et sinueux Niger; elle n'en atteint pas moins son niveau extrême beaucoup plus tard que le Benouë, c'est à dire, comme nous l'apprend Park (premier voyage, livr. 3, p. 12), au commencement d'octobre; toutefois, dans les premiers jours de novembre, elle avait déjà repris son niveau ordinaire. Park observa cependant (deuxième voyage, t. II, p. 274), le 8 octobre, près de Sanssandi, que le Niger lui-même avait baissé de 4 pouces; mais cette décrue n'était que momentanée.

des fleuves, tant au nord qu'au midi de l'équateur, et qui prêtent au Niger supérieur un caractère commun avec le Gaboun et d'autres fleuves de la ligne équinoxiale, qui atteignent leur plus haut niveau en février. Des explorations ultérieures et les observations des voyageurs européens qui pourraient pénétrer dans les contrées de l'intérieur par les colonies de l'Algérie, du Sénégal, de la Gambie, du Sierra Leone ou des bouches du Niger, contribueront à éclaircir ce fait remarquable.

Il est tout naturel que cette particularité du Niger supérieur, quoiqu'il n'atteigne pas toujours le même niveau, influe sur son cours inférieur, le Kouara, qu'ont déjà visité, à plusieurs reprises, des Anglais. Toutefois les voyageurs européens, n'ayant aucune idée de ce phénomène particulier au Niger, n'ont pas prêté beaucoup d'attention à ses propriétés au commencement de la saison d'été, et l'ont encore moins visité à cette époque, à cause du peu d'eau qu'il renferme alors. Cependant M. Laird, le méritant directeur de la compagnie de bateaux à vapeur anglo-africaine, qui passa plusieurs mois sur le Kouara, observa un fait étonnant qui se rapproche assez de ce que je viens de décrire : c'est que le fleuve commençait à descendre, dès le 22 mars, près de l'importante ville d'Idda [1].

Ce phénomène, qui restait autrefois complétement inexpliqué, s'éclaire complétement par les développements qui précèdent. Laird lui-même considérait par erreur la crue du fleuve comme une conséquence immédiate des pluies dans les contrées intérieures situées en amont; or, il n'y tombe absolument aucune pluie en mars, et ce n'est que dans la

---

(1) Voyez *Laird's and Oldfield's Journal*, vol. II, p. 275.

seconde moitié d'avril qu'il arrive de légères ondées. Ce fait résulte plutôt de ce que les eaux commencent à baisser vers le milieu de février, dans la partie supérieure et lointaine du fleuve. La rapidité du Grand Fleuve est de 2 1/2 à 3 milles marins, tandis qu'il n'a guère moins de 2,000 milles de longueur de Kabara à Idda, grâce à ses nombreuses sinuosités. Son élévation au dessus du niveau de la mer est, selon moi, d'environ 900 pieds, près de Tombouctou.

Ces observations, que je rédigeai en 1857, ont été depuis confirmées de la manière la plus brillante et la plus complète; en effet, les membres de la dernière expédition au Niger se virent forcés, par l'échouement de leurs steamers, de séjourner dans ces contrées pendant toute l'époque de la sécheresse. Campés près de Yeba, ils s'assurèrent que le fleuve, au lieu de décroître, comme il l'avait fait jusqu'alors, monta soudainement de 12 pouces, et les indigènes leur dirent, en outre, que ce fait se produisait chaque année [1].

Je demanderai au lecteur, après cette digression sur les anomalies extrêmement intéressantes des crues du Niger, la permission de revenir au récit de mes propres aventures pendant le commencement de l'année 1854.

(1) Nous ne possédons de ce fait si remarquable que la relation des deux missionnaires Crowther et Taylor, qui accompagnaient l'expédition. Voici l'extrait littéral de leur journal récemment publié (*The Gospel on the banks of the Niger*, Londres, 1859, p. 212) : « Vers le milieu de février, le fleuve avait baissé de 6 pieds, et vers la fin du même mois, il se produisit une légère crue d'environ 12 pouces, que les indigènes nommaient *yangbe*; ils nous avaient parlé à l'avance de cette crue, qu'ils attendent tous les ans. Le niveau du fleuve resta ensuite stationnaire jusques vers le commencement d'avril, époque à laquelle arriva une dernière et rapide décroissance. » Nous constatons donc ici encore une interruption de tout un mois dans la décrue des eaux du Niger inférieur, interruption correspondant à l'arrivée des eaux supérieures du fleuve. »

CHAPITRE III.

LES PREMIERS MOIS DE 1854 A TOMBOUCTOU. — NOUVELLES ATTAQUES DE LA PART DES FOULBE. — L'AUTEUR FORCÉ DE QUITTER LA VILLE. — SÉJOUR DANS LE DÉSERT JUSQU'AU DÉPART DÉFINITIF. — IMPORTANCE INDUSTRIELLE ET COMMERCIALE DE TOMBOUCTOU.

J'étais retourné à Tombouctou pendant les derniers jours de décembre, mais l'année finit sans que rien fût changé aux incertitudes de ma situation dans la ville du désert. J'avais nourri l'espoir que le mois de janvier 1854 m'aurait trouvé en route pour le retour, et je le voyais commencer sans autre consolation dans ma déception amère, que de pouvoir prier Dieu du fond de mon âme, qu'il me fût permis de revoir dans le courant de l'année mon pays.

Ma santé était encore dans un état très précaire, mais je me sentais cependant assez fort de corps et d'esprit pour pouvoir mettre en ordre le reste de mon bagage, comme pour me préparer à un départ malheureusement incertain, quoique si ardemment désiré. Ce fut alors que je retrouvai, avec autant de joie que de surprise, un thermomètre encore en fort bon état, ce qui me mettait à même de reprendre mes observations météorologiques et atmosphériques, interrompues depuis six mois.

Les premières semaines de janvier se passèrent sans qu'aucun événement quelque peu important vînt troubler ma tranquillité. Je ne voyais que le cheik, ses parents et ses subordonnés, et nos entretiens prenaient un caractère religieux d'autant plus prononcé que mes ennemis mettaient plus en avant les questions de croyance. Mon protecteur me fit aussi connaître la nature de ses rapports politiques avec ses deux frères, Sidi Mohammed et Sen El Abidin, qu'il attendait de l'Asaouad. Malheureusement il ne régnait pas d'unité de vues parmi les membres de cette famille, de sorte que la puissance qu'ils devaient à leurs qualités personnelles en était considérablement amoindrie.

Afin que le lecteur soit complétement initié au genre de vie que je menais à Tombouctou, je crois devoir dire deux mots du régime alimentaire que j'y suivais. Lorsque j'étais en ville, je déjeunais habituellement de pain et de lait, car, dans cette grande ville civilisée de la Nigritie, on peut se procurer au marché d'excellent pain de froment, chose qui n'existe pas à Kano. A deux heures de l'après-midi, je recevais, de la cuisine du cheik, un plat de *kouskoussou* (ce mets arabe consistant en petites boules de froment broyé, cuites à la vapeur) et, après le coucher du soleil, je prenais du sarrasin préparé avec un peu de viande ou assaisonné de bouillon du *Cucurbita Melopepo*; cette courge sert aussi à la préparation d'un légume réellement excellent, mais dont je ne me trouvai jamais bien pendant tout mon séjour à Tombouctou. Le cheik m'envoyait ordinairement encore quelque aliment à une heure avancée de la soirée, souvent même après minuit, mais je l'abandonnais d'habitude à mes domestiques. C'est encore un trait caractéristique de Tombouctou, comme grande ville, que l'on y fait encore souvent un repas longtemps après minuit; sous ce rapport, Paris et Londres même restent de beaucoup en arrière de cette cité du désert.

Au commencement de mon séjour à Tombouctou, j'avais mangé beaucoup de jeunes pigeons, qui y constituent un mets recherché, quoique fort peu coûteux; en effet, on les y achète au prix fabuleusement bas de 10 *kourdi* pièce, c'est à dire qu'on en a trois cents pour la valeur d'un écu d'Espagne; les pauvres volatiles étaient, du reste, trop jeunes et conséquemment presque sans goût, ce qui me fit bientôt renoncer à cet aliment. Une friandise très rare à Tombouctou étaient les œufs d'autruche, dont on m'en apporta un, à certain jour; naturellement ces œufs se trouvent plus fréquemment au désert que dans les contrées habitées riveraines du Niger, mais ils constituent un mets tellement indigeste que l'usage en est souvent impossible à l'habitant des villes ne se livrant qu'à un exercice modéré. A l'occasion, je prenais, pour déjeuner, quelques dattes; ce fruit, propre aux régions septentrionales, plus sèches et plus tempérées, ne peut pas toujours s'obtenir à Tombouctou, surtout aux époques où les relations par caravanes sont interrompues avec le Nord. Pendant les derniers jours de décembre, j'avais pris cependant une assez bonne provision, lors de l'arrivée de la caravane du Taouat; en outre, mon ami Mohammed El Aïsch, qui était de ce pays, m'en donna une quantité assez considérable comme présent. Peu de jours après l'arrivée de cette caravane, était venue également une petite troupe de marchands Tadjakant, appartenant à cette tribu par laquelle s'opèrent les relations entre la

Nigritie et le Maroc. Je pus leur acheter quelques livres de sucre et une demi livre de thé, deux articles que je désirais on ne peut plus vivement et que l'on n'obtient ordinairement de ces gens qu'en gros, c'est à dire par douze livres de sucre pour une livre de thé; car ils ne forment, en quelque sorte, qu'une marchandise. Je dus encore à ces Tadjakant le luxe de quelques grenades venant du Gharb (Maroc), tandis qu'elles croîtraient tout aussi bien aux environs de Tombouctou. Les citrons mêmes, si abondants à Kano, n'étaient pas cultivés ici, quoique ce fût chose très praticable; je ne pus me procurer deux exemplaires de ce fruit si beau et si sain, qu'à Djenni, sur le Niger supérieur. Ma vie matérielle était, comme on le voit, à peu d'exceptions près, fort régulière.

Si j'avais pu agir librement et sans craindre nul danger, la crue du Niger dans les premières semaines de janvier m'eut fourni matière à des excursions du plus haut intérêt. Le 4 janvier, le premier bateau de Kabara arriva jusqu'à quelques cents pas des murs de Tombouctou, fait dont je ne m'étais pas douté jusque-là. La conséquence immédiate de cette facilité des moyens de communication, fut une surabondance de blé sur le marché et, par suite, une baisse dans le prix de cette denrée; on y vendait la *sounie* de sarrasin (un peu plus de 200 livres) 3,000 *kourdi*, soit environ un écu d'Espagne, selon le cours de la place, prix évidemment fort bas. Toutefois, en ma qualité d'étranger, je dus payer un peu plus cher, c'est à dire 3,750 *kourdi*.

Le 9 janvier, je fis malgré tout, en compagnie du cheik, une excursion jusqu'à la rive du fleuve débordé, car la crue extraordinaire de ce dernier ne me laissait pas l'esprit en repos. Nous rencontrâmes l'eau déjà à peu de distance au sud-ouest de la ville, à 600 ou 700 pas seulement de la grande mosquée. Huit ou dix petites embarcations allaient et venaient, et il était évident que la moindre crue qui surviendrait encore pouvait inonder tout un quartier de Tombouctou.

Le 12 janvier, nous reprîmes le chemin de notre camp, dont l'emplacement avait été changé une seconde fois et qui se trouvait maintenant à environ trois lieues de Tombouctou. Ce séjour dans le camp fut marqué pour moi par des circonstances particulières et faillit même m'être fatal, comme le lecteur en jugera. Me sentant assez bien, le 13 janvier, j'avais eu avec mon protecteur un entretien animé relativement à mon départ qui restait toujours à l'état de promesse de la part d'El Bakay. Cette fois notre conversation m'avait paru plus sérieuse et j'étais dans les dispositions d'esprit les plus agréables quand tout à coup, dans l'après-midi du lendemain, je fus pris d'un accès de fièvre accompagné de frissons et d'une intensité telle que mon hôte me crut empoisonné. Or, j'avais bu, peu d'instants auparavant, un peu de petit-lait que m'avait apporté un Berbouschi (ou individu de la tribu des Berabisch) lequel, tout en étant étroitement allié à la famille du cheik, n'en appartenait pas moins à la tribu dont le chef était l'assassin du major Laing et qui avait également juré ma mort. Que le soupçon d'empoisonnement fût ou non fondé, le cheik, en cette circonstance, me donna les plus grands témoignages de bienveillance et d'intérêt; à plusieurs reprises, il m'envoya du thé et vint s'assurer par lui-même de mon état. Heureusement un antidote et une bonne nuit de repos me rétablirent complètement.

La question du départ ne tarda pas à retomber dans le

néant; la cause en fut l'arrivée d'un ami intime du cheik, chef Poullo très considéré et nommé Mohammed Ben Abd Allahi El Foutaoui (ou natif du Fouta); il venait passer quelque temps auprès d'El Bakay et me demander, s'il était possible, la guérison d'une grave et longue maladie dont il était atteint. Je remarquai avec surprise la noble expression des traits de cet homme, sur lesquels l'affection chronique dont il souffrait avait répandu une teinte de mélancolie, et j'eus un vif regret de ne pouvoir même le soulager quelque peu, d'autant plus qu'un succès de cette nature m'eût été à moi-même fort avantageux.

Ainsi se passa à son tour le mois de janvier sans que je visse mon espoir plus près de se réaliser. Un nouveau retard survint par suite de la prochaine arrivée du frère d'El Bakay, qui devait remplacer celui-ci à Tombouctou, dans le cas où le cheik serait obligé de m'accompagner au moins pendant la première partie du voyage; tout cela fit naître en moi la crainte qu'El Bakay, malgré toute la bienveillance qu'il me témoignait, n'eût la pensée de me retenir encore pendant tout l'été; j'étais d'autant plus fondé à concevoir cette appréhension, qu'il m'avait dit souvent lui-même que, d'après la coutume du pays, les visiteurs y restaient pendant une année, lorsqu'ils y avaient reçu l'hospitalité. Pénétré de cette idée, j'écrivis à mon ami, certain matin, après une nuit d'inquiétude et d'insomnie, une lettre dans laquelle je lui rappelais dans les termes les plus pressants ses promesses réitérées. Mis ainsi en demeure, il fit, dans une audience privée, appel à mes sentiments d'humanité et m'avoua que la cause principale de tous ces retards était la grossesse de sa femme chérie; il me pria ensuite avec les plus vives instances, d'attendre paisiblement, avant tout, le dénouement de cette grave affaire de famille. Il n'y avait pas d'objection possible à des raisons pareilles, et je ne pus que prendre mon sort en patience, tout en formant des vœux pour que dame Bak (car tel était le nom de la femme de mon ami) vit bientôt sonner l'heure de la délivrance.

Tandis que nous séjournions tantôt au camp, tantôt en ville, arriva le 15 février, jour où le cheik me dit que son frère aîné Sidi Mohammed, que l'on attendait, pouvait arriver au camp d'une heure à l'autre. Vers le soir, le son de la grosse caisse annonça l'événement, et à onze heures et demie, nous montâmes à cheval pour nous rendre au camp, où régnait, malgré l'heure avancée, la plus grande animation en l'honneur de l'hôte illustre qui venait d'y arriver. Celui-ci, l'aîné des membres de la famille du cheik, était un homme trapu, d'une taille un peu au dessus de la moyenne et doué d'une physionomie noble et digne. Son caractère était plus grave et plus belliqueux que celui d'El Bakay, sans être dépourvu cependant de bienveillance et d'aménité. Je ne devais pas m'attendre à être reçu très cordialement par Sidi Mohammed dans une première entrevue, car j'étais pour lui un étranger, non seulement par mon pays mais encore par mes croyances, et en outre, ma présence avait fait naître de graves difficultés dans les relations politiques des deux frères.

Le lendemain se trouvèrent réunis au camp plusieurs membres de la famille, parmi lesquels se trouvait Hammadi, le neveu et l'adversaire politique du cheik; j'eus ainsi l'occasion de voir pour la première fois cet homme qui m'avait causé tant d'ennuis. Comme je l'ai dit déjà, Hammadi était le fils de Sidi Mohammed et d'une négresse esclave, et ne croyait devoir renoncer à aucun de ses droits, tandis que ses frères eussent voulu le répudier comme bâtard, à cause de sa basse extraction du côté maternel. Dès mon arrivée, j'avais cherché à me lier avec Hammadi, d'autant plus que l'on m'avait vanté sa haute intelligence ; malheureusement la politique suivie par mon hôte me rendait impossible tout rapport avec son neveu. Ce dernier était un homme court et ramassé, aux traits amples et au visage fortement grêlé de la petite vérole ; il avait hérité de sa mère — tache indélébile — un teint fort noir. Hammadi semblait ne pas être en mauvais rapports avec Sidi Mohammed ; aussi le cheik affecta-t-il à cause de son frère, d'occuper avec son rival une seule et même tente ; par contre, il n'y eut pas moyen de décider Sidi Alaouate à mettre le pied dans celle-ci. Tous deux, du reste, firent sans leur noir parent leur entrée dans la ville, entrée qui eut lieu dans l'après-midi, malgré le cheik lui-même, qui eût voulu rester encore auprès de sa femme.

Tandis que ces circonstances révélaient suffisamment les discordes intestines de cette famille sinon si distinguée et si puissante, le genre de réception dont Sidi Mohammed fut l'objet à Tombouctou, ne fut pas moins caractéristique, au point de vue des dispositions des habitants. Comme il n'y existe pas de gouvernement fort, tout grand seigneur y déploie le plus grand faste possible et, dès son arrivée, le potentat du désert reçut les hommages et les protestations d'obéissance des citadins, fiers d'être honorés de sa visite. Un concert fut donné devant la maison du cheik, où était descendu ce haut personnage, et tous les marchands étrangers préparèrent, chacun selon sa fortune, des cadeaux destinés à acheter les bonnes grâces ou à prévenir les intrigues du puissant hôte de Tombouctou. Je crus nécessaire d'offrir à mon tour un beau présent au souverain de l'Asaouad, et je lui donnai le plus fin des burnous qui me restaient encore, une tunique noire et quelques menus objets.

A part l'entrée solennelle de Sidi Mohammed, le 17 février était encore un grand jour pour Tombouctou, comme signalant le commencement de la décrue du fleuve. Pendant le mois de janvier presque tout entier et le commencement de février, il avait fait généralement froid, et le temps couvert et nébuleux avait rendu parfaitement l'idée de cette saison que les Touareg désignent sous le nom expressif et emphatique d'époque aux « nuits noires (*ehaden essatafnen*). » Durant tout ce temps, le fleuve avait monté ou, tout au moins, conservé le même niveau extrême ; après plusieurs alternatives nous le vîmes commencer à décroître réellement, le 17. Ce fut aussi à ce moment qu'il s'opéra un changement dans l'atmosphère, en ce sens que l'air devint immédiatement plus pur et que je vis commencer la période que mes amis berbères appelaient celle des « nuits blanches (*ehaden emelloulen*). » Ces Imoscharh des plateaux arides et pierreux du désert, transplantés sur les limites de la zone fertile et sur les rives de ce fleuve puissant aux étonnants phénomènes, ces Imoscharh, dis-je, sont de si bons observateurs de la nature, qu'ils prétendent, et avec raison, que le fleuve ne commence à baisser qu'après la fin des quarante « nuits noires » ou nuits d'hiver. Cette époque est aussi celle du plus grand danger pour les hameaux voisins du Niger ; en effet, les terrains sur lesquels ils s'élèvent, minés par les eaux, perdent tout point d'appui lorsque celles-ci se retirent, et s'écroulent fréquemment. Ce fut ainsi que nous apprîmes, le 22, la destruction du hameau Betagoungou, situé entre Kabara et Goundam.

Tandis que le ciel s'éclaircissait et laissait passer quelques rayons de soleil, l'horizon politique, au contraire, s'était rembruni et nous annonçait de prochains orages. Tout le pays était livré à des actes de brigandage de la part de tribus turbulentes, et les Foulbe, à leur tour, semblaient vouloir reprendre avec une énergie nouvelle leur lutte contre les Touareg, pour la possession de Tombouctou. Le temps du repos était désormais passé également pour moi et, après quelques semaines de tranquillité, je voyais ma situation reprendre un aspect des moins rassurants. Le message décisif que nous attendions de la capitale, arriva le 26 février, et je vis faire son entrée dans la ville et passer à dessein devant ma demeure, un puissant chef Poullo, prince du sang, nommé Hamedou; il était accompagné d'un cortége nombreux à pied et à cheval, dans lequel je remarquai plusieurs mousquetaires. Le lendemain soir, je fus en quelque sorte appelé dans la maison du cheik, ce qui me donna à croire qu'il se passait quelque chose d'extraordinaire. J'y trouvai les trois frères en grande délibération au sujet de deux écrits que leur avait envoyés un personnage fort considéré, Mohammed El Ferredji, de Kabara, où il était arrivé de Hamd Allahi avec cent hommes armés, en même temps que l'émir Kaouri de Tombouctou qui, le lecteur se le rappellera, s'était rendu personnellement dans la capitale, à cause de moi. Les deux lettres en question différaient beaucoup par leur contenu; l'une ne renfermait que des protestations d'amitié; l'autre était conçue, au contraire, en termes extrêmement menaçants et annonçait que l'on devait s'attendre aux mesures les plus rigoureuses, si le cheik ne me faisait partir avant l'arrivée de Ferredji à Tombouctou.

Ne sachant trop au juste que conclure de ces deux lettres,

ni quelle pouvait en être la signification réelle, on délibéra longuement sur la marche à suivre et sur quelques mesures à prendre en vue de ma sécurité ; mais toutes ces discussions ne produisirent rien de décisif. Finalement Sidi Mohammed s'assit et rédigea en ma faveur une protestation formelle qu'il envoya à l'émir Kaouri. La teneur en était toutefois assez étrange et peu flatteuse pour moi, car le principal argument que mon nouvel ami invoqua consistait à dire que je n'était pas, à tout prendre, un plus grand *kafir*, ou infidèle, que le major Laing et que je ne méritais conséquemment pas un traitement pire que celui dont ce dernier avait été l'objet. Il ne prévoyait pas que cette raison amenait tout naturellement cette réponse, que l'on n'avait nullement l'intention de me traiter plus cruellement que mon prédécesseur, et que l'on ne prévoyait rien de plus que de me faire chasser de la ville, sauf à me voir étranglé dans le désert. Le cheik El Bakay, à son tour, parla énergiquement en ma faveur à un messager venu de Kabara et conclut en disant qu'il n'avait qu'à choisir entre une solution honorable de ces différends et la guerre ouverte.

En effet, la querelle parut un instant devoir se vider par les armes. Je retournai un moment dans ma demeure afin de cacher ce que je possédais de plus précieux et mettre la maison en état de résister à une attaque. En revenant, vers minuit, de me livrer à ces soins, je trouvai le cheik, cet homme si paisible d'ordinaire, armé d'un fusil à deux coups, et se tenant dans sa salle d'entrée, où il fut bientôt entouré d'une quarantaine d'hommes également armés. Il fut résolu d'envoyer demander du renfort à quelques chefs Touareg voisins, ainsi qu'à la tribu des Kel Oulli. En attendant, le cheik tint la foule éveillée en lui racontant des histoires des prophètes, et principalement de Moïse et de Mahomet, ainsi que les victoires du grand prophète national sur ses nombreux ennemis, au début de sa carrière. Nous restâmes ensemble pendant toute la nuit, et ce ne fut qu'à cinq heures du matin que je rentrai chez moi pour ranimer, par une tasse de café, mes esprits abattus.

La journée du 28 février se passa en préparatifs de combat et en messages de tous côtés; lorsque je retournai chez le cheik, j'y trouvai rassemblés 200 hommes, pour la plupart armés. Le soir, il y eut dans la mansarde du cheik un nouveau conseil de guerre où il fut enfin décidé que l'on enverrait Sidi Alaouate à Ferredji, pour lui demander l'aveu catégorique de ses véritables intentions. Afin de passer agréablement le temps qui devait s'écouler avant le retour de Sidi Alaouate, son frère Mohammed entama une conversation assez piquante, en me demandant quelle était la condition sociale de la femme dans mon pays et s'informant de plusieurs détails relatifs à cette question, toujours fort attrayante pour les musulmans, même les plus sévères. Alaouate revint enfin, mais il ne voulut communiquer qu'au cheik seul le résultat de sa démarche. Je retournai donc chez moi, où El Bakay vint me rejoindre, encore après minuit, me donnant la nouvelle, aussi agréable qu'inattendue, que Ferredji avait apporté de la capitale une décision favorable et que la lettre de menaces n'avait été écrite qu'à l'instigation des marchands marocains. El Bakay avait, en revanche, assuré Ferredji que si le *seko* Ahmedou de Hamd Allahi consentait à ne pas m'inquiéter, j'opérerais au plus tôt mon départ.

Tout cela était fort tranquillisant, mais ne concordait malheureusement pas d'une manière complète avec la réalité des faits, car c'était une des rares faiblesses de mon noble protecteur, que de ne pas se conformer strictement à la vérité, lorsqu'il croyait ainsi pouvoir mieux atteindre le but qu'il se proposait. L'animosité contre moi du parti dominant, était au contraire tellement grande, que Ferredji, dans une visite qu'il fit au cheik, le lendemain, chercha à me représenter à ses yeux comme un chef militaire ou un flibustier, dont la présence à Tombouctou ne pouvait être plus longtemps tolérée. Il était donc parfait qu'El Bakay eût pris les choses au pire, en réclamant l'appui des Kel Oulli, qui firent, dans l'après-midi, leur entrée, au nombre de soixante, avec un grand appareil militaire. Je fis en cette occasion, connaissance pour la première fois, de cette petite mais belliqueuse tribu. Réduits aujourd'hui à la condition d'*imrhad*, c'est à dire de tributaires à demi esclaves, les Kel Oulli se sont autrefois rendus célèbres par la destruction complète de la puissance considérable des Igelad et des Imédidderen, qui régnaient alors sur Tombouctou et vivaient en état d'hostilité avec la tribu des Kounta, à laquelle appartenait El Bakay. Ils se distinguent de toutes les tribus voisines, par trois qualités dont l'Européen semble ne pouvoir presque pas admettre l'existence simultanée chez un seul et même individu, mais qui ne sont cependant pas rares chez les tribus arabes et surtout chez celles qui sont à demi barbares; ces qualités, dont une mauvaise, sont la bravoure, l'amour du vol et la plus généreuse hospitalité.

Placé sous la protection de ces Kel Oulli, j'aurais pu quitter honorablement la ville, mais cette fois encore, le cheik manqua le moment propice, en ce sens qu'il comptait trop sur l'arrivée promise du grand chef Touareg, Alkouttabou, maître de la tribu la plus puissante des Aouelimmiden sur le Niger moyen. La cause pour laquelle le cheik m'avait retenu jusqu'alors, prit fin le 4 mars, date à laquelle sa femme mit au monde un fils; rien ne s'opposant donc plus à mon départ, l'heureux père me promit qu'il aurait lieu le mercredi suivant; il ne doutait pas que, dans l'intervalle, n'arrivât le ban et l'arrière-ban (*tabou*) des Touareg à l'aide desquels il espérait triompher de ses ennemis. Je ne savais que trop bien jusqu'à quel point je pouvais compter sur la parole du cheik et j'eus lieu de me féliciter de mon incrédulité, car la fameuse armée ne vint pas. Il est vrai que, dans l'après-midi du 5 mars, nous reçûmes l'avis positif de l'approche du *tabou*, qui se trouvait, disait-on, près de la ville de Bamba; aussitôt l'alarme se répandit partout; les pasteurs prirent la fuite avec leurs troupeaux et tout leur bien, et quiconque avait lieu de craindre quelque chose, se hâta de se réfugier derrière les embranchements et sur les îles du fleuve. El Bakay, trop empressé du reste, fit, dès le lendemain, annoncer officiellement l'arrivée d'Alkouttabou à Ferredji, qui lui fit répondre qu'il commanderait également un corps d'armée et que le seul but de sa présence à Tombouctou étant de me chasser, il y réussirait à tout prix.

En conséquence, nos ennemis poursuivirent leurs préparatifs de combat et il fut bientôt évident que si le *tabou* n'arrivait pas, la position du cheik devenait des plus critiques. En effet, ses frères, jusqu'à Sidi Mohammed lui-même, désapprouvaient ouvertement sa conduite et ce dernier fit, dès lors, tout au monde pour m'éloigner de la ville et me reléguer dans le camp sans autre forme de procès. Dans une conversation sérieuse qu'il eut avec El Bakay, il lui demanda s'il était bien réellement disposé à entrer en lutte avec les Foulbe à cause d'un seul individu et surtout d'un sectateur de croyances autres que l'islamisme ; il fit également des reproches à son frère, de ce que mes préparatifs de départ n'avançaient pas. El Bakay éluda la question et dit à Mohammed qu'il devait écrire avant tout à plusieurs chefs dont j'avais à traverser le territoire en quittant Tombouctou.

Pendant que se passaient ces événements, j'avais beaucoup à souffrir de la mauvaise humeur de Sidi Mohammed, qui me tracassait sans relâche au sujet de ma religion et ne me désignait que sous le titre peu flatteur de « *kafir*. » D'autant plus indigné que je ne désirais que de partir au plus tôt, je saisis une occasion qui se présenta à moi de traiter ce personnage d'une manière plus vigoureuse que d'habitude; je lui prouvai, en présence de ses frères, que, dans l'acception pure et réelle du mot, je pouvais prétendre au nom de musulman autant et avec plus de droit que lui, attendu que la plupart de ses coreligionnaires, ayant placé leur prophète, Mahomet, au dessus de leur Dieu, ne méritaient guère que le titre de mahométans que nous leur donnions, du reste, nous chrétiens. Je lui démontrai encore que le véritable islamisme, d'après le Koran lui-même, remonte à la création de l'homme et non à l'avénement de Mahomet. Ne trouvant rien à répliquer, mon antagoniste se vit forcé de garder le silence et de me laisser en paix. Je cite cette circonstance à dessein, principalement pour prouver que le chrétien protestant quelque peu versé dans la connaissance du Koran, est parfaitement à même de défendre ses croyances contre des mahométans même instruits, sans pour cela blesser les leurs, ce qui serait une folie des plus dangereuses.

Le lendemain, 10 mars, dans l'après-midi, nous nous

rendîmes au camp, où devait être célébré le *seboua*, ou cérémonie du septième jour suivant la naissance de l'enfant du cheik. Je remarquai, chemin faisant, que le bras débordé du fleuve, que nous eûmes à traverser, avait baissé de 5 pieds depuis le 17 février, soit en moyenne de 2 pouces par jour ; il me semble cependant que le cours principal du fleuve décroît plus rapidement que ces embranchements, auxquels il ne se relie que d'une manière incomplète. Nous trouvâmes au camp beaucoup de monde et une grande animation ; le cheik, toujours si hospitalier, fit abattre cinq bœufs, ce même soir, et l'on festoya jusqu'à une heure avancée de la nuit. Le lendemain matin, il arriva encore de la ville et des environs un grand nombre de convives, pour lesquels on cuisit une masse énorme de riz et de viande qu'on leur servit sur des plats dont certains avaient une diamètre de 5 à 6 pieds, et faisaient la charge de six hommes. Ceci est une coutume des anciens Arabes, sauf que, chez ces derniers, le plat principal devait être de cuivre. On donna, en cette occasion, le nom de Mohammed au nouveau-né.

Le 13 mars, nous retournâmes à la ville et il se produisit dans ma situation, passée à l'état de chronique, une crise décisive, qui pouvait me conduire à ma perte comme à mon salut. Pour une seconde fois, on annonça l'arrivée du *tabou*, ce qui causa la plus grande excitation parmi les Foulbe. Profitant de l'absence du cheik, qui était retourné au camp, ils réclamèrent de nouveau, et de la manière la plus opiniâtre, mon éloignement de la ville ; ils disaient être disposés à se laisser massacrer jusqu'au dernier par le *tabou*, plutôt que d'endurer un jour de plus ma présence. Les marchands du Nord, s'assemblant à leur tour, jurèrent que je ne verrais plus le soleil se lever sur Tombouctou ; bien plus, un des chefs venus de Hamd Allahi, prit la parole et fit serment de me tuer de sa propre main si je ne quittais la ville immédiatement. Sidi Alaouate, arrivant au milieu de ces fanatiques, protesta contre leurs résolutions; il leur dit que je verrais encore à Tombouctou la chute et le lever du jour, mais leur donna sa parole que, lorsque le soleil serait arrivé, le lendemain, à la hauteur nommée par les Arabes *dahar* (vers neuf heures du matin), ils pourraient faire de moi ce que bon leur semblerait, s'ils me trouvaient encore dans la ville.

Le lendemain donc, 17 mars, avant le jour, tandis que je dormais encore, Sidi Mohammed me fit dire de monter à cheval et de le suivre. Je me défendis d'abord d'en rien faire sans les ordres du cheik; mais je ne tardai pas à le voir arriver lui-même, avec un des écoliers favoris d'El Bakay, m'inviter de nouveau à l'accompagner au *rodha* (1) ou tombeau de Sidi Mouchtar, où le cheik devait venir nous rejoindre. Ne doutant plus que ce dernier ne fût réellement d'accord avec son frère, je pris mes armes et je montai à cheval, laissant mon bagage aux soins de mes domestiques. Les habitants ouvraient avec précaution leurs portes, pour jeter encore un coup d'œil sur moi avant mon départ, et quelques cavaliers Foulbe attentifs nous suivirent jusqu'au dehors de la ville; mais au lieu de faire halte près du monument en question, Sidi Mohammed me conduisit directement au camp. Celui-ci avait été, pendant mon absence augmenté de tout un hameau construit en nattes et habité par les Kel

(1) Ce *rodha* rappelle quelque chose de semblable de l'extrême Orient, où tant de lieux de pèlerinage consistent en la sépulture de quelque chef ou personnage religieux vénéré; seulement les *rodha* sont entourés de beaux jardins, d'où ils tirent leur nom.

Oulli et d'autres Touareg. Tous me reçurent avec cordialité et je me mis aussitôt en devoir de m'installer commodément; mais dès trois heures de l'après-midi, arriva un neveu du cheik, apportant à Sidi Mohammed l'ordre formel de me ramener sur le champ dans la ville, de la part d'El Bakay, qui y était rentré tandis que nous chevauchions vers le camp; les Foulbe se préparaient à piller ma demeure, grâce, du reste, à la seule précipitation de Mohammed.

Ému de cette fâcheuse nouvelle, le noble fils du désert sembla regretter d'avoir agi contre la volonté et les intérêts de son frère et fit battre le grand tambour de guerre qui, depuis la dernière surprise, restait toujours en permanence au sommet des digues de sable, pour appeler aux armes, le cas échéant, toute la population valide des alentours. Mohammed sauta sur sa jument, plaça devant lui sur sa selle, son fusil et nous reconduisit à la ville; j'avais déjà remarqué cette arme, qui était à quatre coups et d'une perfection de travail réellement extraordinaire. Nous marchions rondement, comme si nous allions prendre Tombouctou d'assaut, quand nous fîmes halte sur une hauteur; où nous vîmes arriver Sidi Alaouate à notre rencontre. Sur ces entrefaites, la nuit était venue, et comme nous ne savions où trouver le cheik, nous nous dirigeâmes vers une autre éminence en vue de la ville et nous envoyâmes à la recherche d'El Bakay qui avait, disait-on, quitté Tombouctou avec un troupe d'adhérents, sans que l'on sût de quel côté il s'était dirigé.

Quoique la nuit fût extrêmement noire, nous finîmes par trouver mon protecteur, à peu de distance de la ville, au midi du *rodha*, avec une suite considérable d'Arabes, de Touareg, de Sonrhaï et même de quelques Foulbe. C'était une troupe fort bigarrée et dont l'aspect ne laissait pas que d'être fort intéressant, sur ces collines de sable, aux pâles clartés de la lune ; ce spectacle m'eût offert infiniment plus d'attrait, si j'avais pu en jouir en témoin paisible. Malheureusement j'étais moi-même la cause de tout ce remue-ménage et par conséquent exposé peut-être à quelque embûche, ce qui m'obligeait à me tenir sur mes gardes. Le cheik m'envoya un de ses plus fidèles serviteurs pour m'avertir de me défier de ses propres compatriotes, les Arabes, et me faire dire que j'agirais plus prudemment en me tenant parmi les Touareg. Les Kel Oulli formèrent alors autour de moi un carré, et comme ils s'ennuyaient de leur inaction, ils cherchèrent à tuer le temps en éprouvant le courage de mon cheval. A cette fin, ils s'avançaient vers moi, de l'un des quatre côtés, en frappant sur leurs boucliers, pour ne s'arrêter que lorsque je me trouvais étroitement serré entre eux et le côté opposé ; éperonnant alors ma monture, je les contraignais bien vite à reprendre leur position première. Ce jeu excita mon noble coursier au point qu'il se mit à hennir fortement, ce qui amusa on ne peut plus mes sauvages auxiliaires.

Pendant ce temps, le cheik et ses frères tenaient conseil, et nous finîmes par nous rapprocher du côté nord-est de la ville ; mais nous ne tardâmes pas à voir s'avancer contre nous, en ordre de bataille, les Foulbe et leurs adhérents de la population Sonrhaï, de sorte qu'un conflit semblait désormais inévitable. Je priai encore une fois le cheik de s'arranger de manière à dénouer la situation dans un sens pacifique, rien ne m'étant plus pénible que de voir exposer, à cause de moi, la vie d'autres individus et peut-être de ses propres amis. On envoya de nombreux parlementaires de part et d'autre et on finit par conclure un arrangement d'après lequel je retournerais, non à la ville, mais au camp, tandis que les Foulbe s'engageaient de leur côté, à retirer de Tombouctou leurs forces militaires et de laisser la solution de leur différend au jugement du cheik. Il en fut fait ainsi; El Bakay entra en ville avec Sidi Alaouate, et nous retournâmes au camp. Plus tard, le cheik s'imposa un jeûne de trois jours, pour n'avoir pas pu tenir son serment de me reconduire à Tombouctou.

Je fus d'autant plus heureux de ces résultats pacifiques, que la nuit suivante nous apporta la nouvelle du retour dans ses foyers de la grande armée des Aouelimmiden, à la suite d'une violente querelle qui s'était élevée entre deux de leurs tribus. Si des hostilités avaient réellement éclaté entre les partisans du cheik et les Foulbe, l'absence du secours positivement attendu de la part du *tabou*, eût non seulement placé mon protecteur dans la situation la plus critique mais encore fait retomber sur moi toutes les conséquences qui devaient en résulter; car si le voyageur est parfois, en ces contrées, dans la triste nécessité de verser du sang, il est rare que sa propre perte n'en soit pas la conséquence.

Le camp du cheik était alors situé à environ $1\,^3/_4$ mille au sud-est de Tombouctou, sur un bras du Niger, nommé Bossebango, que rend assez célèbre son riche entourage de végétation. Dès que j'eus acquis la certitude que le séjour du camp m'était désormais imposé par les circonstances, j'envoyai à la ville pour chercher mes effets; mais bientôt arriva le cheik, me disant qu'il ne désirait pas que je retirasse de la ville mon bagage, avant qu'il ne la quittât lui-même pour m'accompagner, de peur que ses frères ne voulussent exiger de moi de nouveaux présents ou peut-être même s'approprier tout mon bien. J'appris de lui avec plaisir que ses bons rapports avec les Foulbe étaient complétement rétablis ; toutefois ces étrangers surent châtier indirectement et d'une manière réellement policière, les habitants de Tombouctou et surtout les partisans du cheik, de leur attitude dans le débat récent. Comme ces étrangers avaient rassemblé autour de Tombouctou des forces considérables, ils avaient acquis, par la tournure qu'avait prise les événements, une grande force morale, dont ils profitèrent pour prélever sur chaque adulte de la population un impôt de 2000 *kourdi*, sous prétexte que les habitants omettaient d'aller accomplir leurs devoirs religieux du vendredi dans la grande mosquée, celle de la race dominante. Les Arabes, qui avaient prêté au cheik le plus d'assistance, se virent soumis à des visites domiciliaires et on leur confisqua de soixante à quatre vingts balles de tabac, ce produit si formellement proscrit parmi les Foulbe fanatiques.

Le départ du *tabou* avait rendu au camp son calme et sa solitude, et je dus y séjourner quatre semaines encore avant de pouvoir partir, ou du moins le tenter pour une première fois. L'approche du *tabou* avaient fait se réfugier maintes petites tribus voisines dans notre camp, auxquelles elles donnaient une grande animation ; le danger passé, elles s'étaient retirées pour la plupart. Il n'en était resté que celle des Gouanin El Kohol, subdivision des Berabisch, qui redoutait les Kel Hekikan. C'étaient, en général, des hommes de stature médiocre, parmi lesquels se rencontraient cependant quelques individus de haute taille ; ils portaient pour la plupart, une chemise bleue aux manches roulées jusqu'au dessus des épaules et fixée par une ceinture autour des reins. Ils avaient la tête nue, mais garnie d'une forte chevelure noire qui donnait asile, chez le plus grand nombre, à une abondante vermine. Ces Gouanin El Kohol étaient armés, presque sans exception, de fusils à deux coups, sorte d'armes très répandues dans cette partie du désert, par suite du commerce des Français sur le Sénégal.

Ces gens, qui appartenaient, du reste, à une tribu dont les dispositions n'étaient rien moins que favorables, ne pouvaient guère me causer beaucoup de distraction, et je ne tardai pas à me sentir pris d'un ennui des plus profonds; les visites du cheik ou de ses frères, qui me traitaient désormais d'une manière fort amicale, ou bien encore de quelques autres personnages, n'étaient guère que passagères. Ce manque d'occupation n'était cependant pas mon plus grand tourment, car j'avais à lutter contre des désagréments sérieux et réels. Depuis la rentrée du Niger dans son lit, les taons étaient devenus, pour bêtes et gens, un redoutable fléau; je renvoyai à la ville deux de mes chevaux, ne gardant que mon cheval de selle, dont je pouvais avoir besoin à chaque instant; mais le pauvre animal souffrit tellement que je craignis fort de le perdre. D'autres insectes encore pullulaient d'une manière incroyable dans cette partie du désert; nous étions tourmentés surtout par la présence d'innombrables chenilles qui infestaient de tous côtés le sol, nos tapis, nos nattes et surtout nos ustensiles. En outre, les vivres étaient rares au camp; au lieu du célèbre et substantiel mets du désert, composé de fromage et de dattes et nommé *redjire*, nous n'avions plus que le mélange fade et bientôt écœurant pour l'Européen, de miel et de sarrasin broyé (*dakno*); à défaut de ce dernier, nous ne tardâmes pas à devoir nous contenter du jus que renferme le fruit du *baobab*.

La nature, de son côté, acquérait du moins une vie nouvelle. Le 21 mars, avait commencée la courte saison des pluies printanières (*nissan*), phénomène que je n'avais pas rencontré dans des contrées plus méridionales du Soudan. Nous eûmes, ce premier jour, deux ondées d'intensité médiocre, ce qui se répéta pendant sept jours; ces pluies amenèrent une sorte de second printemps et firent pousser du feuillage nouveau. Le fleuve, en se retirant, avait laissé à nu une quantité de pâturages assez considérable et le bétail put ainsi retrouver sur ses rives le fourrage habituel, le nourrissant *byrgou*, et donner de nouveau à ses possesseurs du lait en abondance. Le désir de trouver des moyens d'approvisionnement plus faciles était une raison importante pour que je hâtasse mon départ, car la nombreuse suite du cheik courait risque de souffrir de la disette et il était évident que je ne pouvais traverser seul les barbares contrées riveraines du fleuve.

Il ne se passait pas de jour qu'il n'y eût, au sujet de mon départ, des délibérations sérieuses, mais, de retard en retard, je voyais toujours reculer devant moi le but de mes aspirations depuis six mois. A la vérité, la situation du pays empirait constamment depuis que les discordes intestines de l'armée des Aouelimmiden avaient trahi si clairement la faiblesse de cette tribu qui avait cependant, sous l'autorité de ses anciens chefs, dominé toutes les tribus moins considérables, riveraines du Niger et exercé même la plus grande influence sur les destinées de Tombouctou [1]. Au nord et au midi de la grande courbe du fleuve régnaient la haine et les

(1) On trouvera, dans le troisième appendice du tome V de mon grand ouvrage, une nomenclature complète de toutes les tribus de ces Touareg ou Imoscharh méridionaux.

hostilités ouvertes entre les diverses subdivisions de cette vaste tribu. Sur ces entrefaites, cependant, mon espoir d'un prompt départ fut quelque peu ravivé par des préparatifs que je remarquai, de temps à autre, pendant les premiers jours d'avril; mais à peine étaient-ils commencés, que survenaient des interruptions et des remises sans fin. Une nouvelle troupe d'hommes armés arriva de Hamd Allahi avec l'ordre de tirer de l'argent de la population, pour lui faire sentir mieux encore la domination du chef des Foulbe. Celui-ci témoignait en même temps une telle partialité en faveur de Hammadi, que ses intérêts et ceux de son protégé semblaient devoir se mettre en sérieuse opposition avec les projets du cheik relativement à mon départ. Il me fallut mettre en œuvre toute l'influence que j'exerçais sur El Bakay, pour le décider à renverser un nouvel obstacle qui s'était produit, et, cette fois, mes efforts ne furent pas infructueux.

Mon protecteur envoya de la ville peu à peu tout son équipage de route, ainsi que des provisons et quelques livres; ses chevaux vinrent à leur tour avec une partie de sa suite et il arriva enfin lui-même au camp, le 11 avril. Ceux de mes domestiques qui étaient restés dans la ville me rejoignirent à leur tour, et bientôt le calme et la solitude firent place à la plus grande animation. Toutefois il n'entrait nullement dans les vues du cheik d'échanger tout d'un coup sa paisible vie de famille contre les fatigues des voyages, et ce ne fut encore qu'à grand'peine que cet excellent homme put se décider, le 19 avril, à s'arracher aux bras des siens. Pour le reste, tous ces jours se passèrent sans événements dignes d'être cités, et je profiterai de ce moment de répit pour présenter au lecteur un aperçu sur l'importance industrielle et commerciale de Tombouctou, dans l'étroite limite des explorations auxquelles ma situation me permit de me livrer [1].

Le trait principal par lequel le marché de Tombouctou se distingue de Kano, ce grand entrepôt du Haoussa, consiste en ce que Tombouctou n'est en aucune manière une place productrice et industrielle, tandis que Kano, dans son genre et dans la mesure des conditions où se trouve placée l'Afrique centrale, mérite d'être comparé aux plus grands centres européens. Par contre, toute la vie de Tombouctou repose sur le commerce extérieur, qui y trouve, par la grande courbe septentrionale du Niger, le point d'action le plus favorable, tandis que les populations voisines peuvent se procurer, par la voie du fleuve, les denrées nécessaires à leurs besoins. Comme dans beaucoup d'autres contrées riveraines, les environs de Tombouctou ne fournissent pas du blé en suffisance pour nourrir même une faible partie de la population, et presque toutes les denrées alimentaires doivent y arriver par eau de Sansandi, sur le Niger supérieur, et des alentours.

(1) Je ne ferai que mentionner ici mes autres études et travaux d'exploration relatifs à mon séjour dans la célèbre ville du désert, le lecteur pouvant les consulter dans mon grand ouvrage, où ils se trouvent indiqués avec tous leurs détails. Ces travaux embrassent, au midi, la vaste contrée située au delà du Niger jusqu'à l'Assianti et les pays du littoral qui en sont voisins, y compris les sources du Niger supérieur ; et à l'ouest le pays situé entre le désert et la partie fertile du Soudan, pays qui s'étend fort loin vers le nord, entre le Niger et le Sénégal, et qu'habitaient exclusivement autrefois des tribus nègres. Les principaux points que je suis parvenu à mettre en lumière dans ces régions étaient d'abord le degré d'importance réelle de la vaste nation, aux subdivisions nombreuses, des Wakore ou Wangaraoua, dont le nom a donné lieu aux plus grandes confusions de la part des géographes anciens et nouveaux ; ensuite, les conditions du bassin compliqué et fort peuplé, de tous les affluents du Niger supérieur. Quiconque s'intéresse à ces détails, pourra recourir aux tomes IV et V de mon grand ouvrage.

Les seuls produits de l'industrie de Tombouctou sont, pour autant que j'aie pu m'en assurer, des articles de forgerie et des objets en cuir. Quelques-uns de ces derniers sont d'un fort joli travail, tels que des sacs à provisions, des valises, des coussins ronds, des sachets de cuir célèbres sous le nom de *biout* (singulier « *bet* ») et destinés à renfermer du tabac et des briquets, des gaînes de fusil, desquels la vignette donne un spécimen; les sacs principalement sont d'un fini excellent, mais la confection en est due à des Touareg et généralement à des femmes. C'est donc à peine si l'on peut parler d'une industrie à Tombouctou, si l'on y comprend celle de quelques contrées voisines, du reste assez considérables, telles que le Fermagha, par exemple, où l'on fabrique en grande quantité des couvertures et des tapis excellents en laine pure ou mélangée de diverses couleurs. Le travail de l'or en bagues et en autres bijoux, quoique réellement fort beau à Tombouctou, n'est pas assez important pour pouvoir être considéré comme une industrie séparée, et le peu qui en existe n'est qu'une faible imitation de ce qui se fait à Walata.

On croyait généralement autrefois que Tombouctou se distinguait par ses tissus et opérait sur une échelle considérable l'exportation de chemises teintes. Il se peut que cette branche d'industrie ait été autrefois, dans un certain sens, florissante à Tombouctou, attendu qu'elle semble avoir suivi dans ses progrès le cours du fleuve; mais, appliquée à l'état de choses actuel, cette idée repose sur une erreur complète, tous les vêtements des habitants et surtout des habitants aisés, venant de Kano et de Sansandi, outre le calicot importé d'Angleterre. J'ai déjà parlé en temps et lieu de l'exportation des tissus pour vêtements qui s'opère de Kano vers

Tombouctou et jusqu'au littoral de l'Atlantique; par contre, les chemises teintes de Sansandi, qui sont, pour autant que je sache, confectionnées à l'aide de calicot anglais ou, dans tous les cas, étranger, ne sont pas l'objet d'un commerce aussi étendu; elles se distinguent néanmoins, en général, par leurs riches broderies de soie coloriée et surtout verte, industrie dans laquelle les habitants de Tombouctou excellent à leur tour, mais qu'ils n'exercent que pour leur propre usage.

Le commerce d'exportation s'opère par trois voies principales; l'une est celle du fleuve, dans la direction du sud-ouest (car il n'y a, pour ainsi dire, aucun commerce en aval de Tombouctou); les deux autres se dirigent vers le nord du continent. De ces deux routes septentrionales, la première est celle du Gharb ou Maroc, et l'autre celle de Ghadames. Le principal objet de ce trafic est l'or, quoique la quantité de ce métal précieux exportée annuellement de Tombouctou, ne s'élève à guère plus de 150,000 ou 200,000 thalers de Prusse; du moins en était-il ainsi à l'époque de mon séjour. L'or y vient du Bambouk, sur le haut Sénégal ou du Boure, sur le Niger supérieur, car, depuis le XVIe siècle déjà, tout l'or recueilli dans le pays des Wangaroua ou dans les contrées intérieures situées au nord de l'Assianti, se transporte directement à la partie de la côte appelée, par ce motif, la Côte d'Or; il n'en va qu'une minime partie à Kano. L'unité de poids pour le commerce de ce métal précieux est le *mithkal*, dont la valeur varie considérablement, du reste, dans les diverses contrées de l'Afrique centrale. Le *mithkal* de Tombouctou équivaut au poids de vingt-quatre caroubes ou de quatre-vingt-seize épis de blé et répond, d'après le cours ordinaire de la place, à la valeur de 3,000 à 4,000 *kourdi*;

d'après notre cours européen, on peut évaluer le *mithkal* d'or actuel à environ 1 ³/₄ thaler de Prusse.

L'article le plus important après l'or, à Tombouctou, est le sel, qui, depuis les temps les plus reculés, formait avec ce métal le principal moyen d'échange dans toutes les contrées riveraines du Niger. Ce sel arrive aujourd'hui de Taodenni (22° lat. N. et 4° long. occ. de Greenwich), dont les mines sont en exploitation depuis 1596, époque à laquelle furent abandonnées celles de Teghafa, situées à 17 ¹/₂ milles allemands plus au nord. Le gisement de sel de Taodenni occupe un grand espace du sol dans la partie du desert nommée El Djouf, et consiste en cinq couches qui portent chacune un nom distinct. Les trois couches supérieures semblent n'être que d'une valeur médiocre, tandis que la quatrième est la plus recherchée; quant à la cinquième, elle gît dans l'eau. Le sel qu'elles renferment est mélangé de noir et de blanc, ce qui le fait ressembler étonnamment à du marbre. Le terrain qui répond à ces mines est concédé par petites parcelles aux marchands de sel, par un caïd qui y est à demeure; il prélève de ce chef, pour toute indemnité, la cinquième partie du sel extrait, le reste devenant la propriété de l'exploitant. Les blocs de sel, dont la forme est généralement la même, sont de diverses dimensions et leur poids varie de 50 à 65 livres; les plus grands ont 3 pieds 5 pouces de long, 15 pouces de large et 2 ¹/₂ pouces d'épaisseur. Celle-ci n'est que la moitié de l'épaisseur de la couche elle-même, les blocs étant sciés en deux. Le prix de ces derniers est assujetti à de grandes fluctuations, selon les saisons de l'année et la situation politique du pays; c'est ainsi que, pendant mon séjour sur le Niger, la valeur des blocs d'une dimension moyenne, varia de 3,000 à 6,000 *kourdi*. L'import en est couvert exclusivement en *tourkedi* de Kano, de sorte que le commerce du sel entraîne des transactions pour deux articles au lieu d'un. Le trafic du sel gemme s'étend encore bien au delà de Tombouctou, même jusque Sansandi et le Libtako, que j'avais visité précédemment et qui constitue un entrepôt considérable pour ce produit.

Un troisième article important pour Tombouctou, est la noix de *kola* ou *gouro*, qui forme l'un des plus grands objets de luxe en Nigritie. Cette noix, fort semblable à une châtaigne, tient lieu de café chez les indigènes, qui l'emploient à l'état brut, ce qui en rend la mastication assez laborieuse; tous les gens aisés, pour leur premier déjeuner et, comme le disent les Haoussaoua, « afin de détruire l'amertume du jeûne, » en prennent une, en tout ou en partie. Ils servent ce fruit aux étrangers en signe de bienvenue et l'offrent le plus fréquemment possible à leurs hôtes. On pourrait indubitablement cultiver le café lui-même dans ces contrées, car le cafier semble être propre à un grand nombre de pays de l'Afrique centrale. La sorte de noix de *kola* qui arrive au marché de Tombouctou, vient des contrées occidentales du Manding, qu'arrosent les affluents supérieurs du Niger; celle qui se trouve à Kano se tire de la province septentrionale de l'Assianti voisin. Les arbres qui produisent ce fruit, appartiennent à diverses espèces, telles que le *Sterculia Acuminata*, qui porte la noix rouge qui s'expédie vers l'Orient, et le *Sterculia Macrocarpa*, dont le fruit blanc et plus gros est celui que l'on trouve à Tombouctou; toutefois la fleur et la feuille de ces deux arbres sont presque entièrement semblables. On trie les fruits, pour la vente, en trois ou quatre catégories. J'ai déjà eu plusieurs fois l'occasion de parler du transport qu'en opèrent, du midi vers le

Niger moyen, les Mossi idolâtres, à l'aide de leurs excellents ânes.

Les denrées de consommation journalière à Tombouctou, ou du moins les céréales, arrivent du Niger supérieur, et principalement de Sansandi. Elles consistent ordinairement en riz et en sarrasin, mais je ne suis pas à même, à mon grand regret, d'évaluer la quantité qui s'en importe. L'un des articles les plus recherchés, après ces produits, est le beurre préparé au moyen des fruits du *Bassia Butyracea,* qui sert d'huile à brûler et même de condiment au beurre ordinaire, du moins parmi la classe indigente. Enfin, il vient encore à Tombouctou une quantité de menus articles, tels que le poivre et le gingembre, dont il se fait une très grande consommation ; on y reçoit également un peu de coton des provinces Foulbe les plus voisines de la ville, vers le sud-ouest, telles que celle de Djimballa.

La partie la plus considérable de tout le commerce de Tombouctou, s'effectue au moyen des caravanes du Maroc, quoique les relations avec ce pays soient souvent interrompues par les discordes des tribus à demi barbares qui vivent sur la route. Les caravanes arrivent ordinairement à Tombouctou vers le commencement de novembre et retournent en décembre ou janvier ; mais elles n'ont pas l'importance colossale que leur prêtent quelques écrivains tels que Jackson qui, dans sa description du Maroc, leur donne jusqu'à 10,000 chameaux ; je suis bien convaincu, au contraire, qu'une de ces caravanes ne se compose que tout au plus, et encore rarement, d'un millier de ces animaux.

La voie du Maroc est toujours la plus importante pour certains articles européens, tels que le drap rouge, les ceintures, les miroirs, la coutellerie et le tabac ; par contre, le calicot, soit écru, soit blanchi, s'importe par Ghadames sur une échelle devenue considérable depuis ces derniers temps. Les habitants de Ghadames sont indubitablement les principaux intermédiaires, dans tout le nord-ouest de l'Afrique, pour ce produit de l'industrie anglaise [1], auquel l'Allemagne n'a malheureusement rien à comparer ; aussi la plupart des négociants aisés de Ghadames ont-ils à Tombouctou leurs agents particuliers. Toute la coutellerie de Tombouctou est également de fabrication anglaise et c'est en vain que l'on chercherait en cette ville les rasoirs styriens, si répandus sinon dans l'Afrique centrale. Le thé forme un article de grande consommation parmi les Arabes établis à Tombouctou et dans les environs ; ils aiment extrêmement à prendre une tasse de thé et possèdent, lorsqu'il est possible, un appareil complet pour la préparation de ce breuvage qui constitue, ainsi que le sucre, son accessoire obligé également importé du Nord, un objet de consommation trop onéreux pour les indigènes. Le port par lequel arrivent au Maroc toutes les marchandises européennes que j'ai citées, est celui de Souera ou Mogador ; je ne puis malheureusement évaluer la quantité de chacune d'elles venant annuellement sur le marché de Tombouctou. Je crois devoir faire remarquer encore, pour ce qui concerne les produits europeens apportés respectivement à Kano et à Tombouctou, que ceux offerts par ce dernier marché sont moins abondants, mais de meilleure qualité que ceux qui se vendent à Kano.

Parmi les articles dits arabes, et qui se fabriquent en par-

---

[1] Tout le calicot que j'y vis portait le nom d'une seule et même maison de Manchester, imprimé en caractères arabes. Cet article va même, en amont de Tombouctou, jusqu'à Sansandi, où il concourt avec celui qu'on importe par la côte occidentale.

tie dans l'Afrique septentrionale, nous devons citer les burnous, dont la confection est bien réellement due aux Arabes et aux Mores, mais au moyen d'étoffes européennes. Un produit important qui figure dans la même catégorie, est le tabac qui, malgré la fanatique prohibition dont il est l'objet, se cultive sur une grande échelle dans le Wadi Noun, situé entre les 28° et 29° lat. sept. et environ sous le 10° degré long. de Greenwich. Le tabac et les dattes constituent les principaux articles d'importation pour les marchands de l'oasis du Taouat.

Pour ce qui concerne l'exportation à Tombouctou, elle ne consistait guère, à l'époque de mon séjour, qu'en or, si ce n'est en un peu de gomme et de cire, tandis que l'ivoire et les esclaves, pour autant que j'ai pu en juger, étaient peu demandés. Notons, du reste, qu'une partie considérable des marchandises exportées sont dirigées vers Araouan, sans toutefois s'y arrêter; il n'en est pas moins vrai que ceux qui ont évalué à environ 4000 [1] la quantité d'esclaves exportée annuellement du Soudan au Maroc, sont dans une profonde erreur.

La plupart des négociants de Tombouctou ne font pas les affaires pour leur propre compte, mais sont de simples agents de ceux de Ghadames, de Souera, du Maroc et de Fez. Aussi leur position n'est-elle pas comparable à celle des négociants d'Europe, car j'ai la conviction qu'aucun d'entre eux ne possède plus de 10,000 écus d'Espagne de

---

[1] *Graberg de Hemso* : Specchio di Marocco, p. 146. Cet écrivain cite, outre les esclaves, comme articles d'exportation de Tombouctou au Maroc : l'ivoire, les cornes de rhinocéros, l'encens, la poudre d'or, des lingots, des pierres précieuses, les plumes d'autruche de qualité supérieure, le copal, le coton, le poivre, le cardamone, l'assa fœtida et l'indigo.

fortune, et qu'il n'en est même que fort peu qui en aient autant. Il est toutefois de la dernière certitude qu'il y a là un champ d'exploration immense pour l'activité européenne, en vue de relever le commerce de ces régions, si animé autrefois sous un gouvernement fort, et susceptible encore d'une grande splendeur; car Tombouctou est naturellement de la plus haute importance commerciale, par sa situation au point où le grand fleuve occidental de l'Afrique, dans son cours sinueux, touche le plus près la vaste oasis de l'extrême occident ou « Maghreb El Aksa » du monde mahométan, si profondément enclavée dans le désert. Toutefois le Taouat, avec son prolongement du nord-ouest, le Tefilelet ou Sidjilmessa du moyen âge, forme l'intermédiaire naturel du commerce entre ces fertiles et populeuses contrées et le nord; et qu'il s'agisse de Tombouctou, de Walata ou de Ghanata, toute cette région constituera toujours un grand entrepôt commercial, tant que les populations travailleront à l'établissement des rapports internationaux et à l'échange de leurs produits respectifs.

D'un autre côté, les difficultés qui entravent les libres relations des Européens avec une place comme Tombouctou, sont indubitablement fort considérables. La situation topographique de la ville, au bord du désert et sur la limite d'occupation de plusieurs races, y rend extrêmement difficile et même presque impossible l'établissement d'un gouvernement énergique, dans les conditions où se trouvent aujourd'hui les États indigènes; en outre, Tombouctou est placé à une distance fort considérable, tant de la côte occidentale que de l'embouchure du Niger. Dans les circonstances actuelles, le plus grand obstacle est et sera toujours le fanatique gouvernement du Massina; il faut qu'il soit renversé et remplacé par une administration plus éclairée et plus active, avant que l'on puisse songer à un développement quelconque des relations commerciales de ces contrées avec l'Europe. Ajoutons cependant que des entraves non moins grandes naissent du côté de cette dernière, car il est incontestable que la rivalité politique et commerciale de la France et de l'Angleterre, rend encore plus inaccessibles ces régions, entourées déjà de tant d'obstacles créés par la nature.

CHAPITRE IV.

VAINE TENTATIVE DE DÉPART ET RETOUR VERS TOMBOUCTOU. — DÉPART DÉFINITIF. — VOYAGE JUSQU'A GOGO, SUR LA RIVE SEPTENTRIONALE DU NIGER.

Le 19 avril était donc la date fixée par le cheik El Bakay pour mon départ. Il était déjà tard quand nous nous mîmes en route, le cheik n'ayant pu, pour cette seule fois, renoncer à ses habitudes tardives, et se priver de faire la grasse matinée; il en résulta que, lorsque notre lente caravane se mit en mouvement, il était onze heures et que la chaleur du soleil commençait à devenir accablante.

Mon hôte était fort affligé de devoir se séparer pendant quelque temps de sa femme et de son enfant, qu'il aimait avec tendresse; je m'étais moi-même attaché, de mon côté, à ses deux autres fils, dont les jeux enfantins avaient souvent été ma seule distraction pendant les longues heures du camp; ce fut donc avec une vraie tristesse que je les quittai, et je pense qu'ils se souviendront de leur ami Abd El Kerim pendant longtemps encore.

La caravane se composait, outre mes chameaux et ceux du cheik, d'un grand nombre d'ânes appartenant aux Gouanin et chargés de bandes de coton. Mes compagnons étaient les mêmes que lors de mon arrivée à Tombouctou, sauf le Walati, qui m'avait, comme je l'ai dit plus haut, débarrassé de sa présence; quant au cheik, il était accompagné d'un certain nombre de ses écoliers. Je me sentais heureux, en partant, de pouvoir faire les premiers pas de mon retour vers la patrie, quoique je fisse un détour de plusieurs centaines de milles allemands en suivant le cours du Niger pour retraverser ensuite tout le Soudan central. Je nourrissais l'espoir d'arriver en quarante ou cinquante jours à Sokoto, ne me doutant pas combien tôt de nouveaux revers devaient venir interrompre mon voyage et réduire tous mes projets à néant.

Notre première marche fut fort courte, car au bout de quelques heures, j'aperçus les premières tentes d'un camp d'Arabes. Nous nous y arrêtâmes pour le reste de la journée et, quoique tout retard me fût désagréable, je m'en consolai par la pensée que, de toute manière, nous avions commencé à nous mettre en route. Une partie des gens de la suite du cheik se trouvaient encore dans un camp de Touareg, celui des Kel N Nokounder, situé un peu plus au sud-est et tout près de la rive du fleuve; il fut décidé, le lendemain matin, que nous irions les prendre, au lieu de leur envoyer des messagers pour les faire venir nous rejoindre. Le détour que nous fîmes à cet effet, quoique fort regrettable, servit du moins à me donner un nouvel aperçu, tout caractéristique, de ces remarquables contrées nigériennes, et fut, par conséquent, d'un grand intérêt pour moi.

Nous nous trouvions, à cet endroit, dans le grand lit du

fleuve, qui s'étend vers l'est au midi de Kabara, sur une longueur de 12 milles allemands et une largeur qui varie de 1 à 3 lieues. Ce lit, qu'occupe le Niger lors de ses crues, est borné, du côté des terres, par une rangée de hautes digues, tandis que la rive normale du fleuve est presque généralement marquée par une série d'éminences moins considérables, dont certaines parties traversent même le lit du fleuve, formant à leur tour une sorte de digues couvertes de buissons épais; ce lit est parcouru en outre, çà et là, d'embranchements du fleuve semblables à des canaux. Toute cette partie de la rive constitue ainsi quelque chose de tout particulier, dont l'aspect varie considérablement selon les époques de l'année. C'est ainsi que, lors des plus hautes crues, on ne voit surgir que les digues principales, pareilles à des îles et abordables seulement au moyen d'embarcations; en été, au contraire, le sol abandonné par les eaux est abondamment couvert d'herbes marécageuses formant des pâturages excellents pour d'innombrables troupeaux.

Telle était, en général, la distribution du terrain sur lequel nous voyageâmes, dans la matinée du 20 avril, pour nous rendre au camp des Kel N Nokounder. Nous traversâmes d'abord un pays plat, encore inondé peu de jours auparavant et couvert de buissons de *Cucifera*, d'accacias et autres, servant d'asile à de nombreux lions. Quoique je ne visse aucun de ces derniers, je tiens pour digne de croyance l'assertion d'après laquelle l'espèce à laquelle ils appartiennent est dépourvue de crinière; d'autre part, je doute fort qu'il soit vrai que le vénéneux euphorbe, si abondant dans ces régions, cause fréquemment la mort de ce roi des animaux, et je pense que si des lions ont péri de la sorte, c'est que l'on a dû empoisonner des viandes dont ils se seront nourris. Nous rencontrâmes en route quelques troupes d'Imoscharh [1] en marche, ou campés au bord du grand lit du fleuve. Nous laissâmes nos bagages dans l'un de leurs camps et nous suivîmes le terrain marécageux qui s'étendait le long du Niger. Nous nous avançâmes sur une étroite langue de terre, abondamment garnie de buissons de palmier d'Égypte, et qui empiétait fortement, vers le midi, sur le sol marécageux; nous traversâmes ensuite un bras de fleuve peu profond, nommé Amalelle, et nous arrivâmes aux digues de la rive proprement dite du Niger; les gravissant, je saluai avec joie le beau fleuve.

Marchant le long des digues, vers l'ouest, nous arrivâmes, vers le coucher du soleil, au camp des Kel N Nokounder, où nous fûmes reçus de la manière la plus hospitalière. Ces Touareg sont tous *tolba* ou lettrés, et savent lire le Koran; quelques-uns d'entre eux écrivent même un peu l'arabe; toutefois aucun ne s'est élevé, dans ces derniers temps, aux conditions d'un vrai savant comme on l'entend dans leur pays, quoique cette tribu ait pu s'enorgueillir autrefois de posséder des hommes réellement distingués. A ma grande surprise, je confirmai chez ces Touareg une observation déjà faite précédemment : c'est que tous les individus appartenant à la catégorie des *tolba*, quoique ne puisant pas, comme chez nous, leur science dans les salles étroites d'une école, se faisaient remarquer par un teint plus pâle et des formes moins musculeuses qu'il n'est ordinaire parmi les Imoscharh.

Quand nous repartîmes, le lendemain matin, avec toute notre troupe, j'étais loin de me douter que j'allais revenir,

[1] Je crois devoir rappeler de nouveau au lecteur que le nom de « Imoscharh, » dont le singulier est « Amoscharh, » est identique à celui de « Touareg » (sing. « Tarki »).

et pour longtemps, à Ernesse, l'endroit où se trouvait le camp des Kel N Nokounder. Conduits par des guides sûrs à travers le pays marécageux, et par les plus courts chemins, nous arrivâmes bientôt au camp des Idenan, où nous avions laissé notre bagage la veille, puis nous allâmes encore, à quelques milles plus loin, au camp des Kel Oulli, qui m'avaient donné à plusieurs reprises aide et protection à Tombouctou. Ils nous reçurent à grand bruit, en entrechoquant leurs boucliers, et nous firent un accueil dont l'hospitalité me confondit. Les Kel Oulli sont, comme l'indique la traduction de leur nom, une tribu de chevriers, gens peu riches; ils n'en abattirent pas moins trois bœufs et une vingtaine de chèvres pour nourrir notre troupe affamée, attendu qu'ils ne possédaient ni lait, ni riz. Le camp, tout entouré d'arbres, et rempli d'hommes, de chevaux et de bêtes de somme, offrait, pendant ce festin nocturne, un spectacle des plus intéressants.

En nous dirigeant vers le camp des Kel Oulli, nous nous étions éloignés du lit du fleuve pour gravir les hautes digues de la rive extrême; pendant la marche suivante, nous redescendîmes au bord des marécages et nous arrivâmes, à 3 1/2 lieues plus loin, dans le camp de l'une des deux tribus dont la querelle avait empêché leur chef commun, Alkouttabou, d'arriver à Tombouctou avec l'armée des Aouelimmiden; c'était la tribu des Tarabanassa, dont le chef était Teni ou E' Teni. Je vis pour la première fois, en cet endroit, ces Touareg orientaux sur leur propre territoire, et mon attention fut bientôt éveillée par la comparaison que je fis de leur air noble, de leur physionomie et de leur costume, avec ceux de leurs frères des environs de Tombouctou. Ils portaient, comme ornement, de jolies petites boîtes d'étain ou de cuivre, ainsi qu'un collier qui leur retombait sur la poitrine et qui se composait d'un grand nombre d'anneaux blancs en os d'ayou (*Manatus Vogelii*), ce grand poisson qui semble abonder dans le grand embranchement occidental du Niger, comme dans le Benoué. Tous étaient armés, en signe de leur naissance noble et libre, d'épieux de fer et de longues épées; les Touareg tributaires ou subjugués, ainsi que les tribus qui n'ont pas conservé dans toute sa pureté le sang berbère, ne peuvent porter qu'un poignard et une lance de bois.

C'était du cheik que dépendait la solution du différend qui avait éclaté entre les deux tribus; ce fut pourquoi nous dûmes passer deux jours au camp de Teni, qui nous traita du reste aussi mal que les autres Touareg nous avaient, jusqu'alors, reçus avec hospitalité. Sous d'autres rapports encore, ce séjour au camp fut fâcheux pour moi; en effet, comme il s'y trouvait également une partie des Kel Hekikan, ces infâmes larrons qui seuls, parmi les Touareg, avaient toujours mal agi envers moi, j'eus avec un de leurs chefs, à propos de religion, une violente dispute qui faillit entraîner pour moi les plus graves conséquences. Ce fut donc avec une joie véritable que je vis arriver, le 25 avril, le moment du départ.

Le camp qui formait le but de notre nouvelle marche était situé non loin du Niger, et nous n'eûmes pas peu de peine à y arriver, à travers le pays marécageux, en partie couvert de bois épais. L'endroit se nommait Taoutilt, et le chef de la tribu, Ouordha. Ces Touareg étaient occupés à passer une partie de leur bagage sur une petite île du Niger où campait un autre chef Tarki portant le nom biblique de Saül, et de laquelle les bords étaient couverts de nombreux troupeaux de bêtes à cornes. Ce fut là que je pus me convaincre du changement de vie des Touareg depuis qu'ils ont quitté leurs fertiles vallées du désert, pour les marécageuses contrées et les îles du Niger. Tandis qu'ils traversaient autrefois en flibustiers le désert aride, ils passent aujourd'hui, avec leurs troupeaux, d'une rive à l'autre, genre d'existence qui les a forcés de renoncer presque entièrement au chameau, cet ancien élément de leur vie nomade.

Nous ne voyions devant nous que deux embranchements du Niger, le fleuve lui-même étant encore éloigné de 1 à 1 1/2 lieue. Nous nous installâmes au bord de l'eau, sous de beaux et grands arbres, où des visites du camp voisin et les récits du grêle et bienveillant Ouordha nous procurèrent d'amples distractions. Ce chef avait assisté, dans sa jeunesse, à l'attaque dont Mungo Park avait été victime en 1806, près d'Egedesch, de la part des Iguadaren ; cet héroïque voyageur vit encore dans le souvenir de tous les vieillards riverains du Niger moyen (Eghirroï), non seulement par son nom, mais par sa singulière apparition dans une embarcation bizarre aux voiles blanches, vêtu d'un long habit, d'un chapeau de paille et d'énormes mitaines. Le mystérieux navigateur, qui avait construit son bateau à Sansandi, avait fait halte près de Bamba pour y acheter quelques poulets et s'était vu attaqué par les Touareg, un peu plus bas sur le fleuve, à peu de distance d'Egedesch. Ouordha prétendait que ses compatriotes avaient tué deux chrétiens parmi les hommes de l'équipage de Park; mais c'est encore une erreur, car il est avéré que deux de ces quatre hommes courageux ne périrent que plus tard; en effet, retranchés dans le bateau garni de cuir de bœuf, qui constituait leur seule demeure, leur unique moyen de défense et de salut, ils suivirent pendant plusieurs centaines de milles le vaste et dangereux fleuve, pour eux inconnu, qui passait, entrecoupé de nombreux récifs et de rapides impétueux, entre deux tribus hostiles, et allèrent succomber à leur héroïque entreprise, probablement au delà même de Gogo.

Parmi les visiteurs qui nous arrivèrent des camps voisins, se trouvaient de nombreux Ouëlad Molouk, petits hommes trapus, au teint clair, au front élevé, signe particulier aux Berbères, et aux traits pleins d'expression. Quelques-uns d'entre eux cependant étaient atteints d'une affection terrible, consistant en des tumeurs cancéreuses qu'ils attribuaient à la mauvaise qualité des eaux et qui, chez deux de ces individus, avaient envahi une grande partie de la face. Saül, le chef des Kel Tamoulaït, arriva à son tour de son île, pour nous visiter; c'était un homme fier, à la haute taille. Le lendemain matin, lorsque nous préparions notre bagage, il arriva de nouveau, et resta longtemps assis à côté de moi, m'observant en silence.

Continuant notre route, nous suivîmes les sinuosités du fleuve, qui s'élargissait parfois d'une manière considérable pour se dérober ensuite de nouveau à notre vue, derrière les digues de sable. Nous rencontrâmes bientôt un Amoscharh magnifique, à l'aspect noble, montant le plus haut *meheri* que j'eusse jamais vu. C'était Ouordhougou, beau-père du vieux Ouordha, ami fidèle d'El Bakay et le plus vaillant des Touareg méridionaux (qui comprennent les Aouelimmiden, les Iguadaren et les Tademekket). Ouordhougou était, comme je viens de le dire, un très bel homme, apparemment doué d'une grande force musculaire; on me cita de lui maints traits de bravoure qui rappellent les plus beaux jours de la chevalerie chrétienne et arabe. Ce fut ainsi que lors de la reprise de Goundam par les Touareg sur les Foulbe, il sauta, dit-on de son cheval sur le mur d'enceinte, et, se défendant seul au moyen de son bouclier contre les épieux de ses nombreux ennemis, il ouvrit le chemin de la ville à ses compagnons. Quelques jours auparavant, il avait abattu, à lui tout seul, dix ou douze hommes armés de la suite du chef Teni, par lesquels il avait été attaqué. Sous la conduite de ce vaillant guerrier et de son jeune frère, nous ne tardâmes pas à atteindre le but de notre marche de ce jour, c'est à dire une localité nommée Iseberen ou Iseberaten, ainsi appelée à cause de deux digues de sable qui s'y élèvent isolées, sur la plate et sablonneuse rive du Niger.

En cet endroit campait Achbi, le chef des Iguadaren, et le second de ceux qui avaient refusé obéissance à leur chef suprême, Alkouttabou. Trois ou quatre jours s'y passèrent en négociations oiseuses entre Achbi et le cheik; car Achbi persistait dans son attitude insoumise et refusait opiniâtrément de restituer aux tribus placées sous la protection d'Alkouttabou, ce qui leur avait été violemment enlevé par les siens. Sa querelle avec ces dernières n'était que la conséquence des intrigues de Hammadi et des Foulbe, qui cherchaient à anéantir par là l'influence politique du cheik, basée principalement sur son alliance avec le chef des Aouelimmiden. Achbi semblait fermement résolu à suivre les suggestions de Hammadi, en se jetant dans les bras des Foulbe et de leur chef, le sultan de Hamd Allahi; il fit naître par là des complications de toute espèce, à la suite desquelles, peu après mon départ définitif de ces contrées, éclata une guerre sanglante, suivie de l'occupation de Tombouctou par une nombreuse armée des Foulbe du Massina;

ce ne fut que vers la fin de 1855 qu'il fut fait un nouveau compromis entre le cheik et les envahisseurs.

Cette conduite d'Achbi ne tarda pas à exercer sur notre voyage une triste influence et faillit me mettre moi-même dans une situation des plus critiques. Le cheik El Bakay put constater, avec l'inquiétude la plus profonde, que ses anciens alliés étaient devenus les complices de ses ennemis; en effet, Achbi était prêt à marcher avec toute sa tribu vers l'ouest, pour aller grossir l'armée des Foulbe. D'un autre côté, nous vîmes arriver un courrier envoyé par Sidi Mohammed, que le cheik avait laissé en son absence à Tombouctou, demandant à El Bakay, de la part de son frère, une entrevue privée. En présence de ces circonstances, il ne restait à mon protecteur qu'à retourner à Tombouctou.

Cette situation devait m'émouvoir profondément et me remplir des plus sérieuses inquiétudes au sujet de ma propre sécurité. Sans nul doute, je me trouvais exposé à des dangers plus grands que jamais, en rentrant à Tombouctou dans des conditions pires que par le passé. Je mis donc tout en œuvre pour obtenir de mon protecteur la permission de poursuivre mon voyage, en compagnie de ses écoliers et de ses amis dont il m'avait promis la conduite; mais le cheik refusa obstinément d'y consentir. Pour mettre le comble aux misères de ma situation, il arriva, ce même jour, la nouvelle que les Français avaient complétement battu, dans l'Algérie méridionale, la tribu des Schaamba et s'étaient avancés jusqu'à Ouarghela et Metlili. Il s'en était suivi une crainte générale que ces étrangers exécrés ne gagnassent du terrain; peu de jours après, tandis que nous rebroussions chemin vers l'ouest, cette nouvelle non seulement se confirma, mais nous apprîmes que Ouarghela, cet ancien centre du commerce le plus étendu avec la Nigritie, était tombé au pouvoir des Français; en conséquence, le cheik caressa pendant quelque temps le projet de rassembler toutes les forces militaires des Aouelimmiden et du Taouat, pour marcher contre les conquérants. Sur mon conseil, il renonça à ce plan aventureux, mais il crut devoir envoyer aux Français une lettre, par laquelle il leur défendait d'avancer davantage vers le sud et de pénétrer dans le désert. Il ne pouvait manquer, en présence de ces circonstances et d'une foule d'autres qui y avaient rapport, que ma visite ne fût considérée comme un fait corrélatif à la marche de l'armée française, en un mot, que je ne fusse pris pour un espion français. Je n'en devais redouter que d'autant plus le retour à Tombouctou.

Le 30 avril fut le jour tristement mémorable où, livré aux pensées les plus sombres, je repris ma marche vers l'ouest. Il me fut impossible de cacher l'état de mon âme à mon protecteur, qui fit tout ce qu'il put pour me tranquilliser; au moment du départ, il vint encore auprès de moi, s'excusant de devoir céder à la nécessité en sacrifiant mon intérêt personnel à celui de tous. Silencieux, je marchais à cheval, à la tête du cortége, et l'aspect du fleuve, dont nous suivions la rive, ranimait seul mon courage abattu. Nous tenant plus près des digues qu'en arrivant, nous atteignîmes bientôt notre précédente station de Taoutilt et, à quelques lieues plus loin, un village nommé Erassar, où s'étaient campés les Iguadaren. Nous y restâmes deux jours, à un endroit sans ombre, malsain et situé entre deux marais, à environ 1,200 pas du fleuve; ces deux jours se passèrent encore en négociations infructueuses. Les bas-fonds marécageux qui me servirent fréquemment, à cette époque, de lieu de campement, me donnèrent un rhumatisme aigu dont je souffris beaucoup, plus tard, au Bornou, et qui m'est revenu plusieurs fois depuis mon retour en Europe.

Tous les efforts que fit le cheik pour amener Achbi à résipiscence, furent infructueux, et l'opiniâtre chef des Iguadaren leva le camp pour poursuivre sa route vers l'ouest, où il espérait trouver des alliés et des protecteurs nouveaux. Nous le suivîmes, en ce sens que nous nous joignîmes aux Kel Gogi, qui formaient la subdivision des Iguadaren à laquelle appartenait Achbi lui-même. Après deux marches assez courtes, nous fîmes une nouvelle halte de plusieurs jours au milieu des bas-fonds marécageux situés près du fleuve ; heureusement il s'y trouvait une éminence où je plantai ma tente et d'où je pus voir, au delà du Niger, la province d'Aribinda, formant un fond charmant à ce majestueux tableau. La situation élevée où je me trouvais, me permit non seulement de jouir de ce beau spectacle, mais eut encore pour nous une utilité d'ordre essentiel. Dès la veille, 4 mai, un violent orage accompagné de fortes averses, nous avait annoncé le commencement de la saison des pluies. Mes compagnons, qui m'avaient constamment donné l'assurance que, malgré tous les retards, je serais arrivé à Sokoto avant cette époque, cherchèrent à me rassurer en disant que cet orage était un phénomène se rattachant à des circonstances astronomiques ; mais un fort ouragan, qui éclata le lendemain dans l'après-midi et qui faillit emporter ma tente, prouva bien que la saison fatale avait bien réellement commencé, et dans toute sa rigueur ; la tempête ne cessa que par une pluie torrentielle de deux heures, qui convertit en un vaste lac toute la plaine autour de notre petite colline.

Nous restâmes cinq jours en cet endroit, et ce fut un bonheur que les distractions ne me manquèrent pas, dans l'état d'abattement moral où je me trouvais. J'étais entré en rapports d'amitié avec quelques Iguadaren, et je dus à ces nouveaux compagnons maintes révélations intéressantes et instructives. Je fus surpris de rencontrer si fréquemment, dans cette tribu, les noms de Schamuël, Saül et Daniel, tandis qu'ils ne se trouvent pas, que je sache, chez les Arabes; je crois découvrir dans cette circonstance l'existence d'un rapport étroit entre ces tribus berbères et les Chananéens. C'était un fort beau spectacle que celui de toutes les subdivisions des Iguadaren passant près de ma tente; car toute la tribu, hommes, femmes et enfants suivait son chef vers l'occident. Ce qui m'intéressa le plus, ce furent trois femmes de haute naissance, appartenant à la tribu des Kel Hekikan, et qui se trouvaient à la tête du cortége. Elles étaient assises sur leurs chameaux, dans une sorte de cage ouverte devant et derrière, comme le montre la vignette; la tête et le cou des montures étaient abondamment garnis de houppes de cuir; les voyageuses elles-mêmes étaient de bonne apparence et douées de formes bien pleines; leur costume était extrêmement simple.

Le 10 mai, nous continuâmes notre malheureuse marche rétrograde. Laissant à notre gauche les blanches digues d'Oule Teharge, les plus hautes de cette partie de la rive, que j'avais déjà remarquées dès notre dernière station, nous arrivâmes bientôt à l'embranchement du fleuve nommé Amalelle, que nous avions déjà suivi pour nous rendre auprès des Kel N Nokounder, à Ernesse. Nous fîmes en cet endroit une nouvelle halte, et les Touareg s'établirent dans le bas-fond marécageux, tandis que je déployais, au contraire, ma tente sur les digues couvertes de *talha* et de *siwak*. Étendu à l'ombre, je pus contempler le spectacle varié du pays environnant; au pied des digues s'étendait le camp de nos amis, aux tentes de cuir, de dimensions diverses, en partie ouvertes de manière à ce que je pusse y plonger mes regards; au fond, je voyais l'embranchement Amalelle, alors presque à sec, qu'animait du bétail au pâturage, plongé parfois dans l'eau jusqu'à mi-corps; plus loin, c'était un épais rideau d'arbres, principalement de palmiers d'Égypte, puis enfin les digues blanches d'Ernesse, derrière lesquelles apparaissait encore, brillante, une étroite bande du fleuve. Le tout offrait l'ensemble caractéristique d'un paysage nigérien, traversé par des embranchements d'eaux mortes et des bras, presque desséchés alors, du grand fleuve lui-même.

Après mûre réflexion, le cheik avait enfin décidé que je me rendrais à Ernesse avec son neveu, Mohammed Ben Chottar, la plupart de ses écoliers et sa suite. Je pris donc, le lendemain matin, congé de nos amis Iguadaren, auxquels je m'étais réellement attaché, et je partis avec presque tout l'entourage du cheik pour l'endroit en question, où je devais attendre son retour de Tombouctou. Je compris que mon attente ne serait pas longue, car El Bakay me laissa non seulement ses écoliers favoris, mais encore sa cuisinière, la fidèle Diko, des services de laquelle mon excellent ami et protecteur, comme je le savais bien, ne pouvait guère se passer longtemps.

Pendant cette courte marche, j'eus encore occasion d'étudier le caractère particulier de cette contrée fluviale, aux embranchements nombreux et aux vastes marécages. Ces derniers étaient devenus beaucoup moins humides que lors de notre passage le 20 et le 21 avril, les eaux s'étant considérablement retirées; nous arrivâmes donc sans difficulté au camp de Kel N Nokounder à Ernesse, où je reçus dès mon arrivée, en signe de bienvenue, une tasse d'eau de *ghoussoub*.

Ernesse était un excellent emplacement pour un camp; l'air y était pur et salubre, mais la localité ne consistait qu'en un étroit sommet de digue borné au nord par un marais dont le bord était couvert de la plus abondante végétation, parmi laquelle se trouvaient des plantes grimpantes et des buissons de palmier d'Égypte. Cet épais fourré était un repaire de nombreux animaux sauvages, surtout de lions, très abondants sur la limite des régions habitées, tandis qu'ils sont, au contraire, extrêmement rares dans les contrées bien peuplées de la Nigritie. Les hôtes du camp me firent une description très animée d'une lutte nocturne qui avait eu lieu, deux jours auparavant, entre deux lions se disputant une lionne. Le Niger, fort large à cet endroit, enserrait une grande île plate, nommée Bagagoungou (littéralement « île des hippopotames »), ainsi qu'une autre île moins considérable; il nous fut impossible d'arriver jusqu'au bord du fleuve, à cause d'une sorte de hautes herbes pourvues d'épines fort dangereuses.

Il avait bien été décidé que nous attendrions en cet endroit le cheik; mais dès le second matin, les Kel N Nokounder semblèrent ne pas se soucier d'héberger indéfiniment une aussi nombreuse compagnie, et tentèrent de se débarrasser de nous sous main. Sans mot dire, ils plièrent bagage au petit jour et se mirent en route. Heureusement ils marchaient vers l'est, direction dans laquelle je les aurais volontiers suivis jusqu'au bout du monde; et tandis que les écoliers du cheik se mettaient à leur poursuite pour les retenir, je fis mes malles en un tour de main et je me mis en marche, le long des étroites digues de sable que nous avions suivies pour arriver.

Au bout de peu de temps les digues s'abaissèrent et se couvrirent plus ou moins de plantes, parmi lesquelles je remarquais d'abord la coloquinte, puis l'*Asclepias Gigantea* et un *Cucifera* bleu; plus loin elles disparurent, et nous arrivâmes à un endroit où la rive abaissée servait, lors des des grandes crues, de communication entre le fleuve et le bas-fond marécageux qui s'étendait derrière les digues. Le fleuve, à cet endroit, décrivait une belle courbe vers le sud-est et, suivant la rive basse, abondamment couverte de *byrgou* et de longs roseaux, nous arrivâmes aux hautes digues d'Oule Teharge, au point culminant desquelles les N Nokounder établirent leur camp. C'était encore un excellent lieu de campement qui offrait une vue magnifique sur le fleuve, situé à 150 pieds au dessous; en effet, comme on y plongeait sur la courbe du majestueux Niger vers le midi, ses eaux offraient l'aspect d'un vaste lac où les hautes digues semblaient s'avancer comme un promontoire, isolées qu'elles étaient, vers l'orient, par un bras du fleuve, débouchant du verdoyant marécage. Les indigènes prétendaient que, même pendant la plus grande sécheresse, le Niger était navigable à peu de distance, ce que sa grande largeur ne rend nullement invraisemblable. Vers la rive opposée, se trouvait une île basse et très herbue, tandis que, de notre côté, s'en trouvait une autre, assez étroite, séparée de la rive par un petit canal où croissaient de magnifiques *byrgou*. Ce canal était rempli de crocodiles, dont quelques-uns n'avaient pas moins de 18 pieds de long, c'est à dire la plus grande dimension que je constatai, en Afrique, chez cet amphibie. Nageant presque à fleur d'eau, ils menaçaient au dernier point le bétail qui paissait les hautes herbes de la rive, et, dès le premier jour, ils ravirent ainsi deux vaches à nos hôtes. Ce dommage ne fut malheureusement pas le seul qu'ils nous causèrent, car un homme qui était occupé à couper du *byrgou* pour mes chevaux, eut le pied presque entièrement enlevé par un de ces monstres voraces.

Nos fugaces amis, voyant notre opiniâtreté, semblèrent se résigner à leur sort; du moins firent-ils halte sur les hautes digues d'Oule Teharge. La belle situation de notre nouveau camp ne suffisait pas cependant à notre bien-être matériel, et nos hôtes ne nous pourvoyant que médiocrement de nourriture, mes compagnons attendaient avec autant d'impatience que moi-même des nouvelles du cheik. Mes propres provisions de voyage allaient à leur fin, et j'avais envoyé d'Ernesse à Tombouctou l'un de mes plus fidèles serviteurs pour les y renouveler. Il revint, le 14 mai, et se vit aussitôt assailli de tous côtés par des gens avides de nouvelles. Arrivé dans la ville au coucher du soleil, il s'était hâté de se pourvoir du nécessaire pour retourner ensuite au camp du cheik le plus tôt possible; car dès que son arrivée à Tombouctou et le retour d'El Bakay avaient été connus, la plus grande exaltation s'était emparée des habitants de la ville, qui croyaient que j'étais revenu moi-même parmi eux; c'était au point que l'on avait fait battre sur-le-champ la caisse d'alarme. Mon domestique n'apportait malheureusement aucune nouvelle du cheik lui-même, ayant quitté de grand matin le camp de ce dernier sans l'avoir vu; par contre, il me confirma, ce que j'avais déjà appris, qu'il était arrivé des lettres pour moi.

Le 17 mai, vers midi, tout le camp fut mis en joyeux

émoi par l'arrivée de deux individus de la suite du cheik. Ils nous annoncèrent que mon protecteur était non seulement reparti vers l'orient, mais qu'il nous avait même devancés et se trouvait déjà au bord septentrional du marécage qui s'étendait derrière notre camp. Cette bonne nouvelle nous mit dans une jubilation complète et en un instant notre bagage fut chargé sur le dos des chameaux; mais il nous fallut mettre un frein à notre impatience, car nous devions faire un grand détour pour quitter ces digues, placées presque comme des îles entre des marécages profonds et bornés vers l'orient par un cours d'eau qu'il ne nous fallait pas songer à traverser avec nos bêtes de somme lourdement chargées. Après trois heures de marche, nous nous retrouvions de l'autre côté, mais à très peu de distance du camp que nous avions quitté, et il nous fallut ensuite beaucoup de temps pour nous frayer un chemin à travers le pays accidenté et couvert de buissons, où nous devions retrouver le cheik. Lorsqu'enfin nous aperçûmes le camp du cheik, nous mîmes nos chevaux au galop et je trouvai mon digne ami sommeillant à l'ombre d'un *siwak*, sans que le bruit de nos chevaux l'eût réveillé.

En attendant que le cheik sortît de son assoupissement, je m'assis sous un arbre voisin et je m'abandonnai à de joyeuses pensées de retour au pays; car je pouvais espérer désormais, après tant de déceptions amères et de retards qui avaient soumis ma patience à de si rudes épreuves, pouvoir enfin partir en réalité. Mon ami s'étant réveillé, je me présentai à lui; il me reçut avec un doux sourire, en me disant qu'il était prêt à m'accompagner sans nouveau retard ni empêchement quelconque. El Bakay me remit en même temps un paquet de lettres et d'autres papiers; il s'y trouvait les copies de deux dépêches de lord John Russell, en date du 19 février 1853, un écrit de lord Clarendon, du 24 du même mois, une lettre du chevalier Bunsen, une du consul anglais à Tripoli et enfin deux autres de l'agent anglais au Fezzan. Le paquet ne renfermait aucune missive de ma famille, ni de mes amis, mais seulement encore deux numéros du *Galignani's Messenger* et l'*Athenœum* du 19 mars 1853.

Je pourrais difficilement exprimer la joie que me causèrent ces nouvelles d'Europe, mais je fus plus heureux encore en lisant le contenu de la lettre de lord John Russell, qui témoignait à mon entreprise un intérêt exprimé dans les termes les plus chaleureux. Les autres lettres concernaient principalement l'expédition du docteur Vogel et de ses compagnons, ce qui m'ouvrait la perspective de trouver quelques Européens au Bornou, en admettant que j'atteignisse sain et sauf Koukaoua, mon quartier-général. Toutefois je n'appris, en cette circonstance, rien de l'expédition [1] au Tsadda ou Benouë, qui était partie peu de temps auparavant, comme je le sus plus tard; ce ne fut qu'au mois de décembre que j'en eus les premières nouvelles, alors que l'expédition était déjà rentrée en Angleterre; c'était d'autant plus regrettable que j'aurais pu, sous certains rapports, y prendre part.

L'histoire de ce paquet de lettres était fort singulière, car il était évidemment venu par le Bornou et cependant, à ma grande surprise, il ne s'y trouvait pas une ligne du visir, qui m'eût sans nul doute écrit, si toutes choses avaient été dans leur état normal; en outre, l'enveloppe extérieure du paquet avait été enlevée, tandis que les cachets des lettres étaient intacts. Je n'appris que beaucoup plus tard la cause de cette

---

[1] Voyez tome II, p. 224, note.

singularité; elle consistait en ce que, avant le départ du paquet de Sokoto, on avait déjà appris dans cette ville la décollation du visir; en conséquence, on avait extrait du paquet la lettre que m'avait adressée Hadj Beschir, ainsi que peut-être quelque bagatelle qu'il y avait jointe à mon intention. Il arriva, en outre, que le voyageur qui avait été chargé de transporter le paquet à Tombouctou, fut assassiné en route, entre Gando et Saï, par les Goberaoua ou Mariadaoua; par bonheur, le crime ne fut perpétré qu'au moment où l'infortuné venait de remettre mes dépêches à un de ses compagnons; ce dernier accomplit sain et sauf la suite de son voyage et arriva dans l'Asaouad, où le paquet fut retenu pendant au moins deux mois, le chef des Berabisch, rendu défiant par l'approche des Français, ayant probablement craint qu'il ne s'y trouvât quelque nouvelle qui pût nuire à son pays. Sur ces entrefaites, le meurtre du messager qui devait m'apporter mes lettres, avait, semble-t-il, fait naître le bruit que j'avais été assassiné moi-même aux environs de Maradi. Alors et beaucoup plus tard encore, j'étais loin de me douter que la nouvelle de ma mort circulait dans les contrées que je venais de quitter [1].

[1] Il est moins surprenant que le bruit de ma mort ait couru dans mon pays, pendant mon voyage à Tombouctou. Vers la fin d'octobre 1853, j'avais transmis en Europe la nouvelle de mon arrivée dans la ville du désert, et au mois de février suivant, j'avais envoyé, par une petite troupe de marchands du Taouat, un paquet de dépêches à l'agent anglais de Ghadames. Ce dernier avait, à cette époque, été envoyé en Crimée, comme interprète du duc de Cambridge, sans que j'en eusse été informé; mon paquet resta donc pendant plus de deux ans au consulat anglais de Ghadames, et ma famille, presque convaincue que je n'existais plus, fut plongée, par suite, dans la plus profonde douleur. Toutes mes affaires s'embrouillèrent, et lorsqu'enfin, appauvri et endetté, j'arrivai au Haoussa, où j'espérais trouver tout ce qui m'était nécessaire, les fonds que j'y avais

J'éprouvai des sensations bien douces, en reprenant avec mon protecteur, le 18 mai, la route de l'orient que j'avais vainement suivie une première fois; je ressentais un calme et une joie que je n'avais plus connus depuis longtemps, en contemplant tantôt la troupe bigarrée dont nous étions accompagnés, tantôt le paysage qui nous entourait. La route que nous suivions déviait quelque peu de celle que nous avions parcourue dans notre première et malheureuse tentative; toutefois elle se dirigeait généralement au nord et le long des bas-fonds du fleuve, jusqu'à ce que nous arrivâmes plus près de ce dernier, dans le pays d'Iseberen, où avait commencé notre triste marche rétrograde. Tandis que mes compagnons s'avançaient à quelque distance du fleuve, je chevauchais le plus près possible de ce dernier, afin de bien m'assurer que nous quittions réellement ce malheureux endroit et jouir une fois encore du majestueux spectacle que m'y offrait le Niger.

Nous ne fîmes pas beaucoup de chemin pendant les premiers jours, le cheïk ne pouvant, avec la meilleure volonté du monde, parvenir à vaincre complétement ses habitudes de retards et de temporisation; de nombreux embranchements latéraux du fleuve et des marais, entre lesquels il nous fallait avancer péniblement, contribuèrent amplement, du reste, à entraver notre marche. Ce n'était que sur des distances fort courtes que nous rencontrions des parties de la rive nettement dessinées, où nous pouvions marcher sur du sable, le long des ondes limpides du fleuve. Ce fut en un endroit pareil, que je découvris les premiers vestiges du

---

laissés en partant, en avaient été retirés, dans l'idée où l'on était, que j'avais cessé d'exister.

sangouaï, animal qui, selon toute apparence, diffère du crocodile et n'est peut-être autre que l'iguane d'Amérique. Il est moins grand que le crocodile, quoique les empreintes de ses pas se rapportent à un pied beaucoup plus large, dont les orteils semblent être reliés entre eux par une membrane natatoire; la queue semble à son tour moins longue que celle du crocodile. Je ne vis malheureusement aucun de ces animaux, dont la dimension paraît ne pas être de plus de 6 à 8 pieds.

La végétation était généralement abondante, et l'arbre le plus fréquent sur notre route était le *Capparis Sodata*, dont les petites baies rouges, précisément mûres alors, nous furent parfois utiles comme rafraîchissement. On ne peut cependant manger beaucoup de ces fruits à l'état frais, à cause de leur goût fortement poivré; mais desséchés, ils sont plus agréables et constituent une denrée alimentaire assez importante pour les populations nomades de la contrée. Nous rencontrâmes quelques vallées taillées entre des séries de hautes digues et entrecoupées de bras morts du fleuve, entourés d'une épaisse ceinture de grands palmiers d'Égypte entremêlés de plantes grimpantes. Sur la rive méridionale, se trouvaient plusieurs camps également ombragés de beaux palmiers d'Égypte et animés de nombreux troupeaux de brebis et de chèvres. Plus loin, nous arrivâmes à un amas considérable d'eaux mortes, qui s'étendait pendant quelques milles parallèlement au fleuve principal. Les grands arbres devinrent alors plus rares, tandis que la culture du riz et du tabac nous indiquaient d'une manière indubitable le voisinage de nouveaux établissements fixes; car toute la partie de la rive que nous avions suivie jusqu'alors n'était peuplée que de tribus de Touareg nomades. Nous avions passé néanmoins devant plus d'un endroit où s'étaient élevées jadis des localités populeuses, et il est difficile de se représenter ce pays, tel qu'il devait être autrefois, lorsque tous les points favorables y étaient occupés par des villes florissantes et qu'un commerce actif s'exerçait le long du fleuve.

Nous suivîmes les sinuosités de l'amas d'eau que je viens de citer et nous arrivâmes, le 22 mai, à l'endroit de sa rive septentrionale en face duquel s'élève la petite ville de Rhergo. Cette localité, éloignée de 19 milles allemands de Tombouctou, ne manque pas d'intérêt car, d'après les renseignements des indigènes, elle serait plus vieille de sept années que Tombouctou même et pourrait, conséquemment, être considérée comme un des anciens centres de la vie sociale dans ces contrées, cités par les géographes arabes. Les habitants y sont Sonrhaï, mais ils me semblèrent trahir, par leur taille et leurs traits, un fort mélange de sang d'esclaves du Mossi. Ils portaient pour la plupart des chemises et des culottes fort étroites, composées de bandes de coton du travail le plus grossier; leur coiffure consistait en un méchant turban tout en loques, si l'on peut nommer turban un assemblage de petits bouts d'étoffes de toute espèce. Ces gens cultivent, dans leurs plaines marécageuses et sujettes aux inondations, beaucoup de riz et de tabac ; ils se livrent aussi à l'élève du bétail et possèdent une grande quantité d'oies de taille considérable. Comme le nourrissant *byrgou* y manque complétement, par un singulier caprice de la nature, les habitants de Rhergo sont obligés d'envoyer leur bétail paître assez loin; c'est ce qui ne me permit pas, à mon vif regret, d'obtenir la moindre gorgée de lait.

Comme nous restâmes toute une journée en face de cette petite ville, je fis une promenade sur les digues qui s'élevaient en pente douce vers le nord. Elles se composaient en partie de sable mêlé de gravier, et en partie de fragments de pierre plus considérables. Je pus alors remarquer le contraste assez étonnant de la vaste et verdoyante vallée du Niger avec une zone de désert aride qui s'étendait vers le nord, onduleuse et dépourvue de végétation, sauf quelques bouquets d'herbes desséchées.

Le 23 mai au matin, nous partîmes, nous tenant près du bord de l'embranchement marécageux qui devenait de plus en plus étroit en se rapprochant du fleuve principal. Lorsque nous nous en éloignâmes, après trois quarts d'heure de marche, pour entrer dans le désert, nous remarquâmes de nombreux pas de girafes, indiquant ordinairement la présence de ces animaux en groupes de trois ou quatre. Ceux-ci ne venaient probablement en ces lieux que pour boire, car la végétation y était fort rare et le sol n'était guère couvert que de broussailles. Un chef des Kel Antsar, qui nous avait rejoints, nous invita à passer les heures les plus chaudes du jour dans son camp, situé à peu de distance, sur un haut promontoire du Niger et au delà d'une belle vallée. Nous nous rendîmes à cette invitation et les compagnons de notre hôte tuèrent en notre honneur un bœuf et nous offrirent, en outre, une quantité de plats de riz et de lait caillé. La tribu des Kel Antsar est très nombreuse et compte plus de mille hommes valides; mais elle est répandue sur une vaste étendue de territoire, c'est à dire depuis Gogo jusqu'à l'ouest de Tombouctou et même jusqu'à l'intérieur du Taganet, pays situé dans le désert, entre Tombouctou et l'Asaouad.

De la haute rive où nous nous trouvions, nous jouissions d'une vue magnifique sur le Niger à l'endroit où, après s'être bifurqué pour former une île, il se reforme de nouveau;

mais, dans l'après-midi, nous dûmes le laisser un peu sur le côté. Passant, vers le soir, près d'un amas d'eau presque desséché, nous rencontrâmes un troupeau revenant du pâturage ; nous le suivîmes et nous arrivâmes ainsi dans un autre camp des Kel Antsar, qui ne nous traitèrent pas moins bien que ne l'avaient fait leurs frères.

Le lendemain matin, tandis que nous nous préparions à partir, le ciel se couvrit d'épais nuages qui se répandirent en pluie abondante dans l'Aribinda, au sud du Niger ; la violence du vent empêcha la pluie de tomber de notre côté. Il pleut généralement beaucoup plus, du reste, sur la rive gauche du fleuve que sur la rive opposée. Si nous fûmes préservés sous ce rapport, nous n'en eûmes pas moins à traverser, pendant cette marche qui devait nous conduire à Bamba, un labyrinthe d'eaux mortes, attendu que nous ne nous étions pas suffisamment éloignés du fleuve. La grande difficulté que nous avions à les franchir ne résidait pas tant dans la profondeur des eaux que dans les masses compactes de *byrgou* dont elles étaient encombrées, et qui faisaient constamment trébucher nos chevaux. A un certain endroit, tous ces embranchements venaient se réunir dans une espèce d'anse du fleuve principal, large d'une lieue ou d'une lieue et demie, renfermant peu d'eau et formant une espèce de marécage tout couvert de nénufars. Plus loin, nous nous trouvâmes tout à coup dans un marais traversé de petites digues destinées à retenir l'eau nécessaire à la culture du riz ; nous suivîmes l'une de ces digues, mais nous découvrîmes qu'à peu de distance de la rive opposée, elle était coupée par un canal que devaient traverser nos chevaux. Mon noble coursier me transporta sain et sauf de l'autre côté, mais d'autres voyageurs moins heureux, dont les montures ne voulurent pas sauter, eurent toute la peine du monde à se retirer du bourbier.

Laissant enfin derrière nous cette contrée marécageuse, nous nous aperçûmes bientôt que nous approchions d'un nouveau centre de vie sociale dans ces sauvages régions. Nous vîmes d'abord partout des digues destinées à l'entretien des rizières, et des emplacements où l'on tenait des tas de *byrgou* au dessus d'un feu médiocre, pour en brûler les jeunes feuilles, et pouvoir extraire plus aisément des tiges desséchées le miel qui y est contenu. Nous rencontrâmes ensuite de petits champs de tabac et des carrés de froment (car cette céréale ne peut se cultiver, dans cette contrée, qu'en petites planches entrecoupées de rigoles); nous y vîmes aussi de l'orge, produit presque entièrement inconnu dans ces régions. Les rigoles ménagées entre tous ces champs, attestaient un degré d'industrie que je n'avais pas eu depuis longtemps occasion de constater. A cette époque, tout était sec et les champs n'étaient couverts que de chaume, car on ne peut les irriguer que pendant les crues du fleuve, alors que ses eaux arrivent à peu de distance des plantations.

Nous ne tardâmes pas à avoir la première vue de Bamba, ou plutôt de ses dattiers, dont les gracieuses couronnes apparaissaient au dessus d'une éminence sablonneuse, et nous arrivâmes bientôt à la petite localité elle-même. N'ayant plus vu aucun dattier depuis Kano, j'éprouvai un vif plaisir à retrouver quelques beaux exemplaires de cet arbre majestueux. Les arbres formaient des groupes à l'ouest du village et lui prêtaient un aspect réellement pittoresque, avec leurs vieilles feuilles desséchées, pendant encore aux branches entre les nouvelles. A l'est, au contraire, où nous choisîmes notre lieu de campement près d'un beau tamarinier, croissaient deux sveltes palmiers formant à eux seuls un groupe charmant; il n'y avait en tout qu'une quarantaine de dattiers arrivés à leur pleine croissance, mais ils portaient de fort bons fruits.

Le village ou la petite ville même consiste en une couple de centaines de huttes de forme ovale et construites en nattes, plus une petite mosquée et deux ou trois magasins bâtis en argile. L'un de ces derniers appartenait à Ahmed Baba, frère cadet du cheik El Bakay; il avait ordinairement sa résidence à Bamba, mais il était alors absent.

Quoique Bamba soit aujourd'hui fort peu considérable, il est indubitable qu'il n'en était pas ainsi à beaucoup près, il y a trois siècles; il suffit, pour s'en convaincre, de voir les fréquentes mentions qui sont faites de cette ville dans les annales du Sonrhaï. Sa situation topographique, du reste, devait être de la plus haute importance, à une époque où toutes les contrées riveraines du vaste fleuve navigable, le Niger, formaient partie intégrante d'un grand royaume, et même plus tard, lorsqu'elles devinrent une province du Maroc; en effet, Bamba est situé à un endroit où le fleuve, après s'être étendu sur un espace de terrain de plusieurs milles, au moins pendant une grande partie de l'année, passe entre des rives de roc en se réduisant à une largeur de de 900 ou 1000 pas. Je ne doute nullement que ce ne fût le gouverneur de Bamba qui accueillit d'une manière si amicale l'illustre voyageur Ebn Batouta pendant son voyage à Tombouctou par le Niger. Malheureusement, mon collègue du xive siècle ne tenait pas de journal bien exact et il oublia le nom de cette hospitalière cité.

Bamba, par suite de l'importance de sa situation, était probablement bien fortifié autrefois et devait renfermer une garnison permanente; par là s'expliquerait aussi le nom de *kasbah* (fort) que lui donnent encore aujourd'hui les Touareg, de même que la composition actuelle de la population de Bamba; en effet, celle-ci consiste exclusivement en *rouma* ou *erma*, ces descendants des mousquetaires marocains alliés aux femmes indigènes, après la conquête du pays par le Maroc. Or, tandis que leurs pères furent pendant longtemps les maîtres de la contrée, les *rouma* vivent actuellement dans des conditions assez misérables, et c'est à peine si l'autorité d'Ahmed Baba suffit à les garantir des exactions quotidiennes des Touareg, ces farouches maîtres du désert.

Nous avions, nous cavaliers, pris l'avance sur notre troupe, et tandis que nous attendions l'arrivée de nos chameaux, je m'assis sur un bloc de rocher haut d'environ 25 pieds et qui dominait la rive, pour jouir encore du coup d'œil du fleuve, cette magnifique voie liquide de l'Afrique occidentale. Bamba est également un endroit remarquable sous le rapport des particularités du Niger, qui s'avance jusque là entre des rives plates et marécageuses au delà desquelles il étend à de grandes distances son réseau d'embranchements morts; au dessous de Bamba, au contraire, il est encaissé entre des rives très nettement dessinées, sauf quelques rares exceptions purement locales, et se rétrécit parfois d'une manière considérable.

Tandis que j'étais encore assis en cet endroit, contemplant le magnifique spectacle qui s'étalait devant moi, je vis arriver vers nous quelques habitants de la ville, m'offrant ainsi l'occasion de voir de plus près les descendants des terribles Rouma. Ils se distinguent du Sonrhaï ordinaire par un teint à la fois plus pâle et plus brillant, des traits plus réguliers et un regard plus expressif. Comme signe extérieur de leur noble origine, ces indigènes portaient, au dessus du châle qui leur couvrait la partie supérieure de la face, un ruban rouge d'environ deux pouces de large; ils avaient, en outre, un tablier de cuir, fait pour être fixé autour des hanches, mais qu'ils se pendaient habituellement à l'épaule. Il pouvait y avoir à Bamba environ 700 habitants, et quoique l'excellente culture des environs attestât chez eux de l'aisance, nous eûmes beaucoup de peine à obtenir un peu de beurre et de riz; ceci provient de ce que les indigènes de toutes ces contrées se font passer pour plus pauvres qu'ils ne sont en réalité, de crainte des extorsions des Touareg. Le tabac était le seul article que les habitants de Bamba exposassent librement en vente. Le tabac de Bamba est célèbre et très recherché sur tout le parcours du Niger, sous le nom de *scherikie,* car tous les riverains du fleuve aiment beaucoup à fumer. Il est fort rare qu'ils quittent leurs jolies petites pipes d'argile et tous, Rouma comme Touareg, se couvrent la bouche en fumant, de sorte qu'on ne voit qu'une grêle tête de pipe sortir du châle qui leur couvre la face.

Nous restâmes encore en cet endroit pendant la plus grande partie du jour suivant; j'eus donc occasion d'aller rêver pendant une heure encore, et de grand matin, sur le rocher du bord du fleuve, par un temps d'une admirable sérénité. Le Niger s'étendait alors devant moi calme et majestueux, tandis que, la veille, ses eaux étaient agitées par un vent violent. J'y vis quelques embarcations ramant vers une île située près de la rive opposée, mais en cet endroit comme sur toute la partie du fleuve qui côtoie, sur le bord du désert, des contrées peu peuplées, il n'existait pas d'activité quelque peu remarquable. Dans la matinée, j'allai rendre visite au cheik dans sa spacieuse hutte de nattes parfaitement tressées, construite expressément pour lui par les habitants de la ville. Aux membres de la noble famille de Sidi Mohammed qui s'y trouvaient rassemblés, s'était joint un plus jeune frère d'El Bakay, nommé Sidi Ilemin, qui était déjà venu, dès la veille, saluer son frère à son passage dans le pays. Ses traits, empreints de bienveillance, portaient le cachet de cette noblesse innée qui distinguait à un si haut degré toute cette famille. Sidi Ilemin était accompagné de son fils, joli enfant de sept ans, et s'avança amicalement vers moi pour me saluer, lorsque je m'approchai de la hutte.

Ce ne fut que fort tard dans l'après-midi du 25 mai, que nous nous remîmes en route. Nous nous rapprochions d'un endroit fort remarquable du fleuve, en ce sens que ce n'est qu'à peu de milles en aval de Bamba, que ce dernier atteint le point le plus septentrional de sa grande courbe vers le désert. Là encore, la rive gauche redevient pendant assez longtemps basse, marécageuse et est entrecoupée de digues artificielles et de nombreux cours d'eau. L'obscurité étant arrivée, comme nous venions d'apercevoir au loin devant nous les feux d'un camp de Touareg, nous ne pûmes atteindre celui-ci, grâce à notre ignorance des difficultés du sol, qu'au prix des efforts et des dangers les plus sérieux, en traversant les digues étroites et des gués marécageux et profonds. Je faillis avoir à déplorer en cette circonstance la perte de mon fidèle Gatroni, qui tomba, avec son cheval, de l'étroit sentier de la digue dans un trou profond et rempli d'eau, de telle sorte qu'il ne dut son salut qu'à sa rare adresse; toutefois ce fut un rude labeur que de retirer son cheval de la situation critique où il se trouvait.

Afin d'éviter le retour de semblables désagréments, je fis marcher mes domestiques, le lendemain matin, à une certaine distance du fleuve, là où la route passait sur des digues moins escarpées. Jusqu'à ce moment, nous nous étions généralement dirigés vers l'E. N. E. en suivant le cours du fleuve, mais nous dûmes alors marcher directement vers le nord-est, afin de contourner le point septentrional de la courbe que je viens de citer. Ce dernier consiste en une sorte d'anse, longue d'environ 3/4 mille allemand, qui, prenant naissance à la hauteur de l'angle que décrit le fleuve en roulant majestueusement ses eaux vers l'O. S. O., s'étend entre les terrains marécageux du côté opposé. Cette anse remarquable porte le nom de Terarart [1] et forme avec le fleuve, à l'endroit où elle prend naissance, une étroite langue de terre sur les digues de laquelle est situé le hameau d'Egedesch, dont j'ai déjà fait mention au sujet de Mungo Park et qui est renommé pour le tabac qu'il produit. Ce point si remarquable du cours du Niger est indiqué plus loin par quelques îles et par quelques villages contigus, situés sur la rive méridionale. D'après mes observations, le fleuve est traversé, à quelques minutes seulement plus vers l'ouest, par le premier méridien de Greenwich, tandis que, sous le rapport de sa latitude, le Niger, à sa partie moyenne, est situé sous 17°45'N.

Combien donc est différent le cours réel du Niger, d'après mes observations constantes et une évaluation minutieuse des distances, de celui qu'on lui attribuait avant mon voyage!

---

[1] Je crois devoir faire remarquer au lecteur, que je visitai ce point important, à une époque de l'année où le fleuve avait presque atteint son niveau le plus bas; cette anse longue et étroite était alors entièrement couverte de plantes aquatiques et servait d'asile à un grand nombre d'oies sauvages; il est évident qu'elle doit présenter un aspect tout autre à l'époque des crues.

Ce n'est pas près de Tombouctou, comme on le croyait, mais seulement à plus de 50 milles ou deux degrés plus à l'est, que nous avions atteint le point le plus septentrional du Niger et que nous commencions à redescendre le cours de ce dernier vers l'E. S. E. en nous dirigeant vers le second grand angle du fleuve, celui de Bourroum.

Nous gravîmes, à l'endroit où le fleuve commençait à prendre cette direction, une légère élévation de la rive, consistant en grès à demi effleuri, et après une heure et demie de marche, nous nous retrouvâmes au bord du Niger; le fleuve, à cet endroit, était couvert d'îles verdoyantes où paissaient de nombreux troupeaux de bétail gras. Arrivés à une lieue plus loin, nous fîmes halte, pour y passer la nuit, à un endroit nommé Tewilaten ou Stewilaten, voisin d'un camp des Kel Tebankerit. Pendant cette journée de marche, il avait encore plu abondamment dans l'Aribinda, tandis que nous n'eûmes, sur la rive septentrionale, qu'une petite ondée accompagnée de fulgurations qui durèrent toute la soirée.

Nous avions jusqu'alors marché avec assez de rapidité; mais après avoir atteint le territoire des Aouelimmiden proprement dits, desquels le berceau, l'Aderar, était à peu de distance vers l'est, nous retombâmes dans notre lenteur primitive; après trois milles à peine de marche sur un terrain parsemé de petites pierres et de gravier et pourvu d'une végétation rare, nous nous arrêtâmes déjà sur une pente rapide de la rive, en face de l'île Samgoï. C'était à cet endroit que résidait, disait-on, Sadaktou, le chef qui avait récemment extorqué aux habitants de Bamba soixante-dix vaches et dix esclaves, et qu'il s'agissait d'amener à la restitution d'une partie du bien volé. Le pays lui-même n'offrait rien qui fût très digne d'intérêt, si ce n'était, là encore, par rapport au fleuve; en effet, on commençait à y remarquer le caractère rocailleux de la région que le Niger allait parcourir, et l'extrémité occidentale d'une de ses petites îles était complétement entourée de blocs de granit. Cette ile porte, du reste, le nom très significatif de « Tahont N Eggisch » ou « rocher d'entrée, » que lui ont donné les Berbères voisins, comme étant le commencement de la partie rocailleuse, pour quiconque descend le cours du fleuve.

Nous restâmes en cet endroit trois jours; et comme la région du désert voisine n'offrait rien de remarquable, si ce n'est quelques ruines de maisons de pierre, je n'y eus guère d'autres distractions que la vue du fleuve et la conversation des indigènes. L'île Samgoï est plus rapprochée de la rive méridionale que de l'autre et semble assez étendue; elle était couverte d'épais buissons et il s'y trouvait un petit hameau.

Parmi les hommes avec lesquels je me mis en rapport, il y en avait plusieurs dont la vue me rappela de nouveau la beauté d'aspect de ces Touareg orientaux. Ceux-ci se distinguent généralement par une attitude très fière et je fus d'autant plus étonné, en apprenant à mieux les connaître, de découvrir en eux des sentiments profonds de bienveillance et d'affection et de constater que, malgré leurs goûts belliqueux et leur caractère sauvage, ils étaient doués d'une assez grande docilité. Le chef Sadaktou ne se distinguait pas cependant par ses qualités aimables; peu expansif de sa nature et encore moins reconnaissant, il ne m'offrit pas seulement une gorgée de lait pour me remercier de l'avoir guéri d'une indisposition en lui administrant un énergique purgatif. Les pauvres habitants de Bamba étaient accourus, dans l'espoir d'obtenir par notre influence la restitution de ce qui leur avait été enlevé; ils vinrent même me prier de leur servir d'intermédiaire dans ce but, mais ils n'obtinrent, après une discussion des plus chaudes, que la moitié de ce qu'ils étaient venus réclamer.

Le 31 mai, nous nous remîmes enfin en marche, mais nous ne fîmes guère qu'une couple de lieues de chemin pour faire ensuite une nouvelle halte pour cette journée et celle du lendemain. Ceci était d'autant plus désagréable que notre lieu de campement n'offrait pas le moindre ombrage, quoiqu'un joli bois de *gherred* se trouvât à quelques centaines de pas seulement; or, comme ce bois servait de cimetière, mes superstitieux compagnons n'osaient aller s'y établir. Ce fut là aussi que je découvris dans ma tente une araignée noire et venimeuse, d'une taille énorme et de l'aspect le plus hideux. Elle avait le corps large de près de deux pouces, et mes amis de Tombouctou eux-mêmes n'avaient jamais rien vu de pareil; je ne pus malheureusement pas examiner de plus près l'affreux animal, dont la vue effraya tellement nos Touareg, qu'ils le tuèrent et se hâtèrent de le jeter au loin. La journée (1er juin) fut l'une des plus chaudes de tout mon voyage et, tandis que nous n'avions eu jusqu'alors, des orages quotidiens qui éclataient plus au midi, que d'insupportables tourbillons de sable, nous fûmes favorisés d'une bonne petite pluie qui rafraîchit un peu le sol sablonneux et ardent.

Le 2 juin, nous avançâmes d'une couple de milles, jusqu'au camp d'un homme aisé nommé Sidi Ilemin qui, quoique Poullo, s'était établi depuis des années parmi les Touareg. L'endroit s'appelait Igomaren et contrastait étonnamment avec les contrées riveraines du Niger, bordées de beaux bas-fonds verdoyants qui restaient à découvert lors des décrues du fleuve ; en effet, nous ne voyions plus qu'un désert chauve et aride qui s'étendait jusque près de la rive, comme dans toute cette partie de la vallée du Niger. Ce dernier était éloigné d'environ 1400 pas de notre camp et n'offrait, avec ses eaux basses, rien de grandiose à nos regards.

Nos chameaux avaient beaucoup souffert pendant notre lent trajet depuis Tombouctou, le juteux et nourrissant *byrgou* ne convenant pas à ces animaux, habitués à brouter le feuillage des jeunes accacias et l'herbe sèche du désert ; or ils n'avaient que rarement rencontré l'un et l'autre. Le cheik résolut, en conséquence, d'aller visiter ses chameaux qui paissaient dans la contrée voisine de Timlissi[1], au fourrage abondant, afin de nous ramener des bêtes fraîches, tandis que nous attendrions son retour dans le pays de Tinscherifen, situé un peu plus bas sur le fleuve. Mon protecteur s'avança donc, dès le lendemain matin, dans le désert, et je poursuivis mon voyage, le long du Niger, avec la plus grande partie de sa suite.

Nous passâmes devant un bon nombre de camps Touareg qui s'étalaient près de la rive à mesure que disparaissaient les digues ; nous rencontrâmes ensuite un nouveau bas-fond marécageux de quelque étendue, puis nous atteignîmes le commencement de la région rocailleuse à travers laquelle le fleuve se fraye un passage. Nous fîmes halte encore de très bonne heure, à cause d'une indisposition du neveu du cheik.

---

[1] Je ferai déjà remarquer ici que tous les environs du Hillet E' Scheich (au nord de Tombouctou) doivent, selon toute vraisemblance, être pris à tout un degré plus vers l'est que sur ma carte. Malheureusement il est peu présumable qu'un autre Européen se rende de sitôt dans ces régions, pour rétablir, par des observations convenables, l'exactitude des faits.

L'endroit où nous nous arrêtâmes portait le nom de Himberimme ; la pente des digues y était agréablement ornée d'ombreux *taborak* (*hadjilidj* ou *Balanites Ægyptiacus*) et le fleuve, complétement dégagé de rochers, était partagé en deux par un banc de sable. A une couple de mille pas plus haut, s'élevait, dans le courant, un vaste récif de granit, et à 1500 pas plus bas, au contraire, le fleuve offrait un aspect de la plus sauvage beauté. Une île de roc assez considérable, composée d'énormes blocs de granit, occupait, avec un récif qui s'étendait à partir de la rive droite, toute la moitié du fleuve qu'elle confinait dans un canal large de 500 pas au plus. Cet endroit remarquable, où le fleuve, lorsqu'il est plein, doit former un rapide fort impétueux, se nomme Tinalschiden.

Nous nous remîmes en marche après la plus grande chaleur du jour. Bientôt nous perdîmes de vue le fleuve et, lorsque nous le rencontrâmes de nouveau, une heure plus tard, les rochers avaient disparu pour faire place à des basfonds verdoyants. Plus loin, et déjà dans le district de Tinscherifen, le Niger décrivait des sinuosités nombreuses entre des rives escarpées ; tandis qu'il s'éloignait encore de notre route, nous arrivâmes, par un bas-fond marécageux, sur un terrain plus élevé puis, vers le soir, nous redescendîmes sur la rive verte, à un endroit où le fleuve semblait encombré d'îlots. Sur le plus grand, qui était en même temps le moins éloigné de nous, demeurait le père d'un des écoliers d'El Bakay qui se trouvaient parmi nous ; nous fîmes donc halte à ce point, sur une étroite langue de terre qui séparait le fleuve d'un marais voisin.

Nous restâmes à Tinscherifen pendant les quatre jours suivants, c'est à dire du 4 au 8 juin, le cheik n'étant revenu de son excursion que le troisième jour, ce qui mettait ma patience à une nouvelle épreuve ; en somme, du reste, notre séjour en cet endroit ne fut pas trop désagréable, en ce sens que nous y reçûmes une foule de visites des habitants ainsi que de ceux du pays voisin. La première fut celle du père de l'écolier ; il se nommait Kara et exerçait les fonctions de président ou de gouverneur de sa localité. C'était un homme fort intéressant, et à peine étais-je entré en conversation avec lui, qu'il me raconta qu'une cinquantaine d'années auparavant, un chrétien avait descendu le fleuve dans un vaste bateau surmonté d'une tente blanche et que, comme les eaux étaient très hautes, il avait pu passer sans encombre entre les rochers dont le lit du Niger est plein en cet endroit. C'était, me dit-il, un matin, comme il était, lui Kara, campé avec sa suite sur les digues de sable de l'Aribinda ; peu de temps auparavant, l'étrange voyageur avait été attaqué par les indigènes, près de l'île Samgoï.

Outre la visite de plusieurs personnages importants de la tribu des Kel E' Souk, qui mérite une attention particulière parmi toutes les autres tribus nomades et que j'apprenais seulement alors à connaître, je vis venir également Nassarou, fille du chef Chosematen. C'était une des plus belles femmes que je visse dans ce pays, et sa riche toilette contribuait puissamment à rehausser ses charmes ; elle portait au dessus de ses autres vêtements une robe de soie rayée de rouge et de noir, qu'elle se rejetait parfois au dessus de la tête pour se donner meilleur air. Ses traits se distinguaient par leur expression douce et leur régularité, mais elle annonçait des dispositions à l'embonpoint, qualité physique fort prisée, du reste, chez les Touareg. Comme elle voyait que je la trouvais jolie, elle me dit, à moitié en plaisantant, que je pouvais l'épouser, à quoi je lui répondis que j'étais prêt à l'emmener avec moi dès que l'un ou l'autre de mes chameaux aurait repris assez de forces pour pouvoir la transporter. Je lui donnai, par manière de distinction, un miroir, selon l'habitude que j'avais prise de reconnaître ainsi dans chaque camp la femme la plus belle, ne donnant aux autres que des aiguilles. Elle revint, le lendemain, avec quelques parentes, qui se faisaient remarquer à leur tour par leur bonne apparence et qui exprimèrent le désir de me voir ainsi que le cheik El Bakay. Ces nobles dames Touareg offraient un curieux exemple de la liberté extraordinaire dont jouissent les femmes dans cette tribu; ce ne fut pas sans un grand étonnement, que je vis la pipe passer constamment de leur bouche à celle des hommes et réciproquement. Sous certains autres rapports, je crois que ces femmes valent mieux que celles du Tademekket, de la vertu desquelles El Bekri parle déjà en termes quelque peu équivoques.

Pendant tout le temps de notre séjour à Tinscherifen, le temps fut extrêmement chaud, et l'élévation de la température nous était d'autant plus sensible que nous n'avions, cette fois encore, pas le moindre ombrage aux environs de notre camp. Pour me soustraire à l'ardeur du soleil, je dus remonter, jusqu'à une assez grande distance, la pente de la rive, où se trouvait un seul petit *hadjilidj*. De ce point, je jouissais d'une assez belle vue sur le fleuve qui, précisément à cet endroit, méritait de ma part une attention particulière ; toutefois je ne pus le contempler aussi longtemps que je l'aurais voulu, mes compagnons n'étant pas sans inquiétudes sur mon compte en l'absence du cheik, et le neveu de ce dernier, Mohammed Ben Chotar, n'ayant pu m'accompagner, à cause de son indisposition persistante.

J'ai dit déjà que notre lieu de station était situé en face de plusieurs îlots qui rétrécissaient le cours du fleuve; au delà de ces îlots s'élevaient deux grandes masses de roc, nommées Schabor et Barror, qui, pareils à deux gigantesques piliers, livraient entre eux passage à la plus grande partie des eaux. Cet étroit canal semblait lui-même assez dépourvu d'obstacles et devait l'être surtout à l'époque des crues. Pendant l'été, au contraire, la navigation du Niger devient extrêmement difficile à cause du banc de sable qui s'est formé un peu plus haut, entre la rive et les îlots. Sur l'île où résidait Kara, s'élevait une masse de roc qui souvent, aux lueurs de l'après-midi, semblait une terrasse artificielle de quartz d'une blancheur éclatante. Plus haut, le fleuve au cours sinueux était encaissé entre de hautes rives abruptes, tandis que, sur la rive opposée, les digues de sable formaient, à un certain endroit, une crique près de laquelle un promontoire herbu, formant peut-être une espèce d'île, était parfois abondamment couvert de chevaux et de bétail; il s'y trouvait de magnifiques arbres, parmi lesquels se faisait remarquer un fort beau groupe de palmiers d'Égypte; ces derniers commencent à dominer en cet endroit et se rencontrent fréquemment en groupes nombreux, plus loin vers le bas du fleuve.

L'éminence du haut de laquelle je contemplais ce spectacle, était entièrement composée de quartz et de grunstein et un récif continu coupait le fleuve dans la direction de l'est, tandis que les rochers, du côté de la terre, s'étendaient en un plateau qui dominait le fleuve, d'une hauteur de 300 à 400 pieds. Les soirées étaient belles et rien ne me faisait plus de plaisir que de me promener sur le beau banc de sable qui s'avançait à une distance considérable dans le lit du fleuve. Ce banc de sable, pendant les eaux basses, relie à la terre ferme l'île où résidait Kara.

Mon attention fut excitée de nouveau, en cet endroit, par l'animal que les indigènes désignent sous le nom de *sangouaï*. Souvent nous entendions sortir du marécage herbu qui s'étendait derrière notre camp, des cris semblables aux aboiements d'un chien; on m'assura que c'étaient les cris des jeunes *sangouaï* que leurs mères y avaient laissés comme en un lieu plus propre à leur prompt développement.

Le 8 juin, le cheik revint enfin de son excursion, nous amenant sept chameaux frais, dont il me donna l'un, tous les miens étant littéralement exténués. Dans le courant de la journée, El Bakay revint encore dans ma tente, pour me demander si nos bateaux à vapeur pourraient franchir les parties du fleuve que je viens de décrire; je n'hésitai pas à lui affirmer que, pour autant que je pusse juger des conditions du fond du Niger, cela n'était possible qu'à une embarcation solide et de dimensions peu considérables.

Le lendemain, à une heure assez avancée de la matinée, nous quittâmes cet endroit si plein d'intérêt. Pendant quelque temps, nous suivîmes de très près la rive puis, nous en éloignant vers le nord-est, nous gravîmes l'abrupt versant du plateau du désert, consistant en grès noir à demi effleuri. A l'endroit où nous quittâmes la rive, le fleuve était traversé par le vaste récif auquel appartenait le roc nommé Barror et qui doit entraver, pendant plusieurs mois de l'année, le passage des grandes embarcations. Aux noires et rocailleuses éminences de la rive succédèrent bientôt des digues de sable entourées de petites vallées irrégulières, dont le sol était noirâtre à son tour; arrivés à un mille de notre camp, nous retrouvâmes la rive du fleuve, au point remarquable, nommé

Tossaïe ou Tosse, où le majestueux Niger se rétrécit entre des rives escarpées, jusqu'à une largeur de 200 à 250 pas seulement. A la vérité, ce rétrécissement n'est pas subit, mais commence, au contraire, depuis la « Porte de Fer » formée par les rochers Barror et Schabor; à partir de ceux-ci, le fleuve se dirige pendant quelques milles vers le nord-est et l'endroit où il atteint son *minimum* de largeur, est précisément celui où nous arrivions. N'ayant pu suivre la rive depuis cette porte de roc, il m'est malheureusement impossible de dire jusqu'à quel point les accidents du lit du fleuve y entravent la navigation, et nous devons nous contenter, jusqu'à nouvel ordre, de ce fait, que Mungo Park s'y fraya un passage avec sa grande embarcation.

Pour ce qui concerne la profondeur du Niger au point de son rétrécissement, Tossaïe, les indigènes assurent qu'une étroite lanière, faite au moyen d'une peau de bœuf entière, n'y atteint pas le fond. Le courant ne doit pas y être très considérable, car c'est là que s'opère ordinairement le passage entre le désert et la province de Libtako; or, les Arabes y traversent sans aucune difficulté, avec leurs chameaux et leur bétail, chose qui serait impossible avec un courant quelque peu fort.

Immédiatement au delà cessèrent les digues de sable, pour faire place à un terrain plat et pierreux, de teinte noirâtre et désagréable à la vue, offrant, en un mot, le véritable aspect du désert. Le fleuve lui-même, qui se dirigeait, à cet endroit, vers le nord-est, avait perdu cette ampleur et cette majesté qui me l'avaient fait tant admirer auparavant; se partageant en deux bras, il enserrait une grande île, du nom d'Adar N Haout. Au point où les deux embranchements allaient se rejoindre, on remarquait, grâce au peu d'élévation des eaux, un récif qui s'avançait à une assez grande distance vers le milieu du fleuve, où s'élevaient encore quelques sommets de roc isolés. Nous choisîmes notre lieu de campement en face, et fort heureusement cette fois, ma tente était ombragée de quelques arbres.

Nous allions atteindre un autre point important du Niger moyen ; c'était celui où le fleuve, changeant brusquement son cours pour la seconde fois, abandonne la limite du désert pour se diriger, presque exclusivement désormais, vers le sud-est. Cette déviation, que j'ai désignée plusieurs fois déjà sous le nom d'angle de Bourroum, a lieu à quelques minutes à l'ouest du méridien de Greenwich et presque sous la même latitude que l'angle précédent que décrit le Niger au midi de Tombouctou ; en effet, il n'existe qu'une différence de deux ou trois minutes entre ces deux changements de direction si importants au point de vue du développement historique et géographique des contrées riveraines. Si l'on considère ensuite le point le plus septentrional qu'atteigne le fleuve entre ces deux angles, éloignés entre eux d'au moins trois degrés de longitude, on voit que la déviation du fleuve vers le désert, est tellement peu sensible que l'on peut regarder toute cette partie du Niger comme se dirigeant simplement de l'ouest à l'est.

Le lit du fleuve, au point où se forme le coude de Bourroum, est plat et tellement encombré d'îles, que je ne fus pas étonné d'apprendre qu'il y était guéable ; à certains endroits, la largeur pouvait être de 1 1/2 lieue. Ce n'est que là où la direction méridionale se dessine d'une manière plus manifeste, que s'élèvent, sur la rive septentrionale, de raides sommets de roc jusqu'à une hauteur de 120 pieds ; cette rive, quoique rocailleuse, n'offre pas d'autres éminences quelque peu considérables et forme, avec de petites anses, des promontoires de nature marécageuse.

Nous franchîmes cette partie de la rive, formant une longueur d'environ 3 1/2 milles, en trois jours, du 10 au 13 juin, et avec maint retard ; la cause en était due aux nombreuses questions que le cheik avait à débattre avec les habitants des îles situées en face de notre camp, habitants qui appartenaient à leur tour à la tribu mêlée des Rouma. Une rencontre intéressante que nous fîmes pendant ces trois jours, fut celle d'un homme de Gogo, qui se rendait, avec huit autres individus et au moyen d'une embarcation de moyenne grandeur, de sa ville natale à Bamba ; ce fait me prouva que, malgré la saison défavorable et la complète décadence politique du pays, les rapports par eau existaient toujours entre ces deux villes.

Toute la contrée du fleuve, voisine de l'angle décrit par le Niger, porte le nom de Bourroum et constituait autrefois un des principaux établissements des Sonrhaï. Il s'y rattache une tradition remarquable, d'après laquelle un Pharaon d'Égypte s'y serait rendu, dans l'antiquité, pour retourner ensuite dans son pays. Cette assertion, qui attesterait l'existence de relations bien anciennes entre l'Égypte et ces contrées, ne me semble pas devoir être considérée comme invraisemblable, même dans son sens le plus rigoureux ; en effet, en supposant même qu'elle fût dénuée de fondement et n'exprimât qu'une idée générale, conçue après coup, elle se rapporterait indubitablement à la capitale de la nation Sonrhaï plutôt qu'à une localité dépourvue d'importance au point de vue historique. Il importe, en outre, de noter que ce point est celui où le fleuve, en décrivant son grand angle, se rapproche le plus de l'Égypte ; n'oublions pas, ensuite, que les habitants de l'oasis d'Aoudjila, située sur la grande voie commerciale de l'Égypte vers ces contrées, furent les premiers qui ouvrirent dans cette partie occidentale du Soudan des débouchés aux Arabes; dès le XIe siècle, nous y trouvons déjà, importés par eux, l'islamisme et la forme politique de l'autorité, comme puissance royale. Toute l'histoire du Sonrhaï se rapporte à l'Égypte; les indications relatives à la route suivie par les Nasamons, si elle est marquée exactement sur les cartes, donnent cette contrée comme le but de la migration de ce peuple; or, en consultant ces données, on comprend parfaitement comment Hérodote, dans le chap. 32 de son liv. II, a pu croire qu'il s'agissait du Nil supérieur, lorsqu'il apprit l'existence d'un vaste fleuve se dirigeant vers l'est, presque sous le 18e degré de latitude. Dans des temps moins reculés, nous retrouvons, dès le XIe siècle, des marchands égyptiens dans la ville de Birou ou Walata, l'ancien Ghanata, en même temps que ceux de Ghadames et du Tafilelet; le commerce de Gogo ou de Koukia s'exerçait principalement avec l'Égypte, et ce fut sans nul doute en vue de ces relations que l'on établit sur cette route, Souk, le grand entrepôt commercial de la tribu berbère des Tademekka, à une centaine de milles de Bourroum. Une autre circonstance qui témoigne d'antiques rapports de ces contrées avec l'Égypte, est la culture du riz, si considérable dans ce dernier pays et originaire de Bourroum. J'ai pu me convaincre aussi que c'est sur le Niger que l'on a commencé à cultiver le dattier, car les dattes formaient le principal aliment des habitants de l'Aoudjila; or il était naturel que ces derniers apprissent la manière d'obtenir ce fruit, au peuple avec lesquels leurs voyages les mettaient en relations. Il y avait naguère dans le pays de Bourroum plusieurs localités populeuses, qui furent détruites, en 1843 ou 1844 par les Foulbe du Massina, et dont les habitants émigrèrent à Goundam, au sud-ouest de Tombouctou.

Le 13 juin, nous avions entièrement contourné l'angle de Bourroum et nous fîmes halte au bas de rochers hauts d'environ 80 pieds. Partout aux alentours, ainsi que sur une île assez considérable du fleuve, étaient établies de nombreuses tribus de Touareg Kel E' Souk, de Rouma et de Sonrhaï, avec lesquels le cheik eut encore tant à faire, que nous continuâmes notre route sans lui, le lendemain. La rive était d'abord garnie de buissons de palmiers d'Égypte et de petits *talha ;* nous rencontrâmes ensuite une nouvelle série de digues de sable, derrière lesquelles s'étendaient des prairies marécageuses, sur une largeur d'un demi mille allemand. Le terrain devenait çà et là plus rocailleux aux environs de la rive, et le paysage, agréablement ondulé, était coupé par une crête de sable et de pierre calcaire, semblable à un mur.

Nous passâmes la nuit dans un camp d'Arabes et de Touareg tellement pauvres qu'ils ne purent rassasier mes compagnons. Le cheik, qui était arrivé sur ces entrefaites et qui n'ignorait pas la misère de ces gens, s'était rendu à une demi lieue plus bas sur le fleuve, pour camper à un endroit nommé Assakan Imbegge. Ce fut là que nous nous réunîmes, le lendemain 15 juin, mais sans poursuivre notre route ce jour là.

Dès que nous eûmes déployé nos tentes, une foule d'individus arrivèrent des camps voisins, comme d'ordinaire en ces contrées. C'étaient des Touareg de la tribu des Tingeregedesch ; ils se distinguaient par leur attitude plus noble et leurs vêtements plus soignés que ceux des autres Touareg ; ils portaient pour la plupart des tuniques composées de bandes noires et blanches cousues ensemble. Quoique nous devinssions bientôt bons amis, ils se tinrent d'abord sur une grande réserve à notre égard, car les Tingeregedesch avaient eu également une sanglante rencontre avec Mungo Park. Ce voyageur avait pris pour règle, bien à contre-cœur sans doute et vu sa position critique, de tirer sur quiconque s'approchait de son bateau ; il ne devait pas ignorer cependant que cette manière de procéder le conduirait inévitablement à sa perte. Les Tingeregedesch avaient ainsi vu périr plusieurs des leurs et me considéraient d'abord avec défiance et mauvais vouloir, jusqu'à ce que je parvinsse à les convaincre que je n'appartenais pas à l'espèce de « bêtes féroces » (*taouakast*) qui caractérisait, à leurs yeux, les Européens en général. Afin de leur inspirer plus de confiance, je leur montrai quelques gravures représentant les diverses races de l'espèce humaine ; ces objets firent grand bruit, surtout parmi les femmes de nos visiteurs, et je suis convaincu qu'il n'en resta pas une au camp des Tingeregedesch, fort éloigné cependant. Elles étaient tellement avides de contempler mes gravures, qu'elles ne bougeaient pas avant de les avoir vues, ce qui leur causait tour à tour du plaisir et de l'horreur. Quand je donnai, comme de coutume, un petit miroir à celle que je jugeais la plus jolie, je fus assez malheureux pour occasionner une violente querelle entre une mère et sa fille.

Notre camp près d'Assakan Imbegge était situé assez haut et sur un terrain aride, presque entièrement dépourvu d'arbres et de buissons. La rive du fleuve y avait un tout autre aspect que d'ordinaire, à cause d'un bas-fond marécageux abondamment couvert d'herbes, qui s'étendait à une distance considérable. Vers l'orient, le regard embrassait, à environ 3/4 de mille, la petite chaîne d'Assegharbou, que nous avions déjà aperçue depuis la veille, et qui s'étendait de l'est à l'ouest en déviant légèrement vers le midi. Elle forme, de ce côté, la limite des pays montagneux d'Aderar, berceau des Aouelimmiden.

Nous quittâmes ce lieu désolé, dans l'après-midi du 16 juin. Nous étions encore à 10 ou 11 milles allemands de Gogo, l'ancienne capitale du royaume de Sonrhaï; nous fîmes ce trajet en quatre jours, y compris celui de notre départ d'Assakan Imbegge, sans que rien de fort remarquable signalât notre voyage. La vallée du Niger gagnait en largeur et était bornée du côté oriental, où nous nous tenions, par le versant, irrégulièrement découpé mais bien dessiné, du pays désert et pierreux qui s'étendait plus haut, dans cette direction. Le plateau s'étendait, de temps à autre, jusque près de la rive, par d'étroits embranchements que nous étions obligés de gravir, tandis que nous marchions sinon dans les bas-fonds qui côtoyaient le fleuve et dont la largeur variait de 1/4 à 1/2 mille. Le plus considérable de ces embranchements était la colline Tondibi, située à environ 3 milles au midi du plus haut sommet des Assegharbou, et à peu près de la même distance de notre camp d'Assakan Imbegge. La contrée riveraine était extrêmement humide et marécageuse à plusieurs lieues au nord et au midi du Tondibi; c'était au point que nous fûmes plusieurs fois entravés dans notre marche; par contre, le sol que nous foulions avec tant de peine, avait l'avantage de tempérer quelque peu l'intensité de la chaleur, devenue, ce jour là, réellement accablante. Toutefois, je crus devoir me tenir pendant quelque temps le long de la limite du désert, à cause des miasmes pernicieux qui s'exhalaient des marécages, ce qui me permit de jouir d'un coup d'œil très étendu sur cette remarquable contrée ainsi que sur notre troupe disparate. Elle se composait d'une trentaine d'individus; quelques-uns étaient à cheval, soit seuls, soit à deux; d'autres étaient à chameau ou s'avançaient tant bien que mal à pied; armés de fusils ou d'épieux, et tous vêtus différemment de tuniques bleu clair ou foncé, ou blanches, ils avaient pour la plupart la tête découverte; sauf un petit nombre d'entre eux, qui portaient des bonnets de coton rouge, ils n'avaient pour toute coiffure que leur épaisse chevelure. Ils marchaient ainsi dans le marécage, choisissant les endroits les plus élevés du terrain, où croissaient des buissons, principalement de palmier d'Égypte.

Le 17 juin, nous fîmes halte près d'une autre colline avancée, fort remarquable et nommée Fagona, située à 5 milles au sud-est du Tondibi ou, pour me servir d'une indication géographique, précisément au point où, selon mes observations, le Niger est coupé par la 17ᵉ parallèle. A la hauteur où je me trouvais, dominant tout le pays environnant, ma tente était visible à une grande distance dans la vallée, et je vis arriver en foule les indigènes des alentours. Presque tous les camps que nous avions vus pendant ces derniers jours, appartenaient à la grande tribu des Kel E' Souk; ceux que nous rencontrions désormais étaient peuplés de Sonrhaï et d'un petit nombre de Rouma, dont quelques-uns montaient à cheval, quoique n'appartenant pas à une race très noble. Les cavaliers étaient assis sur une selle de forme particulière et assez incommode, simplement jetée sur le dos de la monture sans être attachée sous le ventre et pourvue d'un dossier très bas, contrairement à l'usage arabe. Le costume de ces gens était pauvre et rappelait celui des habitants de Bamba et de Rhergo; ils appartenaient en général à la tribu des Ibaouadjiten et se distinguaient par une ignorance plus profonde que d'ordinaire.

Le lendemain, nous descendîmes de la haute digue de Fagona vers un vaste marais s'avançant fort loin dans le pays et très difficile à contourner. Plus loin, nous gravîmes de nouvelles digues de sable, dont les bords étaient garnis d'une abondante végétation; nous y jouissions d'une vue aussi vaste qu'intéressante sur le fleuve couvert de grandes îles plates; on eût cru ne voir qu'une large vallée marécageuse, aux bords escarpés, remplie de laiches et de roseaux, car on ne voyait pas d'eau à certains endroits, tandis qu'à d'autres, s'étalait un labyrinthe d'embranchements et de marais qui s'étendaient dans toutes les directions. Un spectacle plus remarquable encore était celui du fleuve vers le haut, à l'endroit où une anse profonde et marécageuse s'était formée en face de celle que nous avions contournée le matin. La vallée du fleuve était, à cet endroit, large de plus de deux milles allemands, tandis qu'elle ne l'était guère que de 3/4 à 1 1/2 mille près d'Assakan Imbegge. Tout ce que je voyais en ces lieux m'indiquait clairement que la partie courante et navigable de cette région du fleuve, se trouvait du côté de l'Aribinda, c'est à dire sur la rive occidentale.

Descendant, le 19 juin au matin, de notre haut lieu de campement, nous arrivâmes dans une plaine bien boisée où croissaient, parmi les espèces d'arbres propres au pays, quelques exemplaires de l'*hadjilidj*. Après deux milles de trajet, nous rencontrâmes une nouvelle digue, d'une hauteur médiocre, du haut de laquelle nous découvrîmes les cimes des dattiers de Gogo. Heureux d'arriver enfin à cette ville si importante au point de vue historique, je pressai mes lents compagnons qui jetaient déjà leurs vues vers un camp, fort commode du reste, situé à quelque distance dans une autre direction, et qui leur semblait préférable, comme lieu de station, à Gogo, cette cité déchue et à moitié abandonnée. Fort heureusement, il passait entre ce camp et nous un bras du fleuve assez considérable pour former un sérieux obstacle à la réalisation de leurs vœux. Nous continuâmes donc notre route et je remarquai bientôt avec surprise une vaste pièce de terre couverte de sarrasin ; comme je voyais çà et là ensuite des champs cultivés, je me berçai de l'espoir que nous avions une bonne fois quitté le désert pour rentrer dans la zone fertile du Soudan ; malheureusement cet espoir ne devait se réaliser qu'en partie. Aux champs de blé succédèrent des plantations de tabac et, après quelque interruption, des rizières inondées ; à la nuit, nous arrivions dans un misérable village aux huttes de natte : c'était Gogo, la célèbre capitale, autrefois, du grand empire nègre des Sonrhaï.

CHAPITRE V.

LE NIGER DE GOGO A SAI. — RETOUR A KOUKAOUA.

Dans l'obscurité de la nuit, nous nous étions établis en une sorte de place, entourée de huttes hémisphériques en natte et bornée, du côté du fleuve, par un groupe épais de beaux arbres. Vers le midi, s'élevait une haute construction en forme de tour. Curieux de voir au jour l'antique et célèbre ville, je me levai de grand matin, après une nuit de sommeil réparateur; car depuis que j'avais appris, par les manuscrits d'Ahmed Baba, que Gogo fut jadis le centre du vaste empire Sonrhaï, j'avais nourri le plus vif désir de visiter cette historique et remarquable cité, d'où étaient sortis tant de princes puissants et victorieux, et qui avait été la capitale d'un État si considérable.

En sortant de ma tente, je me trouvai justement en face de l'édifice, dont les lignes grossières m'avaient rappelé, dans l'ombre de la veille, les monuments d'Agades. Cette massive tour en ruines était le dernier vestige de la grande mosquée (*Djingere ber*), qui servait en même temps de sépulture au puissant conquérant Mohammed El Hadj Askia; c'était tout ce qu'il restait encore de tant de splendeur et de gloire. La nature seule semblait avoir conservé la richesse à laquelle Gogo devait autrefois une partie de sa célébrité; en effet, toute la place était entourée d'un magnifique rideau d'arbres, parmi lesquels se trouvaient de hauts dattiers, des tamariniers et des sycomores; j'y remarquai même quelques *Bombax*, mais ils étaient peu robustes.

Après avoir joui pendant quelque temps de ce beau spectacle, je me dirigeai, avec mon domestique Schoua, vers le Niger; mais, sortant du fourré d'arbres, je ne trouvai, au lieu du majestueux fleuve, qu'un petit embranchement sans importance qui, se rapprochant beaucoup de la ville, contenait trop peu d'eau pour être navigable. Entre cet embranchement et le fleuve, s'étendait un vaste bas-fond qui n'est couvert d'eau que lors des grandes crues; il se peut que le mouvement y soit alors plus considérable, mais à ce moment je n'y vis qu'un seul bateau convenable, à côté de plusieurs autres plus ou moins hors d'état de servir. Aux endroits les plus élevés du bas-fond ainsi que sur la rive opposée de l'Aribinda, s'élevaient encore quelques huttes, tristes vestiges de l'ancienne splendeur de la capitale, qui s'étendait autrefois jusqu'au delà du fleuve et semble avoir eu une circonférence de trois lieues. Aujourd'hui Gogo n'est guère plus qu'un village et consiste en trois ou quatre cents huttes réunies en groupes épars. Lorsque je revins du fleuve, les femmes sortirent de leurs frêles demeures et vinrent nous entourer en s'écriant gaiement : « *Nassara, nassara, Allah akbar!* » (« Un chrétien, un chrétien, Dieu est grand! ») Toutefois, elles semblaient faire beaucoup plus attention à mon jeune Schoua qu'à moi-même, car elles se mirent à danser autour de lui avec une vivacité réellement séduisante. Quelques-unes d'entre elles avaient les traits assez réguliers, la taille bien prise et les proportions du corps symétriques. Toutes étaient vêtues de même, c'est à dire d'une large pièce de grosse étoffe de laine à rayures bariolées, attachée sous le sein et retombant presque sur la cheville; ce vêtement simple était maintenu par une couple de lisières passant au dessus de l'épaule, ou tout uniment noué par derrière.

Je me dirigeai vers les restes de la grande mosquée, qui formait autrefois le centre de la capitale. Elle se composait, dans l'origine, d'une construction peu élevée, flanquée de deux grandes tours à l'est et à l'ouest; la cour dont s'entourait l'édifice était close par un mur. La tour orientale gisait en ruines; l'autre était encore en assez bon état de conservation mais, loin de briller par sa beauté architecturale, elle ne se faisait remarquer que par la grossièreté de ses formes. Cette tour s'élevait en sept étages dont le diamètre décroissait graduellement, de sorte que le dernier semblait n'avoir qu'un peu plus de 15 pieds de côté, tandis que l'étage inférieur en mesurait de 40 à 50; la hauteur de la tour était d'environ 60 pieds. Malgré la ruine de l'édifice, les habitants de Gogo venaient faire encore leurs prières quotidiennes en ce lieu consacré, où reposaient les cendres de leur plus illustre souverain, et qui formait autrefois le centre de la partie la plus animée de la capitale; actuellement, ces lieux étaient tristes et à moitié abandonnés et rien n'était resté de la vie bruyante de la royale cité qui était en même temps la place commerciale la plus considérable de l'époque. Je retournai dans ma tente, méditant profondément sur les destinées de cette antique métropole, et sur les mystérieux flots des peuples dans cette partie du globe encore presque inconnue, se succédant sans relâche et disparaissant tour à tour, presque sans laisser de traces de leur présence ni des progrès sociaux accomplis.

Ce ne fut que deux jours après notre arrivée, que le cheik nous rejoignit avec plusieurs chefs et personnages notables de la tribu des Kel E' Souk, venus pour s'entretenir avec lui; dans le nombre, se trouvaient le père et le frère d'une jolie fille Tarki, dont j'avais eu la visite au camp de Tinscherifen. Outre mes pourparlers avec ces individus, dont l'influence sur l'esprit public devait me faire désirer leur protection, je m'occupai, quoique avec une lenteur forcée, de poursuivre mes préparatifs de retour; le cheik, de son côté, rédigea une lettre fort remarquable, par laquelle il me recommandait aux chefs dont j'avais à traverser le territoire. Quoique mon séjour à Gogo ne me fût pas ennuyeux, il m'était pénible à cause de la grande chaleur; ce fut donc avec une joie réelle que je vis le cheik obligé de l'interrompre par une excursion vers un camp des Gabero.

Les Gabero, ou Soudou Kamil, formait une nombreuse tribu des Foulbe, qui, établie dans ces parages depuis plusieurs siècles, a adopté la langue des indigènes, par crainte des persécutions des rois Sonrhaï. Après la chute de l'empire de ces derniers, les Gabero jouirent d'une liberté complète et ce n'est que depuis peu que, rangés nominalement sous l'autorité du gouverneur de Saï, ils ont été forcés de reconnaître la souveraineté bien plus oppressive du royaume Poullo de Massina; ce fait fut produit par l'expédition que fit contre eux le gouverneur de Hombori, localité située à quatre journées de leurs établissements, expédition qui leur avait coûté trente hommes dans une rencontre. Ils adressèrent alors au cheik une demande pressante pour qu'il vînt à eux, les couvrant de sa protection politique et sanctifiant par sa bénédiction leur vie privée.

Nous quittâmes donc Gogo, dans l'après-midi du 25 juin et, après une marche d'une couple de lieues à travers la plaine couverte d'arbres et de buissons qui s'étend au sud de l'antique capitale, nous arrivâmes à la rive herbue du fleuve. Passant la nuit dans un petit hameau habité par des Gabero et des Rouma et situé au milieu d'une sorte de marécage, nous continuâmes ensuite notre voyage en longeant les bas-fonds de la rive, où l'on s'occupait, à ce moment, de réparer les petites digues des rizières. Traversant tour à tour de la terre ferme et des espaces de terrains marécageux, nous arrivâmes à un endroit où la rive, haute et rocailleuse, s'avançait dans le lit du fleuve, tandis que des sommets de roc plus élevés s'étendaient du côté des terres, de manière à n'y laisser qu'un passage fort étroit. La rive opposée s'avançant de la même manière, nous avions devant nous un rétrécissement du fleuve, peu considérable du reste, nommé Tinscheran. Avançant encore pendant une demi-lieue sur l'étroit sentier de la rive, nous arrivâmes en face du camp des Gabero, situé du côté de l'Aribinda, sur un promontoire sablonneux, au delà duquel s'étendait une plaine verdoyante offrant au fleuve une rive plus large; de notre côté, au contraire, s'élevaient des rochers hauts de 200 à 300 pieds, précédés d'éminences sablonneuses au vaste horizon, sur lesquelles nous nous établîmes. Les Gabero ne tardèrent pas à traverser le fleuve, nous apportant, en présent de bienvenue, trois bœufs; arrivés auprès de nous, ils se mirent en devoir de nous établir deux cabanes de natte, au cheik et à moi.

Les Gabero sont de beaucoup supérieurs aux Sonrhaï, tant sous le rapport moral que sous le rapport physique; leur costume ne différait guère de celui des Foulbe, mais il était plus complet et généralement moins usé. Les femmes étaient vêtues de la même manière que celles de Gogo. Ces bonnes gens ne se contentèrent pas de la bénédiction musulmane du cheik et, malgré tout ce que je fis pour m'en défendre, je me vis forcé, de leur donner à mon tour la mienne, comme chrétien. J'appris en cette occasion, que plusieurs d'entre eux me connaissaient déjà personnellement, pour s'être trouvés parmi la troupe d'indigènes qui m'avaient prêté un secours efficace à la traversée du dangereux marécage que j'avais eu à franchir précédemment, à quelques milles avant d'entrer dans l'Aribinda.

Nous restâmes pendant quatre jours en cet endroit, nommé Bornou ou Barnou et, malgré mon impatience, je dus y séjourner tout ce temps, contemplant le fleuve tandis que l'air pur que je respirais faisait le plus grand bien à ma santé. La grande largeur du fleuve, à cet endroit, rendit très laborieuse notre jonction à nos amis de la rive opposée; nous eûmes en outre plusieurs orages à essuyer et nous rencontrâmes sur notre passage quelques hippopotames. Parfois ces sauvages animaux grondaient furieusement autour de nous, comme s'ils étaient courroucés de ce que nous venions les troubler dans leurs retraites; le lendemain de notre arrivée, ils effrayèrent nos chevaux qui, paissant sur la rive, se livrèrent à la fuite la plus désordonnée.

D'autres fois, les hippopotames entravaient complétement la traversée par bateaux de l'une rive à l'autre; ils se montraient généralement d'un naturel turbulent et querelleur, surtout le soir et pendant la nuit, lorsqu'ils venaient chercher leur pâture près de la rive. Ces quadrupèdes représentaient presque seuls le règne animal en ces lieux; cependant quelques-uns de mes compagnons aperçurent sur les éminences de roc voisines deux *ar* blancs, sorte d'antilope assez rare dans ces contrées.

Le 1ᵉʳ juillet, à une heure avancée de l'après-midi, nous nous mîmes en route pour retourner à Gogo. Arrivés au delà du rétrécissement de Tinscheran, nous passâmes la nuit dans un camp renfermant plus d'une centaine de tentes de cuir, une quantité de jeunes esclaves et appartenant aux Kel E' Souk; tous ces esclaves, hommes et femmes, étaient entièrement vêtus de cuir, selon l'usage appliqué à ceux des Touareg en général. En quittant ce camp, nous ne rentrâmes pas dans les bas-fonds marécageux que nous avions pris précédemment, mais nous suivîmes, au contraire, la pente de roc qui les bornait vers l'orient et où se remarquaient un grand nombre de crevasses et de cavités. Le cheik étant resté en route, dans un autre camp de Kel E' Souk, j'arrivai seul à Gogo.

Je me mis aussitôt en devoir d'achever sérieusement mes préparatifs de départ. Tous mes amis, voyant que je m'apprêtais à les quitter pour tout de bon, redoublèrent de soins et d'attentions envers moi. J'eus entre autres, ce même soir en prenant le thé (car je m'étais largement pourvu de cette denrée à Tombouctou), un entretien fort animé avec le neveu du cheik, Mohammed Ben Chotar, qui m'était particulièrement attaché et auquel j'exprimai mon vif désir de le voir venir en Europe. Une pareille visite de la part d'un indigène intelligent aurait d'immenses conséquences, au point de vue des relations amicales à établir avec ces contrées; mais des conceptions de ce genre n'entrent guère dans les idées des gouvernements qui, consacrant une couple de cent thalers à quelque voyage d'exploration, ne visent qu'à un résultat brillant et momentané.

Le lendemain matin, comme je respirais l'air frais devant ma tente, selon mon habitude, tous mes amis se réunirent autour de moi, et je dus leur lire plusieurs passages de livres européens, parmi lesquels l'Évangile en grec. L'allemand surtout excitait la curiosité de ces braves gens, qui croyaient reconnaître quelques rapports avec leur propre idiome, dans les dures syllabes de notre langue; mais il y eut chez eux un véritable enthousiasme, lorsque je leur récitai quelques vers que je connaissais par cœur.

Mes domestiques étaient enchantés à leur tour, à la pensée d'un prompt départ, et, lorsque El Bakay vint nous rejoindre, dans la matinée, ils lui firent un accueil magnifique à grand renfort de coups de fusil. Mon noble protecteur lui-même laissait voir clairement l'émotion que lui causait l'idée de notre séparation prochaine. Je passai la soirée avec lui, et notre conversation roula sur la sphéricité du globe ainsi que sur le mouvement du système planétaire, que je parvins à lui faire parfaitement comprendre, quoi qu'il me fallût souvent, pour en arriver là, me mettre en opposition avec certains dogmes du Koran.

Tout était prêt pour le départ, le 5 juillet; mais l'arrivée de Thakkefi, neveu d'Alkouttabou, le chef des Aouelimmiden déjà cité, vint y mettre obstacle; toutefois je fus ravi de cette circonstance, Thakkefi m'apportant un sauf-conduit pour tous les marchands ou voyageurs anglais qui visiteraient, à l'avenir, les domaines d'Alkouttabou. Dans un entretien particulier que nous eûmes ensemble, il me fit savoir que le plus vif désir de son oncle était que les Anglais fissent remonter le Niger par trois bateaux bien équipés, afin d'ouvrir des relations avec lui. Je lui répondis que l'accomplissement de ce vœu était subordonné à la possibilité de franchir les rapides et les récifs du fleuve en aval de Boussa et de Rabba, ce qui ne permettait de prendre aucun engagement à cet égard.

La mission de Thakkefi remplie, rien ne s'opposait plus à notre départ, et le 8 juillet 1854 fut le jour fixé à cet effet. La veille au soir, tout le camp était en mouvement pour nos derniers préparatifs. Quelques-uns des écoliers préférés du cheik devaient m'accompagner, et l'intention d'El Bakay avait même été, dans l'origine, de me faire conduire jusqu'à Sokoto par Mohammed Ben Chotar; malheureusement l'état de santé de cet excellent jeune homme ne permit pas d'y songer. Le cheik lui substitua un autre de ses parents, Mohammed Ben Mouchtar, homme jeune, énergique et intelligent, mais dépourvu de la noblesse de caractère sinon propre à toute la famille. Les autres compagnons qui me furent destinés étaient le Hartani Malek, fils d'un affranchi, qui ne devait venir, ainsi que le précédent, que jusque près de Tamkala; puis Moustapha et Mohammed Daddeb, ce dernier natif de Tombouctou, qui devaient m'accompagner jusqu'à Sokoto; Ahmed El Wadaoui, le plus savant des écoliers du cheik, et enfin Hadj Ahmed, qui devaient tous deux aller jusqu'au Bornou. El Bakay me remit tous les présents qu'ils devaient offrir en son nom aux différents chefs de la route, et me pourvut en outre de tabac et de coton indigènes, pour donner occasionnellement aux Touareg et aux Sonrhaï. Je reçus ensuite de lui des vêtements pour mes domestiques et j'en donnai à mon tour à ceux de ses écoliers qui m'étaient le plus attachés; le fils du cheik, Sidi Mohammed, ayant un peu gâté ses habits pendant notre long séjour à Tombouctou, je me vis forcé de lui donner une magnifique tunique de Sansandi, richement brodée de soie, que j'aurais voulu emporter en Europe, comme échantillon d'un travail fort curieux.

Nous partîmes donc, le 8 juillet. Je fus on ne peut plus charmé, en quittant notre camp de Gogo, de voir se presser autour de moi un grand nombre d'individus qui venaient me dire un cordial adieu et me souhaiter un heureux voyage; Thakkefi me chargea même de présenter ses hommages particuliers à la reine Victoria, dont le nom lui était connu par moi. Nous nous mîmes enfin en route en suivant la plaine située au midi de la ville et qui nous était déjà connue; nous tenant à quelque distance du fleuve, nous fîmes notre première halte à côté d'un camp de Kel E' Souk, à environ 5 lieues de l'ancienne cité royale, endroit où nous devions traverser le Niger, pour continuer notre voyage sur l'autre rive. Je rappellerai ici que les Touareg nommaient « Taramt » tout le pays de la rive gauche, de Tombouctou à Gogo, et « Aghele » ou « Arhele, » tout celui qui s'étend au delà, en aval de cette dernière ville [1].

Mon noble et digne protecteur m'avait encore accompagné pendant cette première journée de marche; le lendemain matin, je devais me séparer de cet homme qui avait su m'inspirer le plus d'estime parmi tous ceux avec lesquels je m'étais trouvé en rapport pendant ce long voyage, abstraction faite de sa lenteur et de son indifférence phlegmatique. J'avais pendant si longtemps vécu avec lui en rapports quo-

---

[1] J'ai la conviction que le nom de « Taramt, » c'est à dire « Aram » avec le préfixe et le suffixe ordinaires des Berbères, remonte à d'antiques établissements de ces peuples dans l'extrême Orient.

tidiens et dans des situations si critiques, que notre séparation devait m'être des plus sensibles.

Il recommanda aux individus qui devaient m'accompagner, de ne pas se quereller entre eux et de suivre mes conseils en toute chose, surtout à l'égard de la célérité de notre marche, attendu qu'il connaissait mon impatience de rentrer dans mon pays. Il me donna ensuite sa bénédiction et m'assura que je pouvais compter désormais sur un heureux retour. Mohammed Ben Chotar, auquel son indisposition ne permettait pas de m'accompagner davantage, ne me quitta que lorsque je fus embarqué, de même que Sidi Mohammed, le fils du cheik. Arrivé sur l'autre rive, et selon le désir d'El Bakay, je tirai un coup de fusil en signe de dernier adieu.

Le fleuve était, à cet endroit, rempli de bancs de sable qui en facilitèrent beaucoup la traversée à mes chevaux et à mon chameau, quoiqu'ils eussent néanmoins un canal très profond à franchir avant d'arriver à la rive sud-ouest. L'endroit où j'atteignis cette dernière, portait le nom de Gona, identique à celui d'une localité célèbre chez les Mandigues mahométans ou méridionaux, par ses écoles et la science qui s'y enseigne. Les digues de sable de la rive étaient garnies d'un beau rideau d'arbres et offraient trois routes vers l'intérieur; la plus importante de ces dernières est celle qui conduit vers Dore, le chef-lieu du Libtako; elle se rejoint au chemin qui conduit de Bourre (au midi d'Asongho) également à Dore, près du vaste amas d'eaux mortes se reliant au Niger et semblable à un lac, nommé Chalebleb. Ce ne fut qu'à une heure avancée de l'après-midi que nous pûmes quitter Gona, Ahmed El Wadaoui, l'écolier préféré du cheik, ayant encore été appelé, par ce dernier, sur la rive opposée, nous ne fîmes ce jour là que 1 1/2 mille de chemin. Nous nous tenions le plus près possible du fleuve, ce qui nous obligea parfois de gravir les hauts promontoires de la rive. Nous vîmes, près d'une île nommée Berta et qu'un étroit canal séparait de la terre ferme, beaucoup de crocodiles et d'hippopotames ; ce fut pour nous un curieux spectacle que celui d'un hippopotame femelle de taille énorme, sortant à moitié de l'eau et poussant en avant son petit, tout en le protégeant contre quelque ennemi. Nous y vîmes aussi de nombreux *sangouaï* se chauffant au soleil sur les bancs de sable, mais s'élançant dans l'eau à notre approche, trop rapidement pour qu'il me fut possible de les observer de plus près.

Ce premier jour de voyage sur la rive droite du Niger, faillit être marqué par un malheur. Comme nous gravissions une éminence de terrain rude et couverte de broussailles, un serpent venimeux s'élança tout à coup vers l'un de mes domestiques qui me suivait de près, à cheval ; fort heureusement, un autre de mes compagnons aperçut au même instant le dangereux reptile et le tua avant qu'il eût eu le temps d'atteindre sa victime. Ce serpent n'était long que d'environ 4 1/2 pieds sur 1 1/2 pouce de grosseur.

Lorsque nous arrivâmes au rétrécissement de Tinscheran, nous n'y retrouvâmes plus nos amis, les Gabero, dont les camps nombreux animaient naguère toute cette partie de la rive ; ils avaient transporté leurs tentes à une demi lieue plus bas, sur l'île Bornougoungou, située entre un grand bras du fleuve et un petit torrent tombant en cascade du haut d'un récif. Nous fîmes halte au même endroit et je distribuai quelques présents à mes domestiques, afin de m'assurer leurs bons services dans la suite du voyage.

Le principal était, pour moi, d'avancer avec plus de rapidité qu'auparavant; mais la crainte que j'avais eue, de voir la paresse innée des écoliers du cheik, entraver souvent ma marche, se confirma dès notre halte suivante, près de Douniame [1]. A cet endroit, nous devions être rejoints par un guide Gabero, chargé de nous conduire jusqu'à Saï; comme il n'arrivait pas, et que nous n'avions, pour le remplacer, qu'un Kel E'Souk, nommé Mohammed, qui ne pouvait aller à beaucoup près aussi loin, j'eus beaucoup de peine à décider au départ mes compagnons de Tombouctou. Dans la suite du voyage, les prétextes de retard ne leur manquèrent pas; tantôt c'étaient les petits obstacles que nous rencontrions en route, ou quelque orage qui nous avaient assaillis; tantôt, au contraire, c'était la commodité d'une station ou l'hospitalité dont nous étions l'objet, qui les empêchaient d'avancer. Ils allèrent même, une certaine fois, jusqu'à cacher un de leurs chameaux, le disant perdu, afin de me forcer à rester un jour de plus dans un endroit où nous étions bien traités. Toutefois, ils trouvèrent constamment en moi un adversaire inébranlable, et ce stratagème ne leur réussit pas; quoi qu'il en fût, nous ne fîmes que rarement plus de 3 3/4 milles de chemin par jour.

De même que je m'efforçais d'exciter les indolents écoliers de mon brave et lent ami El Bakay, à me suivre le plus rapidement possible le long du fleuve, je dois demander au lecteur de m'accompagner en pensée plus rapidement, à son tour, dans mon voyage rétrograde. Après l'avoir initié à toutes les particularités de la rive du Niger, dans notre longue marche depuis Tombouctou jusqu'à Gogo, et au delà du

---

[1] Ce nom signifie « abreuvoir » et provient de ce que la rive, échancrée à cet endroit entre les digues de la vallée du Niger, donne un accès facile tant vers le fleuve que vers l'intérieur des terres.

fleuve, j'ose croire qu'il possède une idée suffisante de la vallée où s'étend cette puissante artère de la Nigritie occidentale; je craindrais de devenir importun en m'étendant davantage sur notre trajet à travers d'humides marécages, le long de la rive ou sur des digues et des crêtes de roc.

Cette vallée conserve en général pendant toute la suite de mon voyage le même caractère que précédemment, c'est à dire la forme d'un bas-fond, large en moyenne de 1 à 1 1/2 lieue, borné par une rangée de digues ou une raide pente de rocher, haute parfois de 300 pieds, tantôt battue par les flots du fleuve, tantôt laissant entre elle et quelque embranchement de ce dernier un promontoire sablonneux ou marécageux. C'est dans ce lit que roule le mystérieux Niger, enserrant le plus souvent de longues îles verdoyantes dont les parties les plus hautes, de niveau avec la rive à laquelle elles se reliaient autrefois, émergent seules des flots; lors des grandes crues, le fleuve remplit ce vaste lit tout entier et le dépasse même à certains endroits où la rive offre un passage plus facile à ses eaux débordées. A cette époque il n'en était pas ainsi, et une végétation magnifique couvrait les parties laissées à sec, au point de dissimuler parfois complétement l'étroit canal laissé au fleuve et de présenter aux regards trompés l'image d'une épaisse *faddama*. Aux endroits où apparaissait de nouveau le courant, il s'avançait avec une vitesse modérée, lorsqu'il n'était contrarié par d'abrupts récifs ou des masses de roc ; sur de rares points, il formait des rapides assez violents pour y rendre la navigation impossible ; mais partout ailleurs ses eaux profondes et presque nulle part guéables, formaient une magnifique voie liquide, aisée à explorer, mais malheureusement en vain.

Nous connaissons donc le Niger au nord et au midi de

Gogo ; mais si nous examinons son cours jusqu'aux villes de Garou et de Sinder, nous lui voyons un lit plus pierreux. Il en résulte, pour le fleuve lui-même, un nombre beaucoup plus considérable de rapides et de masses de roc s'élevant au milieu des eaux; la conséquence en est, pour le sol riverain, la fréquence moindre, au contraire, à l'époque de la décrue, de marécages d'une certaine étendue, entre la rive normale et la rive extrême du fleuve; en effet, ce ne fut que le second jour après notre passage près de Gona, que nous rencontrâmes une vaste plaine marécageuse, large de plus d'une demi lieue et couverte d'arbres.

Une autre conséquence de la nature rocailleuse du pays où le fleuve doit se frayer une voie, est la division fréquente de ce dernier en de nombreux embranchements entre lesquels s'étendent généralement de longues îles. Le premier endroit remarquable sous ce rapport, fut celui nommé Adar N Dourren, situé à 8 milles en aval de Gona. Le fleuve, coupé à peu de distance par une île et par plusieurs récifs, y formait pour la première fois un cours d'eau régulier d'une certaine largeur; c'était là que traversaient ordinairement les voyageurs se rendant de l'Asaouad au Libtako par Kourouman. Le vaste courant, se divisant ensuite en quatre étroits embranchements, formait un de ces points difficiles où le voyageur ignorant des lieux, ne peut que s'en rapporter à sa bonne étoile pour juger du côté où il croit pouvoir risquer son esquif et sa propre sécurité. Mungo Park, qui passa en cet endroit, eut la bonne chance de choisir le bras oriental ; de ce côté, il n'eut du moins à lutter que contre les riverains du côté du Haoussa, les Idan Moussa, qui l'attaquèrent avec fureur ; si cet homme intrépide eût, au contraire, poussé son embarcation dans l'un des deux embranchements occidentaux, il eût infailliblement succombé aux obstacles que la nature elle-même avait semés sous ses pas [1]. En effet, ces deux embranchements n'en forment bientôt plus qu'un seul, qui sépare de la rive droite l'île herbue d'Ansongho, longue de quatre milles. Partout où mes regards pouvaient plonger dans cet étroit bras du fleuve, je ne découvrais que les rocs et les récifs les plus dangereux, qui s'élevaient au dessus des eaux. Ce que j'y remarquai de plus extraordinaire était une haute masse de rocher formée par couches et pareille à une tour en ruines, tandis que l'île elle-même en portait d'autres semblables; la hauteur pouvait en être de 70 à 80 pieds. Plus loin c'était, à un endroit du nom de Tasori, un récif qui traversait le lit du fleuve d'une manière continue, apparaissant alors au dessus de l'eau, tandis qu'il semblait n'exister de communication entre les deux parties du fleuve qu'il séparait entre elles, que par un étroit canal latéral à l'île. A 2,000 pas au dessous de ce récif, s'élevaient de nouveaux obstacles, et le fleuve devait se frayer un passage à travers des masses de rocher considérables, qui s'élevaient à 35 ou 40 pieds au dessus de ses flots écumants; cet embranchement occidental, passant ensuite entre des rochers et des récifs rendus plus apparents dans leur sauvage désordre par le peu de hauteur des eaux, allait rejoindre l'extrémité de l'île pour se réunir de nouveau pendant quelques instants à l'embranchement oriental. Cet endroit forme le passage de Bourre, village Sonrhaï situé sur la rive Haoussa, et la largeur du Niger peut y être, sur certains points, de 1,200 à 1,500 pas.

[1] Quelque temps avant de périr dans les rapides de Boussa, Park s'était engagé dans un de ces défilés de roc et n'avait pu conjurer la mort que par des efforts extraordinaires.

Le fleuve cependant ne roule guère paisiblement ses ondes majestueuses que sur un espace de 3/4 de mille. En effet, tandis que l'on aperçoit à peu de distance de la rive les éminences Ayola et Tikanasiten, du côté Haoussa, le lit du fleuve ne tarde pas à se remplir d'îles et de récifs formant, pendant plusieurs milles et sur une largeur de 1 à 1 1/2 lieue, un labyrinthe de canaux et de rapides tel que, vu à distance, le fleuve semble avoir complétement disparu. A l'endroit où finissent ces rapides, nommé Tiboraouen, le courant pouvait avoir une force de six milles marins à l'heure.

Jusqu'à Sinder, on rencontre encore des séries d'obstacles, répandus, il est vrai, sur une moins longue étendue. Ce qui est remarquable, en route, est le cap Em N Ischib ou Em N Aschid (« cap des ânes ») qui, s'avance tortueusement dans le fleuve, et au delà duquel ce dernier se couvre, sur une largeur d'un mille allemand, de rochers et d'îlots; tout aussi curieux sous le même rapport, est le delta qui forme l'embouchure de la rivière Goredjende dans le Niger. Il semble cependant qu'il y ait, le long de la rive gauche, même aux endroits les plus dangereux, un courant praticable, où de petites embarcations pourraient passer. moyennant un sondage effectué avec habileté.

Tel fut l'aspect de la partie du Niger que nous suivîmes, du 11 au 21 juillet, pour nous rendre à Sinder. Dès les premiers jours de notre voyage sur la rive droite, des nuées de sauterelles, que le vent poussait vers nous, annoncèrent l'approche de contrées fertiles, mais il nous fallut encore plus d'un jour de marche pour arriver à des régions susceptibles de culture. Toutefois nos regards rencontraient déjà de beaux arbres, tels que le *siwak*, le *talha*, le *gherred*, et le sol plus élevé se couvrait même assez fréquemment d'un épais tapis de verdure; c'étaient, outre la plaine marécageuse de Soungaï, déjà citée, quelques petits vallons qui s'ouvraient, à l'extrémité de cette dernière, du côté du fleuve. L'île Asongho offrait, vers sa partie méridionale, outre de belles prairies, des palmiers d'Égypte et des tamariniers; à quelques lieues plus bas, nous rencontrâmes, près d'un village de Foulbe situé en face de la montagne Ayola, les premiers champs de quelque importance; ils étaient semés de sarrasin.

L'aspect du pays devint déjà meilleur, du 16 au 18 juillet, époque à laquelle nous nous trouvions entre 15° et 16° lat. sept.; le sol, plus accidenté, commença à se couvrir de prairies, entrecoupées cependant, sur d'assez larges espaces, de parties de terrain rocailleux. Nous traversâmes plusieurs lits de torrents, alors desséchés, dont l'un, nommé Galindou, paraît être le prolongement du Bouggoma, que nous avions franchi si péniblement près de l'Aribinda, en nous rendant à Tombouctou. A une couple de lieues plus bas, se jetait dans le Niger la petite rivière Bitib, large alors de 25 pieds seulement sur 1 1/2 pied de large et traversant une jolie et fraîche vallée. Les arbres devinrent alors plus abondants et le pays plus montueux; nous vîmes apparaître le *korna* et l'*hadjilidj* et, après avoir traversé une magnifique vallée dont le principal ornement consistait en quelques tamariniers, nous arrivâmes au rapide, déjà nommé, d'Em N Ischib, endroit où un petit cimetière indiquait l'ancien séjour des Imeliggisen.

La marche suivante nous conduisit bientôt dans une forêt épaisse où je revis, pour la première fois depuis longtemps, le *baobab* et à laquelle succéda une nouvelle zone de pays aride, large d'un mille; toutefois, nous campâmes, le soir, dans un joli vallon près duquel nous découvrîmes, derrière un beau rideau d'arbres, une petite rivière, assez considérable pour la saison. C'était le Goredjende, rempli de crocodiles et non guéable, même en cette saison, de sorte qu'il nous fallut chercher un point de passage vers son delta, où il se partage en plusieurs bras, dont le plus grand est large d'au moins 75 pas, sur une profondeur de 2 1/2 pieds.

Cet affluent du Niger signalait notre entrée dans un pays peuplé et bien cultivé. Jusqu'à ce moment nous n'avions rencontré que peu d'établissements fixes, quoique la rive opposée semblât en offrir davantage; nous n'avions guère vu, sous ce rapport, que çà et là quelque hameau Sonrhaï sur l'une ou l'autre île et la station de Foulbe, complétement isolée, que j'ai citée plus haut. Le pays que nous avions ainsi parcouru nous avait semblé être le domaine de tribus Touareg nomades, mais dès lors il changea complétement d'aspect. Les îles étaient bien boisées ou, comme celle nommée Ayorou, couvertes de huttes et de champs où les indigènes se livraient aux travaux de la culture; toutefois il n'y était pas encore question de rapports paisibles, et chaque laboureur portait, outre sa houe à la longue queue, un arc et des flèches pour sa défense personnelle. A une couple de milles au dessous de l'embouchure du Goredjende, se trouvaient l'île et le village Kendadji avec ses 2,000 habitants qui quittaient chaque soir en grand nombre la terre ferme dans des canots, pour rentrer dans leur retraite battue par les flots du Niger. En face de cette dernière s'élevaient, dispersées, au pied de la colline Warba, haute de 500 pieds, les huttes d'un village de Foulbe, autour desquels des chevaux nombreux ainsi que des troupeaux de bœufs et de chèvres témoignaient de la richesse des habitants. Le voisinage de la rive était couvert de champs soigneusement ombragés et étroitement agglomérés; nous y rencontrâmes un large et commode chemin bien battu. Tout, en ces lieux, formait un contraste des plus étonnants avec la contrée aride que nous venions de traverser, et je fus réellement surpris de constater une telle abondance de population, surtout lorsque, après une couple de lieues de trajet, nous rencontrâmes de nouveau trois gros villages s'élevant sur autant d'îles; le plus considérable était Fitschile, où régnait la plus grande activité. Ce qui me fit le plus de plaisir, fut de voir le fleuve couvert de nacelles, tandis que son cours, pendant la plus grande partie de notre voyage, était resté vierge de tout mouvement humain.

Nous nous rapprochions de plus en plus de la double ville de Garou et Sinder, la localité la plus considérable en deçà de Saï. A quelques milles en amont, nous rencontrâmes plusieurs villages de Touareg fixes appartenant à la tribu des Eratafani ou Rhatafan, dont les destinées doivent avoir été extrêmement remarquables. Les Rhatafan étaient, dans l'origine, des Arabes purs, qui pénétrèrent vers l'occident lors de la grande immigration des tribus arabes d'Égypte, et portèrent, vers le milieu du xie siècle, la dévastation dans les plus belles contrées de l'Afrique septentrionale. La tribu des Rhatafan se confondit alors avec d'autres tribus, devint peu à peu berbère et finit par s'avancer jusqu'aux bords du Niger. Leur puissance était naguère encore considérable, puisque l'aïeul du chef actuel s'empara de toutes les villes jusqu'à Saï; mais après qu'il eut été tué par son neveu et compétiteur, la force de la tribu disparut avec sa domination.

Avant d'arriver à Saï, nous fîmes halte dans une large excavation de la rive où pénètrent, à l'époque des crues, de vastes quantités d'eau ; nous nous y reposâmes à l'ombre d'un magnifique bois de palmiers d'Égypte mêlés de tamariniers et d'*hadjilidj*, qui faisait ressembler ce bas-fond à une île de verdure. La rive devenait de plus en plus unie et, par conséquent, marécageuse, de sorte qu'aux environs de Sinder, nous vîmes reparaître la culture du riz. Ce n'était plus que sur des points isolés que nous voyions se former de petites éminences; du haut de l'une d'elles, nous eûmes une assez belle perspective du fleuve, dont un embranchement, formé par une nouvelle série d'îles, renfermait encore des rapides et des rochers. Un grand bateau, long de 35 pieds et pourvu de six rameurs, nous indiqua cependant, en passant rapidement devant nous, que, même à l'époque des plus basses eaux, la navigation n'était pas complétement interrompue sur ce point.

Nous avions longtemps cherché vainement Sinder du regard, lorsque enfin, du haut d'une nouvelle série d'éminences, nous découvrîmes une quantité considérable de huttes s'étendant sur une ou deux îles et appartenant aux deux villes insulaires de Garou et Sinder. L'une et l'autre s'élevaient à l'extrémité méridionale de deux îles voisines, séparées seulement par un étroit canal; peuplées de Foulbe et de Sonrhaï vivant en commun, elles pouvaient renfermer ensemble, de 16,000 à 18,000 habitants. Le fleuve, à cet endroit, est couvert d'îles assez grandes et toute sa vallée peut bien n'y avoir pas moins de 3 à 4 lieues de largeur; très fertile, elle est, comme l'indiquent les chiffres que je viens de citer, abondamment peuplée. Garou et Sinder sont deux localités de la plus haute importance pour l'Européen qui veut explorer le Niger supérieur; car c'est à partir de là qu'il doit se prémunir contre, de plus grandes difficultés de la part des indigènes et se pourvoir d'une quantité de blé suffisante pour aller jusqu'à Tombouctou. Sinder est le grand marché aux céréales de toute la contrée, et on y trouve en tout temps du millet en abondance; pendant mon voyage, on y exportait de grandes quantités de riz vers les provinces de Saberma et de Dendina. Malgré la forte demande, le prix des céréales est très bas à Sinder; c'est ainsi que j'y achetai une demi *sounnie* (soit environ 200 livres) de blé, pour un morceau de coton teint que j'avais acheté à Gando pour 1,050 coquillages, ou à peu près 20 silbergros.

Je reçus la visite d'un grand nombre d'indigènes, qui se conduisirent, en général, fort amicalement envers moi. Dans le petit faubourg où nous nous étions campés, demeurait un célèbre *faki*, nommé Mohammed Saleh, qui avait appartenu, dans l'origine, à la tribu des Gabero. Ce ne fut pas avec une médiocre surprise que je m'aperçus que cet homme était parfaitement au courant de toute mon histoire; m'enquérant du moyen par lequel il avait pu la connaître, j'appris qu'un pèlerin, qui avait descendu le fleuve en bateau, peu de temps auparavant, avait raconté aux indigènes tous mes faits et gestes à Tombouctou. Ce fut également de ce *faki* que j'appris l'état où se trouvait alors le Haoussa; entre autres choses, il me dit que Daoud, le turbulent prince du Saberma ou Serma, battu par Abou 'L Hassan, le gouverneur Poullo de Tamkala, s'était réfugié à Yalou, la capitale de la province voisine de Dendina, où il continuait à soutenir ses prétentions. Sur ces entrefaites était arrivé d'Argoungo, résidence du prince du Kebbi, l'*emir el moumenin* Aliou, que ses goûts paisibles et une dispute avec Chalilou avaient fait retourner d'où il venait, sans qu'il eût fait rien d'un peu important. Le *faki* m'apprit aussi que le soulèvement des Dendi n'ayant pas cessé, la route de Tamkala à Fogha était moins sûre que jamais, mais que, par contre, une partie du Maouri était rentrée dans l'obéissance.

J'aurais bien désiré visiter Sinder, mais me sentant indisposé, je crus, non sans d'autres motifs encore, mieux faire de rester où j'étais ; en effet, l'état de dépendance du gouverneur de cette ville, envers celui de Saï, n'était que fort incomplet, et les environs étaient infestés de Touareg, principalement de race croisée, dont la présence me fit juger prudent de ne pas trop m'écarter de mon bagage; je remis donc un petit présent à mes amis de Tombouctou, en les priant d'aller l'offrir de ma part au chef de la ville. Mes envoyés furent parfaitement reçus par ce dernier, qui vint même à leur rencontre jusqu'à mi-chemin de Sinder et de Garou.

Après avoir pris une journée de repos devant Sinder, nous poursuivîmes, le 25 juillet, notre voyage vers Saï ; nous effectuâmes en huit jours le trajet qui nous restait à faire et qui était de 25 à 30 milles allemands. Ce qui éveilla d'abord notre attention, tandis que nous suivions toujours la rive du Niger, furent quelques jeunes buissons de palmiers couverts de fruits, à peu de distance de l'endroit où nous venions de camper. Il s'éleva alors une discussion entre mes domestiques et mes compagnons de Tombouctou, qui prétendaient que c'étaient des palmiers oléifères, tandis que les premiers soutenaient que c'étaient, au contraire, des dattiers. Cette dernière opinion était la bonne, car le palmier oléifère ne croit pas à une certaine distance de la mer ou tout au moins d'un amas d'eau salée ; c'est ainsi que, de tout mon voyage dans l'intérieur de l'Afrique, je ne le rencontrai que dans la vallée au sel de Fogha.

Au delà de Sinder, le fleuve était toujours plein d'îles bien boisées, parmi lesquelles se trouvait celle de Neni, remarquable comme lieu de naissance du grand roi de Sonrhaï, Hadj Mohammed, le fondateur de la dynastie indigène des Askia. Au dire du *faki* Mohammed Saleh, qui m'accompagna quelque temps, il existerait encore plusieurs princes de cette royale famille, vivant à Darghol, l'établissement principal des Sonrhaï indépendants, sur l'importance desquels le *faki* me donna de nombreux détails. C'était un homme si affectueux et si expansif, que je regrettai bien sincèrement de ne pouvoir explorer en sa société tout le territoire des Sonrhaï indépendants.

Comme au nord de Sinder, le pays situé au midi de la ville insulaire était bien cultivé et fort peuplé; toutefois le sol devint un peu plus onduleux, offrant un aspect charmant par les hautes herbes et les beaux arbres dont il était couvert. Les espèces dominantes étaient le *baobab*, formant parfois des groupes considérables, le *talha*, le *kalgo* aux nombreux exemplaires et les divers autres genres que j'ai cités en dernier lieu. Quoique les populations fussent toujours composées de Sonrhaï, de Touareg et de Foulbe mêlés, ce dernier élément commençait graduellement à prédominer. Les Touareg appartiennent pour la plupart à la tribu des Rhatafan; toutefois il s'en trouvait quelques-uns de celle des Kel E' Souk parmi la population, également mélangée, du village Asemay, situé à environ 5 milles en aval de Sinder.

A quelques lieues au delà de ce village, nous passâmes une petite rivière, nommée par les Touareg « Tederimt » (sinon « Jali »), dont les bords escarpés nous causèrent quelque retard dans notre marche; elle n'était large, d'ailleurs, que d'une vingtaine de pieds sur un de profondeur. Quelque peu importante que fût cette petite rivière en elle-même, elle l'était plus ou moins pour moi, en ce sens que j'y entendis de nouveau pour la première fois le salut habituel des Haoussaoua, m'annonçant mon retour dans une contrée à laquelle j'avais voué une grande préférence. A un mille plus loin, je vis, au bord du Niger, le petit village Bosse, dont les huttes n'étaient plus construites à la manière des Sonrhaï, mais, au contraire, dans le style des Haoussaoua. Les habitants, qui étaient idolâtres, leur chef y compris, ne nous en firent pas moins un fort bon accueil et se pressèrent autour de moi pour me demander ma bénédiction.

Laissant à quelques milles à notre droite la ville de Larba ou Laraba, dont j'ai parlé, lors de mon voyage vers Tombouctou, comme d'une localité habitée par des gens turbulents et querelleurs, nous pénétrâmes dans une contrée beaucoup moins peuplée et presque dépourvue de culture; j'appris plus tard que cette zone moins heureuse s'étendait sur une largeur de 5 à 6 milles. Toutefois cette apparente stérilité n'était pas due à la nature du sol, car il était bien boisé et couvert même d'une certaine abondance de menue végétation. Nous rencontrâmes alors la rivière Sirba, qui nous est déjà connue et que j'avais traversée précédemment près de Bossebango. Voisine, en cet endroit, de son embouchure, elle n'était que d'une profondeur médiocre et s'étendait dans un lit rocailleux, large d'une cinquantaine de pas et d'un aspect si sauvage, que je doute fort qu'au temps des crues, la rivière puisse être traversée sur ce point. Au Sirba succéda bientôt une autre rivière moins considérable et bordée de beaux arbres.

Sauf quelques séries de collines, le pays riverain du Niger était resté plat jusqu'alors et la vallée du fleuve n'avait pas eu de limite nettement dessinée comme jusqu'à près de Sinder où, ainsi que nous l'avons vu, elle était marquée, à peu d'exceptions près, par le versant, plus ou moins abrupt, du plateau voisin. Au delà du Sirba, nous vîmes se multiplier les élévations du sol et nous ne tardâmes pas à rencontrer une série de collines continue qui bornait la vallée du fleuve, comme dans sa partie supérieure. Les conditions où se trouvait la rive gauche étaient autres, pour autant qu'il me fût possible d'en juger ainsi. De ce côté, s'était déjà formée avant Sinder une suite de hauteurs qui s'étendait sans interruption, pendant 17 à 18 milles allemands, vers le S. S. E., en suivant le courant du fleuve à peu de distance ; c'était la chaîne de Bafele où Fatadjemma. Ce n'était que vers son extrémité S. S. E., c'est à dire près de l'endroit où elle domine l'importante ville Sonrhaï de Farma ou Karma, qu'elle s'élevait, raide, à une hauteur considérable que j'évaluai à 800 ou 1,000 pieds, formant trois groupes de montagnes séparés ; ces trois groupes se nommaient respectivement, en commençant par celui du Nord, Bingaoui, Wagata et Boubo. Au pied de celui du milieu s'étendait le village Tagabata, et, près des extrémités méridionales de la chaîne, se trouvaient cinq autres villages Sonrhaï étroitement agglomérés.

En face, c'est à dire sur la rive droite, où nous nous trouvions, s'élevait l'endroit nommé Senou Debou, habité en communauté par des Foulbe et des Sonrhaï, desquels prenait son nom la chaîne de collines bornant de notre côté la vallée du fleuve. Comme nous traversions un fourré, peu s'en fallut que nous n'en vinssions aux mains avec les indigènes ; voyant de loin nos six cavaliers armés, ils nous avaient pris pour des ennemis et nous observaient au nombre de plus de cent ; fort heureusement, ils s'aperçurent de leur erreur tandis qu'il en était temps encore. Ces gens, habitants de Debou, n'étaient vêtus, pour la plupart, que d'un tablier de cuir, quoiqu'une partie d'entre eux fussent Foulbe ; leur armement se composait généralement d'épieux, d'arcs et de boucliers ronds en cuir d'éléphant, auxquels se joignait encore souvent une hache de combat.

Heureux de l'issue de cette aventure qui eût pu, vu notre infériorité numérique, nous coûter la vie à tous, nous continuâmes notre route et je fus bientôt surpris de rencontrer une grande étendue de pays couverte de plantations de coton ; le sol des digues de sable, moins favorisé, était lui-même couvert de belles semailles. A partir de cet endroit jusqu'à Saï, le pays redevint, autant que le permettait le terrain, l'objet d'une excellente culture, et nous y rencontrâmes à plusieurs reprises de nouvelles plantations de coton. Les villages se multipliaient naturellement en raison de l'amélioration du sol ; à partir de la petite ville de Birni, nous rencontrâmes pendant plusieurs milles des villages se succédant à fort peu de distance.

Cette petite localité est remarquable encore sous un autre rapport ; en effet, lorsque nous en approchâmes, le chemin qui suivait la rive semblait être coupé. La chaîne de collines qui s'étendait à notre droite, s'avançait fort près d'un groupe de rochers très voisin du fleuve ; arrivés un peu au delà, nous nous trouvâmes dans un espace en fer à cheval, formé par les collines qui se repliaient vers le fleuve, ne laissant qu'un passage très étroit entre elles et un pic isolé, situé tout à fait contre la rive. Sur la pente de cette espèce d'amphithéâtre qui portait le nom de Saregorou, s'élève la petite ville de Birni, qui, malgré l'état de délabrement de ses demeures, offrait un aspect extrêmement pittoresque. Comme l'indiquent les noms de l'endroit et de la ville [1] et le démontre la description des lieux, ce point est de la plus haute importance pour la domination du fleuve et la défense du pays. Ce fut là qu'eut lieu, en 1844, une rencontre entre les Foulbe et les Touareg, qui avaient entrepris, sous leur chef Sinnefel, une expédition piratique, rencontre où les premiers subirent une terrible défaite, à la suite de laquelle Sinnefel s'avança jusque sous les murs de Saï.

Birni, qui est exclusivement peuplé de Foulbe, marque ensuite l'extension de la domination de cette tribu envahissante sur cette partie du Niger, non seulement sous le rapport politique, mais encore au point de vue idiomatique; car, à partir de cet endroit, toutes les populations Sonrhaï vivant en amont, parlent la langue des conquérants.

Notre sentier passait, le long du fleuve, entre des fermes et des villages nombreux. A notre droite s'élevaient des pics et des sommets isolés entrecoupés de nombreux cours d'eau et étalant leurs blocs de rocher, aux crevasses garnies d'arbres. Plus loin nous vîmes des éminences abruptes, composées de gneiss et de grunstein, s'avançant jusqu'au fleuve, qui passait majestueusement auprès d'elles. Souvent le sentier n'avait plus qu'une largeur de quelques pieds, ce qui nous obligeait de marcher près de la rive agréablement

[1] « *Birni* » ainsi que « *sare* » signifient « ville » ou « fortification ; » « *gorou* » se traduit par « fleuve » ou « cours d'eau ; » « le nom de « Sare Gorou » équivaut donc à « fortification du fleuve. »

ornée de *dounkou*, dont le feuillage vert sombre contrastait magnifiquement avec les rochers blancs qui en formaient le fond. Un peu plus loin, nous rencontrâmes dans le roc une solution de continuité qui lui prêtait l'aspect d'une montagne en ruines; puis il reprit, mais avec moins de régularité dans ses couches et de plus fréquentes dépressions. Nous ne tardâmes pas à devoir abandonner la rive du fleuve, car devant nous s'étendait une vaste masse de montagnes imprimant une direction tout à fait méridionale au Niger, qui, à peu près depuis l'embouchure du Sirba, avait dévié du S. S. E. vers le S. E. C'est en continuant à suivre la direction du midi, qu'il passe à Saï.

Ne pouvant donc plus suivre la rive, nous gravîmes le versant du promontoire, partout couvert de belles semailles. Nous fîmes halte à un endroit d'où nous avions une vue étendue sur le fleuve, que bornaient au sud-est des éminences considérables, tandis que nous le dominions déjà nous-mêmes d'une hauteur de 500 pieds. Mes domestiques ayant découvert, au dessous de l'endroit où nous étions campés, une source jaillissant du flanc du rocher, je les suivis pour la rareté du fait, mais ce ne fut qu'avec peine que je pus regagner notre gîte; ayant éprouvé, pendant les dernières semaines, de fréquents accès de fièvre, j'étais dans un véritable état de prostration.

Le lendemain matin, nous nous remîmes en route pour effectuer notre dernière journée de marche avant d'arriver à Saï, encore éloigné de 4 1/2 milles; nous gravîmes le sommet de la montagne, haut d'environ 700 pieds, pour arriver sur un plateau couvert d'herbes et de buissons, parmi lesquels le *gonda*, que je n'avais plus rencontré sur le Niger supérieur, et garni de vastes champs de blé. Nous nous tînmes près du bord oriental de ce plateau, dont le niveau déclinait constamment; passant alors devant une couple de villages, nous redescendîmes, pour effectuer le dernier tiers de notre marche vers Saï, dans la marécageuse vallée du fleuve, dont nous suivîmes la limite occidentale jusqu'à ce que nous arrivâmes en face de la ville.

Il me reste maintenant à dire quelques mots sur le caractère du Niger depuis Sinder jusqu'à Saï. Cette partie du fleuve se distingue de celle qui la précède, principalement par l'absence des écueils qui, plus haut, en interrompent si fréquemment le paisible cours. Je ne vis plus de rapides et je ne rencontrai d'autres rochers qu'en face de Birni. Les îles, pour la plupart boisées et bien peuplées, étaient devenues aussi rares que peu considérables et ne s'étendaient plus en groupes entravant sur une grande largeur le cours du fleuve. L'écartement des deux rives était devenu beaucoup plus régulier et pouvait être, en moyenne, de 2,500 à 3,000 pas. Quant aux séries de collines bornant la vallée du fleuve, j'en ai déjà entretenu le lecteur.

Ce fut le 30 juillet, un peu après midi, que je revis Saï, d'où j'étais parti, plus d'une année auparavant, le 24 juin 1853, pour Tombouctou; mais combien s'était, depuis lors, modifié l'aspect de la ville et de ses environs! Au lieu de l'aridité et de la monotonie les plus extraordinaires, j'y voyais de tous côtés une telle exubérance de végétation, que la ville s'y trouvait presque ensevelie; en outre, l'intérieur de Saï était coupé d'un cours d'eau qui me donna quelque peine pour arriver à la maison du gouverneur. Nous y fûmes, mon cheval et moi, reçus comme d'anciennes connaissances, et on m'assigna pour demeure la petite hutte que j'avais déjà occupée, l'année précédente.

Après quelques instants de repos, je me rendis à l'invitation du gouverneur en allant lui faire visite avec mes compagnons. Je trouvai mon vieux ami Abou Bakr dans un état de santé pitoyable ; en effet, l'affection rhumatismale qu'il avait contractée dans une précédente expédition sur le Niger jusqu'à Tondibi, avait dégénéré en paralysie complète depuis ma dernière visite. Il avait conservé une telle mémoire des lieux situés sur les rives du fleuve, que je fus plus d'une fois surpris des remarques que lui suscita le récit de notre voyage, fait par Ahmed El Wadaoui. Il est indubitable que le gouverneur de Saï est un personnage de la plus haute importance pour les Européens, au point de vue de l'exploration du fleuve, et il est à regretter qu'il ne dispose que de ressources minimes, tant sous le rapport financier que sous le rapport militaire. Lors de ma seconde visite surtout, et à la suite du soulèvement de la province de Dendina, ses moyens étaient extrêmement restreints, ce qui influa sensiblement sur le traitement dont nous fûmes l'objet pendant les trois jours que nous passâmes à Saï. Je n'en fis pas moins au gouverneur un présent plus considérable que lors de ma première visite ; il m'envoya à son tour une livre de sucre, condiment dont j'avais dû subir depuis longtemps la privation en prenant mon thé ; Abou Bakr poussa même la munificence jusqu'à donner à mes compagnons un chameau, dont ils avaient le plus grand besoin.

L'époque avancée de l'année nous forçant absolument à hâter notre voyage vers Sokoto, nous nous remîmes en route, dans l'après-midi du 2 août, après une audience d'adieu que me donna le gouverneur. Cet homme faible mais bien pensant, que mes rapports d'amitié avec le cheik El Bakay avaient convaincu des intentions pacifiques des

Européens, m'écouta avec le plus grand plaisir, lorsque je lui exprimai mon espoir qu'avec l'aide de Dieu, un bateau à vapeur anglais remonterait bientôt le fleuve pour aller pourvoir sa ville d'articles européens de toute espèce et faire de Saï une importante place de commerce [1].

Le niveau du fleuve était plus haut d'environ 5 pieds qu'à l'époque, moins avancée, où j'avais visité Saï, l'année précédente. Le plus grand des deux blocs de rocher qui s'élevaient vers le milieu du fleuve, près de la ville, ne sortait de l'eau qu'à la hauteur de 1 1/2 pied et doit, selon toute apparence, être entièrement submergé dans d'autres saisons, comme l'était déjà l'autre rocher, moins considérable; en outre, il n'est pas invraisemblable qu'il existe d'autres rochers encore sous les eaux.

Nous traversâmes sains et saufs le fleuve qui n'avait, même à cet endroit, pas moins de 1,300 à 1,400 pas de largeur, et ce fut avec un profond sentiment de joie que je repassai ce majestueux Niger, après avoir si longtemps vécu sur ses rives et suivi son cours pendant plusieurs centaines de milles. Sans nul doute, si j'avais pu le faire, il eût été important que je continuasse d'explorer le fleuve jusqu'à Yaouri, afin de relier, par mes propres observations, sa partie moyenne à sa partie inférieure explorée par les frères Lander et, du moins jusqu'à un certain point, par plusieurs officiers anglais. Malheureusement il ne pouvait en être

[1] Une politique molle, indécise et des débuts complétement erronés ont empêché jusqu'à ce moment, c'est à dire au commencement de 1860, pareille entreprise d'aboutir à sa réalisation; néanmoins, je suis convaincu qu'avant un temps fort long, cette partie supérieure du fleuve sera explorée par des Européens; car on peut au besoin faire voyager par terre de petits bateaux à vapeur, aux endroits difficiles, tels que les rapides de Boussa.

question, tant à cause de l'état de mes ressources que de celui de ma santé; ensuite, la saison des pluies, déjà très avancée, m'obligeait, comme je l'ai dit déjà, de hâter le plus possible mon arrivée à Sokoto. Une autre raison, non moins plausible, était le soulèvement de la province de Dendina, qui eût rendu matériellement impossible pour une troupe aussi restreinte que la nôtre, tout parcours sur la rive du fleuve.

Nous poursuivîmes donc notre marche par le sentier que j'ai décrit au lecteur, et dont l'aspect avait complétement changé depuis ma dernière visite à Saï; au lieu d'un terrain aride et nu, je ne voyais autour de moi qu'une abondance de végétation de toute espèce. J'ai déjà trop souvent dépeint ces variations périodiques propres à l'Afrique centrale, selon les saisons de l'année, pour devoir présenter encore au lecteur le récit minutieux de notre itinéraire en retournant à Koukaoua; il suffira donc, je pense, de le lui rappeler à grands traits, tout en ne signalant à son attention que les changements les plus considérables que je constatai en route.

A quelques lieues du Niger, nous fîmes une légère déviation vers l'est, en nous dirigeant du village de Foulbe nommé Tanna, vers Tamkala, ville située à 4 1/2 milles, et appartenant au royaume de Gando; cette localité a acquis une certaine célébrité par l'esprit belliqueux d'Abou 'L Hassan, son gouverneur qui battit Daoud, le prince révolté du Saberma. Pour y arriver, il nous fallut traverser une forêt épaisse, tandis que la ville elle-même était tellement entourée de champs de millet, que nous ne trouvâmes que difficilement un endroit, voisin de notre logement, pour y attacher nos chevaux. Par contre, les huttes se distinguaient par la quantité de vermine à laquelle elles donnaient asile; en effet, outre toutes les fâcheuses espèces de fourmis propres au pays, et les innombrables essaims de mouches, j'y vis, à mon grand étonnement, de grandes quantités de puces, parasites que je n'avais plus aperçu depuis Koukaoua. J'aurais préféré transporter ma tente au dehors de la ville, mais, comme je l'ai dit plus haut, le blé entourait si étroitement non seulement les huttes, mais encore les murs de la ville, que je ne pus trouver un emplacement convenable; au surplus, Tamkala était situé au bord d'une vallée marécageuse, le *dalloul* Bosso, aux palmiers d'Égypte nombreux et complétement inondée à cette époque.

Je me rendis chez le gouverneur, accompagné des écoliers d'El Bakay, porteurs d'un présent pour lui; ce personnage me reçut parfaitement, quoiqu'il m'eût envoyé, l'année précédente, quatre cavaliers pour me saluer, et que je ne lui eusse pas rendu de visite, à sa grande colère, disait-on. Je m'excusai de mon mieux auprès de lui, et, comme mon allocution était accompagnée d'un présent très acceptable, elle produisit un fort bon effet sur le gouverneur, surtout lorsqu'il apprit que c'était à moi qu'il devait l'ambassade que lui avait envoyée El Bakay pour le complimenter. Il fit lire, devant tous ses courtisans assemblés, le récit qu'avait rédigé mon protecteur pour ridiculiser les Foulbe de Hamd Allahi, qui n'avaient pu parvenir à s'emparer de moi. Abou 'L Hassan, qui était âgé au moins d'une soixantaine d'années, fit sur moi une excellente impression, surtout par la simplicité de ses manières; il était natif de l'île Ansongho, où ses aïeux étaient depuis longtemps établis, et ne devait le poste qu'il occupait alors qu'à sa science et à son courage personnel. Il semblait mériter, sous tous rapports, d'être soumis à l'autorité suprême d'un chef plus énergique que l'indolent Chalilou, qui laissait honteusement tomber son royaume en décadence. Le gouverneur de Tamkala est, à son tour, un personnage des plus importants pour quiconque veut tenter d'explorer le Niger. Le principal défaut de sa situation consiste dans le manque de cavalerie, qui l'empêche de tirer profit des avantages qu'il remporte parfois sur ses ennemis.

La salle d'audience, où eut lieu notre intéressante entrevue avec Abou 'L Hassan, m'étonna par son style simple, en ce sens qu'elle ne consistait qu'en une chambre longue, étroite et couverte d'un toit de roseau à pignon, comme habituellement au Yorouba. Heureux du résultat de notre démarche, nous retournâmes dans notre logement ; je distribuai mes derniers présents à ceux de mes amis de Tombouctou qui devaient me quitter à Tamkala, et je les chargeai d'une lettre pour le cheik, dans laquelle je lui réitérais, avec les assurances de mon affection, mon espoir que la grande distance qui allait nous séparer n'affaiblirait pas notre amitié réciproque.

Le 6 août, avant notre départ de Tamkala, je reçus en cadeau d'Abou 'L Hassan un chameau que je donnai, à mon tour à mes amis de Tombouctou, quoique mes propres bêtes fussent en fort mauvais état. Nous nous dirigeâmes vers le midi, en suivant le bord occidental du *dalloul* Bosse, que bornait du côté opposé une chaîne de collines fort élevées, au sommet desquels un gigantesque *baobab* isolé indiquait la place d'une ville disparue. Ce ne fut que le lendemain que nous revînmes sur notre ancienne route, à l'endroit où j'avais précédemment traversé le *dalloul*. Nous rencontrâmes en chemin un personnage fort curieux ; c'était un petit chef de district indigène, qui, selon les ordres du gouverneur de

Tamkala, se joignait à nous pour franchir les sauvages et dangereuses solitudes du Fogha. C'était Abdou, *serki n Tschiko* ou chef de Tschiko, ou bien encore, pour être plus exact, chef du désert; son noble titre de *raouani* (littéralement « châle » ou « turban ») était tout aussi vain que maints titres d'Europe, et la petite ville de Tschiko, avec tous ses environs, avait été dévastée par des ennemis, déjà depuis un grand nombre d'années; mais quelque vaine que fût cette appellation, Abdou était de naissance aristocratique, comme fils d'Abd E' Salam, le chef de Djega, ville importante par son aisance et sa valeur politique; ce chef s'était rendu célèbre dans le pays, en se prévalant de son indépendance pour résister longuement et avec succès au réformateur Othman Dan Fodie. Bochari, le gouverneur actuel de cette localité, était le frère d'Abdou.

Ce chef était fort remarquable, non seulement par sa noble origine, mais par la pompe qu'il déployait, comme tous les petits chefs du Haoussa; c'est ainsi qu'il marchait au son des cors et des tambours, quoique toute son armée ne se composât que de six archers et trois cavaliers. Vêtu d'un magnifique burnous vert, il montait un fougueux cheval de bataille; sa suite, au contraire, avait un air des moins princiers et ne se composait que d'une cohue d'esclaves, de bœufs, de chèvres et de toute espèce de bagage encombrant. Malgré tout son vain apparat, le chef de Tschiko fut pour moi le bienvenu, en présence du périlleux trajet que nous avions à accomplir; comme il eut l'amabilité de venir me visiter dans ma hutte, je lui fis cadeau d'un *raouani* noir, en le traitant pompeusement de tous ses titres.

Nous fûmes également renforcés de quelques domestiques d'un frère de Chalilou, le sultan de Gando, ce qui nous permettait de traverser avec quelque sécurité la dangereuse contrée qui s'étend entre le village Garbo, qui est la colonie la plus occidentale des Haoussaoua, la vallée au sel de Fogha et Tilli, la ville située au bord de la vallée du Goulbi N Sokoto. Par contre, nous avions à affronter bien des obstacles dûs à la nature marécageuse du sol, ainsi que de nombreuses tribulations ; car bêtes et gens se trouvaient dans un état de profond abattement et j'eus le malheur, avant même d'arriver à Garbo, de perdre un de mes chameaux les plus fatigués, en traversant un marécage.

Je pris, cette fois, par Kallioul, l'important boulevard des Foulbe, situé au bord de la vallée Fogha, et dont le gouverneur me fit un accueil réellement cordial. Ce fut là que j'appris d'une manière certaine la triste fin de mon ami, le visir du Bornou; à la vérité, le gouverneur de Saï, lorsque nous lui lûmes la lettre de recommandation que m'avait remise El Bakay, m'avait dit qu'Omar n'était plus souverain du Bornou, et avait fait quelques légères allusions à la mort du visir, mais je n'y avais pas ajouté foi. Malheureusement, les circonstances de ce funeste événement me furent narrées, à Kallioul, d'une manière si positive que je ne pus conserver plus longtemps des doutes; dès lors je ressentis quelque inquiétude au sujet du docteur Vogel et de ses compagnons, ainsi qu'à l'égard de moi-même, en pensant à mon prochain retour au Bornou.

Ce fut avec le plus vif intérêt que je rencontrai en cet endroit un exemplaire du palmier oléifère (*Elaeis Guineensis*); quoique isolé, cet arbre, joint à quelques buissons d'espèces voisines, indiquait que le palmier oléifère peut croître à de grandes distances de la mer, dans des endroits où le sol est saturé de sel, comme il l'est au bord de la vallée Fogha. Toutefois, ceci doit, comme je l'ai dit précédemment, être considéré comme une exception à la règle générale.

A Kallioul, se joignit encore à nous une troupe considérable de marchands indigènes, pour franchir la sauvage et dangereuse forêt qui nous séparait de Tilli; nous arrivâmes sans nul encombre dans cette localité, le 15 août, juste à temps pour pouvoir traverser encore la marécageuse *faddama* du Goulbi N Sokoto. Un peu plus tard, ce passage ne s'opère qu'au prix des plus sérieuses difficultés; cette fois même, nous dûmes traverser trois gués, dont le premier était d'une largeur assez considérable et profond d'environ trois pieds; le second, moins large, formait le lit propre de la rivière et allait rejoindre, en déviant vers le sud-ouest, le Kouara ou Niger inférieur; le troisième ne constituait qu'un amas d'eau stagnante. Nous sortîmes de cette vallée marécageuse après 1 1/2 lieue de marche et, rentrant dans des chemins bien connus de moi, je me dirigeai, chevauchant à la tête de ma troupe, vers Birni N Kebbi, dont le gouverneur, Mohammed Loël, devenu presque aveugle, me reçut avec beaucoup d'amitié.

De Birni N Kebbi à Gando, nous suivîmes notre ancienne route, sauf que les inondations du sol nous forcèrent de nous tenir à une couple de lieues plus au midi que l'endroit où nous avions traversé précédemment la *faddama*. Le mauvais état des chemins et les fréquentes averses qui nous assaillirent, m'empêchèrent d'aller visiter Djega, ville située à environ trois milles plus au midi et qui possède encore, outre l'intérêt historique que s'y attache, une certaine importance commerciale.

Lorsque j'arrivai, à Gando, devant la demeure du royal

reclus, je vis une foule de gens se réunir autour de moi pour venir me féliciter de mon heureux retour. La vilaine masure d'argile que j'avais habitée autrefois était tombée en ruines, et à peine me fus-je installé dans une nouvelle demeure, que j'y reçus la visite du guide qui m'avait conduit, l'année précédente, de Gando à Dore, la capitale du Libtako. Mon premier soin fut de lui demander s'il avait fidèlement remis au *mallem* Abd El Kader, de Sokoto, le paquet de lettres dont je l'avais chargé pour ce dernier. A cette question, il fit une figure toute triste, et prit dans son bonnet un petit sac de cuir d'où il tira un sale morceau de papier qu'il me tendit en disant : « Voici ta lettre ! » Surpris et amèrement déçu, j'appris que, par suite des pluies abondantes et du passage des rivières et des marécages nombreux qu'avait dû franchir mon messager, toute la partie extérieure du paquet avait été détruite; or c'était précisément à cet endroit que se trouvait l'écrit que j'adressais à mon savant ami de Sokoto pour lui recommander de faire suivre à qui de droit le reste du contenu ; il en était résulté qu'Abd El Kader n'avait reçu, de tout le paquet, que la lettre écrite en anglais, qui s'y trouvait renfermée ; or, ne sachant que penser de ces hiéroglyphes, il avait cru ne pouvoir mieux faire que de les remettre au porteur qui, enchanté de ce résultat inattendu, et se souciant peu de mes rapports avec mon pays, avait cru bon de porter le mystérieux écrit sur sa tête, comme un talisman. Une autre déception m'attendait encore en cet endroit; pendant mon absence, la moitié des huttes qui composaient la ville, avaient été dévorées par un incendie, ainsi que tous les livres que j'avais laissés à Gando.

Je restai en cette ville quatre jours, pendant lesquels je

tentai vainement d'obtenir une audience du sultan. D'un autre côté, mes compagnons, les *telamid* ou écoliers du cheik, nourrissaient l'espoir d'obtenir un beau présent de ce prince avare et mesquin, et ce ne fut pas pour moi chose facile que de les décider à repartir en les en dissuadant. Malheureusement, l'état de mes ressources pécuniaires m'obligeait de me chercher quelque secours, auquel me donnaient bien droit les présents considérables que j'avais faits au sultan; mais tout ce que je reçus de lui, ou du moins des esclaves qu'il m'envoya dans ce but, consistait en une tunique noire commune et 3,000 coquillages. Je m'étais attendu à obtenir au moins un chameau, les deux que je possédais encore étant presque entièrement perdus. Malgré ce peu de générosité de la part de Chalilou, je ne crus pas pouvoir me dispenser de le remercier de ce qu'il m'avait été donné, en allant comme en revenant, de traverser son vaste pays sans être inquiété, et même de jouir de sa protection aussi loin que s'étendait son autorité. Cette protection, il est vrai, ne m'avait pas été fort utile, car les environs mêmes de la capitale n'offraient guère plus de sécurité qu'auparavant; comme pendant mon premier séjour, la plus grande partie de la population valide était forcée de sortir de la ville, avec les femmes, tous les mercredi et jeudi, pour aller chercher du bois à brûler, sans crainte d'une attaque.

En somme, il ne nous arriva rien de fort intéressant; je rappellerai seulement l'énorme quantité de pluie qui tomba à Gando pendant mon séjour, comme probablement déjà avant mon arrivée. Ce fait confirma complétement l'observation que j'avais déjà faite auparavant, que Gando est l'une des villes où il tombe le plus d'eau; j'appris des indigènes, avec un vif intérêt, que l'on y compte annuellement 92 jours de pluie, en moyenne. Quoi qu'il en soit, je suis convaincu que la hauteur moyenne de la pluie n'y est pas de moins de 60 pouces, et qu'on peut même l'évaluer à 80 et à 100 pouces.

Le 23 août, nous quittâmes Gando, à ma grande joie, car j'y avais essuyé beaucoup de misère et de désagréments. A peu de distance au delà, nous laissâmes à gauche notre route pour en prendre une autre plus méridionale, conduisant à la ville de Dogo N Dadji. Il y avait précisément marché en cet endroit qui était, sous ce rapport, supérieur à la capitale elle-même ; les principaux articles qui s'y vendaient consistaient en bétail, en sel et en perles de verre. Or, au moment même de notre arrivée, il éclata un violent orage qui dispersa tous les marchands, de sorte que nous eûmes à nous procurer le nécessaire tant bien que mal. Le pays que nous traversâmes ensuite jusqu'à Koussada, par Schagali, endroit auquel nous reprîmes notre ancienne route, était bien peuplé, et riche en pâturages ainsi qu'en champs de riz et de blé ; plus loin, au delà de Schagali, le sol était partout couvert de la plus brillante végétation et les blés magnifiques y approchaient de la maturité ; la seule chose qui m'étonna fut le peu de chevaux et de bétail que j'y remarquai. Une forte marche nous conduisit à Bodinga, où le gouverneur était le fils de mon ami de Sokoto, le *modibo* Ali. C'était pour moi une circonstance très favorable, attendu que j'avais besoin de l'aide d'un homme bien disposé en ma faveur, ayant eu le malheur de perdre un nouveau chameau en traversant une de ces vallées marécageuses si fréquentes dans l'Afrique centrale ; en effet, le pauvre animal était tombé en arrière avec toute sa charge, pour ne plus se relever. J'obtins du gouverneur de Bodinga les chameaux nécessaires au transport de ce qui me restait encore, et il me conduisit même, le lendemain matin, à une certaine distance hors de la ville.

Je me sentais indisposé, faible et sans appétit ; l'humidité continuelle à laquelle nous avions été exposés des pieds à la tête, avait été pernicieuse non seulement à nos bêtes mais à nous-mêmes, et presque tous mes compagnons étaient plus ou moins souffrants. Je portais alors déjà en moi les germes de la dyssenterie, qui devaient ne pas tarder à se développer en compromettant gravement ma santé. Tout en ressentant les symptômes de la maladie qui couvait en moi, j'éprouvai un sentiment de calme et de reconnaissance envers la Providence, de ce qu'elle eût comblé mon espoir en me permettant du moins, le 26 août, de revoir Sokoto.

Toute la ville, ainsi que ses faubourgs, ses murs, ses huttes, ses fermes et ses jardins, ne formait qu'une masse de verdure touffue, à travers laquelle il ne me fut pas aisé de me frayer un chemin vers les lieux que je connaissais si bien cependant. J'étais à peine installé dans une bonne hutte que l'on m'avait donnée pour logement, que mon ami Abd El Kader Dan Taffa me fit saluer, après quoi il ne tarda pas longtemps à arriver lui-même. Il témoigna la plus grande joie en me revoyant, non sans prendre sincèrement part à mon visible état de souffrance.

Je ne fus pas moins bien accueilli par mon vieil ami, le *modibo* Ali. Lorsque je lui fis un léger présent, en m'excusant de n'être pas à même de lui en offrir un plus considérable, il eut l'amabilité de m'exprimer sa surprise de ce que je possédasse encore quelque chose. Il me pria ensuite de ne pas me rendre à Wourno sans avoir d'abord écrit à Aliou pour lui annoncer mon heureux retour et solliciter sa protection. Je suivis ce conseil et, tandis que je faisais savoir à l'*emir el moumenin* combien il me rendrait service en me pourvoyant de chevaux et de chameaux, je saisis l'occasion pour lui demander de pouvoir continuer le plus promptement possible mon voyage. Lui exprimant à la fois tous mes vœux, je lui dis en passant que, mon état de santé peu favorable m'obligeant à regagner ma patrie par la voie la plus rapide possible, je sollicitais de lui l'autorisation, pour un de mes compatriotes arrivé au Bornou, de visiter les provinces du sud-est de ses États. Mon message partit aussitôt et, le lendemain soir, arriva un courrier m'informant que je pouvais partir le jour suivant pour Wourno, où je trouverais des chameaux sur l'autre bord de la rivière de Sokoto. J'avais déjà appris que cette dernière, que j'avais vue presque desséchée, était fort haute et formait un courant très difficile à traverser.

Mes noirs amis musulmans me traitaient donc avec l'amitié et l'hospitalité les plus grandes. Je ne puis malheureusement pas faire le même éloge de mes amis d'Europe, dont l'indifférence n'était guère faite pour relever mon moral abattu. Ce fut grâce à cette indifférence et à un pur hasard, que j'appris, par un affranchi de Constantinople qui vint me voir peu après mon arrivée, que cinq chrétiens étaient arrivés à Koukaoua avec quarante chameaux; or c'était une nouvelle d'un immense intérêt pour moi, et j'eus toute la peine du monde à rapporter les membres de l'expédition, tels qu'ils m'étaient dépeints par cet individu, aux données de la dépêche de lord John Russell. Comme je l'ai dit en son temps et lieu, j'avais reçu cette dernière à Tombouctou; elle m'apprenait qu'une nouvelle expédition s'était organisée pour me venir en aide, et me transmettait quelques détails sur les personnes dont elle se composait. Lorsque j'appris ainsi que ces messieurs étaient heureusement arrivés au Bornou, je fus étonné au dernier point de ne pas recevoir un mot d'eux, tandis qu'il leur eût été si facile de m'écrire par cette même occasion. Je conclus de là qu'il avait dû se passer quelque chose d'extraordinaire; il est vrai que je ne connaissais guère alors le bruit que l'on avait répandu de ma mort présumée.

Nous restâmes deux jours à Sokoto, et nous en repartîmes pour Wourno, le 29 août. Ce ne fut pas sans difficulté que nous traversâmes, à l'aide de frêles embarcations, le Goulbi N Raba ou Bougga qui, presque invisible l'année précédente, passait, impétueux et large de 500 pas, au pied de la colline où s'élevait la ville. Sur l'autre bord, nous trouvâmes les chameaux que l'on nous avait envoyés de Wourno, où nous arrivâmes heureusement le lendemain. Ici encore, je fus amicalement reçu à la cour de l'*emir el moumenin* Aliou, et l'accueil hostile dont j'avais été l'objet auprès de leurs frères de Hamd Allahi, semblait ne m'avoir que rehaussé dans l'estime des habitants de Wourno. Ceci paraîtra moins surprenant, lorsqu'on se rappellera que les Foulbe orientaux, plus modérés, ne vivent pas en fort bonne intelligence avec leurs fanatiques congénères de l'ouest. Aliou avait déjà appris la différence de conduite envers moi d'El Bakay et de Sidi Alaouate, et, tandis qu'il loua hautement le cheik, il blâma de la manière la plus énergique l'attitude peu digne de son frère.

Tous, nous éprouvions le plus grand besoin de nous refaire, et l'occasion nous en était offerte à Wourno, où nous retenait l'état d'impraticabilité des fleuves et des marécages de la route; notre séjour dans la capitale d'Aliou dura donc jusqu'à la fin du mois suivant. Je m'efforçais de combattre par une diète sévère et le plus grand repos possible, le développement de la maladie dont j'étais menacé; je m'en trouvai assez bien au commencement, mais, le 13 septembre, je fus pris d'une attaque de dyssenterie des plus violentes, qui menaça sérieusement mes jours. Je parvins cependant à dompter le mal et à me rétablir par les prescriptions de la thérapeutique indigène, c'est à dire en prenant du riz broyé, mélangé de lait épais et des graines du *Mimosa Nilotica*; dès le 22 septembre je pus faire ma première sortie à cheval et, à partir de cette époque, ma santé s'améliora de jour en jour.

Il me restait à me tirer d'une autre difficulté. Le voyage avait fait autant de tort à mes moyens pécuniaires qu'à mes forces physiques; ensuite, la vie était énormément chère à Wourno, par suite de l'instabilité toujours croissante de la situation du pays; en effet, tandis que nous avions payé 500 à 600 *kourdi* un mouton à Tombouctou, sur la limite du désert, il n'y avait pas moyen d'en obtenir un à Wourno à moins de 3,000 *kourdi*; nous eussions volontiers acheté 10,000 *kourdi* une quantité de blé qui nous en eût valu 3,000 à 4,000, en admettant qu'il en fût venu autant sur le marché.

Mon noble et fidèle cheval Kanori, qui avait traversé avec moi tant de dangers, était complétement épuisé et devenu hors d'état d'affronter de nouvelles fatigues; mes chameaux étaient morts ou épuisés de même; que me restait-il donc à faire, si ce n'était d'implorer bien à contre-cœur, la générosité d'Aliou? Malheureusement, la libéralité n'était pas la vertu dominante de cet homme, faible comme chef mais cependant loyal; quoique je lui eusse donné, outre mon premier présent, tout ce qu'il me restait en monnaie d'argent, métal aussi rare que précieux à Wourno, je ne reçus de lui qu'un cheval, robuste mais fort laid, et un pain de sucre anglais. Je n'en devais pas moins beaucoup de reconnaissance au sultan Aliou car, lors de mon départ pour Tombouctou, il m'avait remis pour le sultan de Gando une lettre qui me fit le plus grand bien; ensuite, il m'avait parfaitement accueilli au retour, me traitant avec beaucoup d'égards, et enfin il me remit des lettres de recommandation pour les gouverneurs des provinces de son royaume que j'avais à traverser. Il me chargea également, pour le gouverneur de l'Adamaoua, d'une lettre particulière que je repassai plus tard au docteur Vogel; elle lui eût été fort utile et lui eût préparé, en ce pays, un tout autre accueil que celui que j'y reçus, s'il eût pu, selon ses désirs, s'y rendre en quittant l'Hamarroua.

Lorsqu'après bien des retards du côté de mes compagnons, j'eus pris congé d'Aliou, le 4 octobre, nous nous remîmes en marche, le lendemain, vers l'orient, en société du *ghaladima* avec lequel j'avais voyagé de Katsena à Wourno, en arrivant. Nous prîmes cette fois un chemin plus méridional, par lequel nous arrivâmes bientôt à Gandi. Nous dûmes, en route, traverser à deux reprises le Goulbi N Rabba, qui porte en amont le nom de Bakoura; la première fois il était guéable, mais la seconde, c'est à dire à une couple de lieues plus haut, il avait environ 400 pas de large, sur une profondeur de plus de 5 pieds, ce qui nous obligea de nous servir d'embarcations. J'acquis en cet endroit la certitude qu'il nous eût été impossible de voyager auparavant, les eaux ne commençant à baisser qu'alors, c'est à dire vers la fin de la saison des pluies. A partir de

Gandi, nous poursuivîmes pendant 11 milles allemands notre pénible marche à travers le désert de Goundoumi, pour arriver aux environs de la ville de Danfaoua et rentrer ensuite dans le réseau des affluents supérieurs du Goulbi N Sokoto ou Rima. Ce fut au delà du premier de ces affluents, que je vis, près de l'endroit nommé Dole, la plus haute tige de sorgho que j'aie jamais rencontrée, et qui n'avait pas moins de 28 pieds. Les blés y étaient précisément alors à l'état de maturité.

Traversant une zone de pays pierreux, nous arrivâmes au rocailleux village Doutschi, qui nous était bien connu, pour reprendre ensuite notre ancienne route ; nous la suivîmes jusque près de Syrmi, où nous l'abandonnâmes de nouveau pour aller visiter Kammane, ville située à 2 ou 3 milles plus au midi. Cette localité se distingue, par son industrie, de tout le triste pays environnant ; les habitants non seulement y cultivent le coton et l'indigo, mais encore se livrent activement à la tisseranderie et à la teinture ; en outre, ils savent parfaitement défendre leur ville contre les incursions des idolâtres Goberaoua.

Nous fîmes ensuite une marche forcée de 12 lieues à travers le sauvage et dangereux pays de forêts que nous avions parcouru précédemment, en arrivant de Sekka ; laissant un peu à notre gauche les murs de Roubo entourés de lierre, nous atteignîmes l'extrémité de la forêt, un peu au nord de Sekka et près d'une ville du nom d'Oummadaou. Arrivé là, je me séparai du *ghaladima*, qui se rendait à Katsena tandis que je prenais moi-même la route directe de Kano. Entre Kouraje et Kourrefi, je croisai encore une fois le chemin que j'avais parcouru, l'année précédente, en arrivant de Katsena, et, à 7 milles plus loin, c'est à dire près de Koussada, je me retrouvai sur la route que j'avais suivie, le 1ᵉʳ et le 2 février 1851, en me rendant de Katsena à Kano. Je franchis de nouveau les limites de la belle et riche province de Kano, dont j'atteignis, dans l'après-midi du 17 octobre, la capitale, cette ville qui, non seulement occupe au Soudan le premier rang sous le rapport de l'industrie, mais jouit encore du monopole du commerce dans toute cette partie de l'Afrique centrale.

J'entrai à Kano avec l'idée fixe d'y trouver des lettres d'Europe, le remède le plus efficace à mes fatigues et à mes souffrances; mais il n'y avait ni lettres ni le moindre des secours pécuniaires que je m'attendais à y rencontrer. Je ne m'expliquais pas comment tout cela était possible, et ma déception fut d'autant plus amère que j'avais compté trouver à Kano tout ce qui m'était nécessaire et y recevoir de bonnes nouvelles de l'entreprise de Vogel et de ses compagnons; car je n'avais encore appris que leur arrivée à Koukaoua, de la bouche de l'affranchi qui était venu me voir à Sokoto.

Le lendemain, je fis ma visite au gouverneur et au *ghaladima*, en leur portant les plus beaux présents que je possédasse encore, après avoir donné, pour m'acquérir ses bonnes grâces, presque tout le reste de mon bien à Sidi Ali, le marchand que j'avais connu précédemment à Kano et qui avait su m'inspirer de la confiance. Immédiatement après, j'envoyai mon domestique le plus sûr à Sinder, la première ville-frontière du Bornou, vers le nord-ouest, afin d'y prendre la caisse qui y était restée déposée avec des quincailleries anglaises et 400 dollars en espèces, ou du moins ce qui en pouvait n'être pas passé en d'autres mains.

Dans l'intervalle du retour de mon domestique, je me mis

en devoir d'utiliser au mieux mon temps en terminant un plan de la ville, que j'avais commencé à dresser lors de mon premier séjour; ensuite, l'état de ma santé exigeait de ma part un exercice continuel, le changement de vie m'ayant occasionné en route et même encore à Kano, de violents accès de fièvre. Cette ville sera toujours pour les Européens une des localités les plus malsaines, et le docteur Vogel fit bien de l'éviter pendant la première année de son séjour au Soudan. Mes animaux eux-mêmes ne purent résister aux influences pernicieuses du climat, et mes trois chevaux furent successivement atteints d'une maladie contagieuse. Celle-ci se déclara d'abord par des enflures aux jambes, enflures qui gagnaient le poitrail, puis la tête, et qui amenaient la mort de l'animal en six ou huit jours. J'en perdis deux de la sorte, dont l'un était le brave et fidèle compagnon qui avait, pendant près de trois années, partagé mes fatigues et mes douleurs; celui que je conservai était précisément le robuste mais laid petit cheval que m'avait donné le sultan de Sokoto. Quant à mes chameaux, j'en avais déjà perdu plusieurs en route, de Wourno à Kano.

A tous ces revers venait se joindre la gêne que me causaient mes dettes, car je devais déjà près de deux années de gages à mes seuls domestiques; j'étais ensuite fort inquiet de ce que j'avais laissé à Sinder et, pour comble de misère, deux nouveaux soucis vinrent se joindre à ceux dont j'étais déjà accablé. Ma grande préoccupation avait pour objet l'expédition envoyée au Benouë par le gouvernement britannique; à l'époque où cette expédition eut lieu, j'ignorais tout ce qui y avait rapport, les dépêches que j'avais reçues fort tardivement à Tombouctou, n'en disant pas un mot; les lettres ultérieures qui en faisaient mention, restèrent séjourner à Koukaoua, où je les trouvai, à mon arrivée dans cette capitale, à la fin de décembre. Ce ne fut que le 29 octobre, que j'appris par les indigènes l'existence de cette expédition, tout à fait comme j'avais su par hasard, à Sokoto, l'arrivée du docteur Vogel à Koukaoua.

Mon opinion fut d'abord que cette expédition était dirigée par le capitaine Mac Leod, un numéro du *Galignani's Messenger* m'ayant appris son projet de remonter le Niger ; ce fut seulement le 13 novembre, que je rencontrai un homme qui avait vu de ses yeux l'expédition. Il me raconta qu'elle consistait en un grand bateau et deux petits, mais il ne put me dire s'ils étaient en bois ou en fer ; d'après lui, ils étaient montés par sept maîtres et soixante-dix esclaves [1]. Cet homme m'apprit en outre que les membres de cette expédition n'étaient pas remontés jusqu'à Yola, le chef de l'Hamarroua les ayant avertis d'un rétrécissement du fleuve, causé par les montagnes. Il me dit aussi qu'ils étaient repartis pour l'Europe plus tôt qu'on ne l'eût cru, et que lui-même, en revenant de Yakoba, où il était allé chercher de l'ivoire pour l'expédition, n'avait plus trouvé personne, à son grand étonnement.

L'autre question qui me préoccupait beaucoup à cette époque, était l'état politique de Koukaoua. Dans le principe, lorsque j'eus reçu la première nouvelle de la révolution politique du Bornou, suivie de la chute du cheik Omar et de la mort de son visir, j'avais renoncé à retourner par ce pays, me proposant de reprendre plutôt la pénible route de

---

[1] Il devait naturellement considérer comme composé d'esclaves l'équipage de ces bateaux ; c'étaient des nègres de la Côte d'Ivoire, qui servent fréquemment comme matelots sur les navires européens, dans ces parages.

l'Asben, à travers les Touareg. Toutefois, lorsque je sus, plus tard, qu'Omar était replacé sur le trône, je ne désespérai pas de pouvoir suivre la voie, comparativement plus sûre, du pays des Tebou, d'autant plus que j'appris en même temps la lutte sanglante qui avait éclaté entre les Kel Owi et les Kel Geress. Un grand nombre de personnages éminents de cette première tribu périrent dans ce conflit, ainsi que plusieurs centaines de guerriers de l'une et de l'autre. J'éprouvai une vive douleur en apprenant ainsi la mort de mes meilleurs amis parmi les Kel Owi, et surtout celle de Hamma et de Byrgou.

Dans l'intervalle, il n'arrivait de Koukaoua que de mauvaises nouvelles et de faux bruits. Ce ne fut que le 9 novembre, que nous apprîmes d'une manière certaine que le souverain légitime du Bornou se soutenait bien contre les intrigues du parti de son frère et que ce dernier lui-même était son prisonnier; je n'ajoutai néanmoins foi entière à cette nouvelle que lorsque je vis, quelques jours après, arriver un envoyé d'Omar, chargé d'aller saluer le gouverneur de Kano. Je me fis présenter ce messager et lui donnai quelques bagatelles pour témoigner de la satisfaction que me causait le succès de son maître. C'était pour moi une chose importante que de me voir ouverte la voie du Bornou, contrée où je devais rencontrer le docteur Vogel et ses compagnons et lui donner mon aide et mes conseils pour l'exploration des pays qu'il était on ne peut plus désirable qu'il visitât.

Quoique l'horizon politique se fût éclairci, le manque d'argent me rendait encore très difficile l'arrivée à Koukaoua; car, le 4 novembre, j'avais vu revenir, les mains vides, et à mon amer désappointement, le domestique que j'avais envoyé, le 18 octobre, à Sinder pour y chercher mon bien ; une couple de lettres de vieille date et sans importance, furent tout ce qu'il me rapportait de ce lointain voyage [1]. Il m'apprit que le bruit de ma mort avait trouvé partout créance, et qu'un domestique du docteur Vogel, accompagné d'un esclave d'Abd E' Rahman, l'usurpateur de Koukaoua, était arrivé de cette dernière ville à Sinder, pour y prendre tout ce qui pouvait y être arrivé pour moi ; quant à ma caisse renfermant des quincailleries et des espèces, elle avait été volée depuis longtemps, c'est à dire immédiatement après le meurtre du schérif El Fassi, à qui j'en avais confié la garde.

Abandonné ainsi de tous les côtés à la fois, je ressentis d'autant plus vivement ma misère, qu'Ali El Ageren, mon premier serviteur, dont j'ai dit la méprisable conduite à Tombouctou et qui, du reste, ne m'avait été que médiocrement utile en route, au retour, se prévalut des termes de notre contrat pour prétendre se faire payer sur le champ. Je lui devais 111 écus d'Espagne, et je me vis forcé d'emprunter cette somme à Sidi Ali. Mes autres domestiques, auxquels je devais en tout environ 200 écus, consentirent, fort heureusement, à ne recevoir leur salaire qu'à notre arrivée à Koukaoua.

Un marchand de Fezzan, qui m'avait déjà témoigné beaucoup d'amitié dans une autre circonstance, se déclara disposé à me prêter 200 écus d'Espagne, somme qu'il m'envoya, en effet, quelques jours plus tard. Comme je ne pouvais me

---

[1] Parmi ces papiers, se trouvaient deux lettres de recommandation écrites en arabe et adressées, l'une au sultan Aliou de Wourno, l'autre, conçue en termes généraux, à tous les chefs Foulbe. Deux ans plus tôt, elles m'eussent été d'une grande utilité.

dispenser d'emporter en Europe quelques échantillons de Kano, et qu'il me fallait acheter des chevaux, des chameaux et mille autres choses, cet emprunt ne suffisait pas à mes besoins. Je me vis donc forcé de demander du secours au *ghaladima*, lequel ordonna aux marchands de Ghadames qui se trouvaient en rapport avec l'agent anglais en cette ville et avaient en leur possession des marchandises appartenant à ce dernier, de m'avancer la somme dont j'avais besoin. J'obtins ainsi 200 dollars, mais au taux usuraire du pays, c'est à dire que je dus m'engager à rembourser le double quatre mois plus tard à leurs agents de Tripoli; c'était, en un mot, de l'argent emprunté à trois cents pour cent. Je tirai du moins de ma situation cet avantage, de pouvoir envoyer d'une manière sûre et rapide des lettres et des dépêches à Tripoli, car ces messieurs y envoyèrent aussitôt un homme de confiance, muni de mon engagement écrit.

Après solution de toutes ces pénibles questions, je me trouvai enfin prêt à partir, le 23 novembre. J'entrepris, ce jour là, la dernière partie de mon long voyage en Nigritie, le cœur joyeux et plein d'espoir de pouvoir respirer de nouveau, avant six mois, l'air vivifiant des contrées septentrionales. Sidi Ali m'accompagna, ainsi que mes deux derniers amis de Tombouctou, les deux autres étant restés à Wourno, pour venir me rejoindre plus tard à Koukaoua.

Bochari, le chef du Chadedja, étant en campagne contre le gouverneur de Kano, je dus prendre, au commencement, une route un peu plus septentrionale que celle que j'avais suivie précédemment; toutefois, l'aspect du pays était à peu près le même que celui que j'ai décrit lors de mon premier voyage de Kano à Koukaoua. Quoique moins peuplée, la contrée offrait une plus grande abondance de végétation, du moins sous le rapport des grands arbres, tels que le palmier d'Égypte, le palmier flabelliforme, le *doroa*, le tamarinier et même le dattier. Je franchis, entre Gerki et Goummel, la frontière du Bornou, et je reçus, dans la dernière de ces deux villes, de tristes détails sur la guerre civile qui avait désolé le pays. Trois ans auparavant, Goummel, l'entrepôt du natron dans ces régions, renfermait une population nombreuse et jouissait d'un bien-être relatif, sous le gouvernement du vieux Dan Tanoma. Après la mort de celui-ci, son successeur légitime fut supplanté par un usurpateur nommé Scheri; chassé à son tour par le gouverneur de Sinder, Scheri revint avec des forces plus nombreuses, rassemblées dans le pays de Kano, et s'empara de nouveau de la ville; le cheik Omar, affaibli lui-même par la lutte qu'il avait dû soutenir contre son frère révolté, dut finir par reconnaître Scheri comme chef de Goummel. Cette ville, naguère pleine de vie, fut alors presque entièrement abandonnée, la maison du gouverneur saccagée, et le vainqueur vint s'installer au milieu des ruines de la demeure princière de son prédécesseur.

Je retrouvai avec plaisir, à Goummel, le marchand tunisien Mohammed E' Sfaksi, qui nous avait accompagnés, en 1850, depuis Moursouk, et auquel Richardson avait emprunté une si forte somme. Il était fort heureux pour moi que celle-ci eût enfin été remboursée, de sorte que cet ancien créancier, auquel nous avions dû autrefois tant de désagréments, me témoigna la plus grande bienveillance. Il vint me visiter dans mon camp, m'offrit des friandises et me donna, chose importante et que je désirais beaucoup, les premiers renseignements authentiques sur la situation politique du Bornou, ainsi que des détails sur la nouvelle expédition qui y était arrivée.

La marche suivante nous donna, à son tour, un témoignage lamentable des dévastations auxquelles avait donné lieu la lutte pour la possession de Goummel; toutes les localités de la route étaient désertes, les moissons mûres étaient abandonnées dans les campagnes, et nous fîmes plus de 6 milles allemands de trajet avant de rencontrer d'êtres humains; ceux que nous vîmes enfin, étaient quelques voyageurs qui se rendaient à Kano. Le peu de sécurité qu'offrait, par suite de tous ces événements, la route que j'avais suivie en 1851, depuis Goummel, m'avait obligé de faire un détour assez considérable vers le nord. Ce ne fut qu'à partir de Maschena que je repris mon ancienne voie ou que, du moins, je cessai de m'en écarter notablement.

J'arrivai à Boundi, dans la matinée du 1er décembre, et je pénétrai dans la forêt sauvage qui s'étend à l'orient de cette ville. Accompagné de mon fidèle Gatroni, j'avais pris environ une lieue et demie d'avance sur notre troupe, quand je vis venir à ma rencontre un individu de l'aspect le plus singulier; c'était un jeune homme dont le teint, si pâle qu'il me semblait blanc comme la neige, m'indiquait que le costume qu'il portait ne lui était pas familier; ce costume consistait en une tunique semblable à la mienne, et un turban blanc, enroulé un grand nombre de fois autour d'un bonnet rouge. Je distinguai alors, dans la noire suite de l'inconnu, mon serviteur Madi, que j'avais laissé à Koukaoua pour garder ma maison et qui, dès qu'il m'eut aperçu, me nomma à son pâle compagnon. Aussitôt le docteur Vogel, car c'était lui, s'élança vers moi, et, sans descendre de cheval, en proie tous deux à une profonde surprise, nous nous souhaitâmes cordialement la bienvenue. J'étais, pour ma part, à mille lieues de me douter de la rencontre de ce voyageur envoyé à mon aide, tandis qu'il avait appris, de son côté, que j'étais encore vivant et que j'étais revenu sauf de l'ouest. Je lui avais envoyé de Kano une lettre qui lui était parvenue en route ; mais l'adresse en arabe que j'y apposai pour plus de sécurité, lui avait fait croire que cette lettre venait d'un Arabe, et, sans l'ouvrir, il l'avait conservée en attendant que quelqu'un pût lui en expliquer le contenu. Mettant enfin pied à terre, nous nous assîmes au milieu de cette forêt sauvage. Sur ces entrefaites arrivèrent nos chameaux, et mes domestiques ne furent pas peu étonnés de voir auprès de moi un de mes blancs compatriotes. Je pris alors un petit sac à provisions, nous nous fîmes préparer du café et nous ne tardâmes pas à nous trouver comme chez nous. Il y avait plus de deux ans que je n'avais plus entendu un mot allemand ni même européen, et ce fut pour moi une joie indicible que de pouvoir m'exprimer enfin dans la langue de mon pays. Le docteur Vogel m'apprit, à ma profonde stupéfaction, qu'il n'y avait rien pour moi à Koukaoua, et que ses propres ressources étaient épuisées ; il me dit que l'usurpateur Abd E' Rahman avait mal agi envers lui et s'était emparé de ce qui était resté de moi à Sinder. Mon compatriote me fit savoir également qu'il se dirigeait lui-même vers cette dernière ville, afin d'y aller voir s'il n'était pas arrivé quelques nouvelles ressources et compléter mes travaux par une évaluation exacte de sa situation, évaluation basée sur des observations astronomiques. Je fus surpris presque plus désagréablement encore, en apprenant qu'il ne possédait pas une seule bouteille de vin ; car, depuis trois ans, je n'avais pas pris une goutte de boisson stimulante autre que du café, et l'état où m'avaient réduit la dyssenterie et de nombreux accès de fièvre, me causait une envie irrésistible de goûter la fortifiante liqueur dont j'avais pu apprécier précédemment les salutaires effets. C'était ainsi que, pris d'un violent accès de fièvre, dans les marécages de la Lycie, lors d'un précédent voyage dans l'Asie mineure, je m'étais rétabli en fort peu de temps par l'usage de bon vin de France. J'essuyais un tort immense par la promptitude avec laquelle le docteur Vogel avait ajouté foi à la nouvelle de ma mort, sans s'être livré auparavant à des recherches suffisantes; mais comme il n'était que récemment arrivé dans le pays et ne connaissait pas la langue, il lui avait été impossible, je le comprenais, de s'assurer de la réalité du fait.

Je ne fus guère consolé de tous ces mécomptes par les dépêches que le docteur Vogel me dit être arrivées à Koukaoua, en ce sens que l'annonce qu'elles me portaient de l'expédition envoyée au Benouë, m'était devenue parfaitement inutile. Vogel lui-même avait eu un instant le projet, me dit-il, de se joindre à cette expédition, ce qui avait été le seul but de son voyage au Mandara, dont j'avais entendu parler par des marchands arabes, en faisant route vers Maschena. Il avait, en cette circonstance, partagé l'erreur de mes amis d'Europe, en croyant que je m'étais rendu, par le Mandara, dans l'Adamaoua; ce n'était qu'à Mora, la capitale, ou plutôt le seul centre de ce petit pays, où les progrès des Foulbe eussent encore laissé subsister quelque autonomie, qu'il s'était aperçu de cette erreur, mais malheureusement trop tard; toutes les peines qu'il se donna ensuite pour regagner, par Oudje, la bonne voie, furent infructueuses, la chute de l'usurpateur Abd E' Rahman et la restauration de son frère Omar, ayant forcé Vogel de retourner à Koukaoua. Il me raconta comment le chef du Mandara, probablement instigué par Abd E' Rahman, avait agi envers lui, le traitant de la manière la plus indigne et allant jusqu'à le menacer de mort.

Notre entretien roulait ainsi sur une foule de questions, relatives au passé et à l'avenir, quand arriva la suite de la caravane avec laquelle voyageait le docteur Vogel. Elle avait rencontré mes domestiques, auxquels j'avais dit d'aller nous attendre à Kalemri, au delà de la forêt, et n'en croyait pas ses yeux de nous voir assis ainsi, tranquillement, au beau milieu de cette forêt sauvage, entourés d'ennemis de tous côtés. Ces lâches marchands arabes ne s'étaient joints à mon compatriote que parce qu'ils avaient aperçu une petite bande de voleurs de grand chemin.

Après un entretien d'une couple d'heures, nous dûmes songer à nous séparer; le docteur Vogel continua sa marche vers Sinder, d'où il voulait retourner à Koukaoua avant la fin du mois, tandis que je me hâtais de rejoindre mes domestiques.

Je pressai dorénavant le plus possible mon voyage vers Koukaoua. Le 2 décembre, j'arrivai à Sourrikoulo, pour la troisième fois depuis mon séjour au Soudan. Les Touareg infestaient les environs, tout y était en désordre et le chef militaire qui y commandait, était sur le point d'abandonner la ville, ainsi que tous les habitants. Afin d'atténuer un peu le danger, je voyageai autant que possible de nuit, mais je ne fis aucune rencontre des bandits redoutés. Je suivis et je croisai alternativement et à plusieurs reprises ma route de 1851, ainsi que celle que j'avais suivie, vers la fin de 1852, en me rendant à Tombouctou; cette circonstance était due à ce que je me dirigeai plus vers le sud à partir de Wadi; passant par Borsari, j'arrivai, le 6 décembre, non loin de la rivière de Thaba, et je traversai, le même jour, le *komadougou* Waoube, qui s'y relie; le lendemain, nous eûmes à franchir les affluents méridionaux de ce dernier. Aucun d'eux n'avait plus de 4 pieds de profondeur, et je pus ainsi confirmer l'exactitude de toutes mes observations antérieures sur la nature du *komadougou*. Nos quatre dernières journées de marche nous conduisirent enfin à travers le district de Koïam, aux localités étendues et florissantes, aux beaux troupeaux de chameaux et aux puits profonds; quelques-uns de ces derniers n'ont pas moins de 40 pieds. Lorsqu'enfin, le 11 décembre, je m'approchai de la capitale du Bornou, je rencontrai, près du village Kaliloua, le premier eunuque du cheik avec trente cavaliers destinés à me servir d'escorte. Traversant la foule qui se pressait sur le marché situé devant la porte occidentale, je fis solennellement ma rentrée à Koukaoua, que j'avais quitté depuis plus de deux ans pour commencer mon long et dangereux voyage dans l'ouest. En rentrant dans mon ancien logement, la « Maison Anglaise, » j'y trouvai les deux compagnons européens du docteur Vogel, sapeurs de l'armée anglaise, le caporal Church et le soldat Macguire.

CHAPITRE VI.

DERNIER SÉJOUR A KOUKAOUA. — RETOUR A TRIPOLI PAR LE DÉSERT. — ARRIVÉE EN ANGLETERRE.

Après mon retour dans la capitale du Bornou, qui marquait la fin de mon voyage d'exploration au Soudan, je me serais bien cru en droit d'espérer quelque temps de repos, afin de rétablir ma santé compromise, et raviver mes forces abattues par tant d'épreuves, avant de m'en retourner dans mon pays par la pénible voie du désert. Malheureusement il ne devait pas en être ainsi, car diverses circonstances se réunirent, non seulement pour prolonger de plusieurs mois mon séjour à Koukaoua, mais encore pour me faire passer ce temps de la manière la plus désagréable.

J'ai eu déjà plus d'une fois occasion de révéler au lecteur les tribulations que me causait mon fréquent manque d'argent. Quelque ennuyeux qu'en soit le développement, je n'ai pu me dispenser de les raconter, à cause de leur portée réellement considérable; or, à mon retour à Koukaoua, je me trouvai en butte à la même calamité. J'avais déjà appris par le docteur Vogel, lors de notre rencontre dans la forêt de Boundi, que je ne trouverais pas à Koukaoua les secours pécuniaires sur lesquels j'avais compté; or, j'avais pris à Kano des engagements auxquels je devais faire honneur à Koukaoua; ensuite, il se révéla que la plus grande partie des marchandises qui étaient arrivées à Sinder et que le docteur Vogel avait fait transporter à Koukaoua, avaient été volées; en conséquence, et dès la première audience que m'accorda le cheik Omar, j'insistai sur la restitution, non seulement de ces objets, mais encore des espèces que j'avais déposées précédemment entre les mains du schérif El Fassi et dont j'avais été dépouillé, après le meurtre de ce dernier, pendant la révolution suscitée par le frère du cheik. Je fis ces réclamations, non seulement à cause de mon état de gêne, mais encore pour le salut des principes, afin que le bien des voyageurs européens ne devînt pas impunément la proie des voleurs du pays. Elle me valurent tout d'abord la haine d'un courtisan très considéré, nommé Diggama, dont les domestiques avait été chargés du transport de nos objets, de Sinder à Koukaoua. Le cheik, qui possédait moins que personne de son pays la notion du temps, mit à souscrire à mes prétentions, tout en les admettant comme fondées, tant de lenteur, qu'il fut cause, de même que Diggama par ses intrigues, des longs retards que j'eus à subir et de tous les ennuis qui en furent la conséquence.

Une autre circonstance qui contribua, pour sa part, à attrister mon séjour à Koukaoua, fut la discorde on ne peut plus déplorable qui éclata entre le docteur Vogel et ses deux sapeurs, et qui faillit compromettre tout le succès de l'expédition. En effet, ce voyageur, plein d'enthousiasme et ne voyant que le but de sa mission, avait renoncé à toutes les commodités et à tous les agréments de l'existence; malheureusement, il avait commis l'erreur d'exiger le même sacrifice de la part de ces hommes, qui ne pouvaient naturellement être inspirés des mêmes idées; ensuite, il ne leur imposait pas assez, à cause de sa jeunesse. Il s'était, par ces causes, élevé entre eux une regrettable querelle, et quoique je fisse tout mon possible pour ramener les deux sapeurs à de meilleurs sentiments, je ne vins à bout que de Macguire et je me vis obligé, par la suite, de ramener Church en Europe. Je reviendrai plus loin sur la triste fin de son moins opiniâtre compagnon.

Les livres que m'avait remis Vogel, ainsi qu'un paquet de vieilles lettres qui ne m'était parvenues qu'après coup, m'aidèrent à prendre le temps en patience, jusqu'au retour de Sinder de mon jeune ami. Ce dernier revint le 29 décembre et j'eus, malheureusement pour peu de jours, la joie, inconnue pour moi depuis des années, de vivre avec un homme dont l'éducation répondait à la mienne, avec un compatriote; cette jouissance m'était rendue plus vive encore par la valeur personnelle de mon infortuné ami. C'était réellement une chose étonnante, que la facilité avec laquelle ce jeune homme aussi intelligent que courageux s'accommodait à tous les détails de la vie étrangère au milieu de laquelle il se trouvait jeté. Pleins d'espoir tous deux, nous vîmes arriver l'année 1855, pendant laquelle je devais retourner en Europe, après cinq années de fatigues et d'épreuves, tandis que mon nouveau compagnon allait compléter mes découvertes et mes travaux d'exploration.

Pendant les premiers jours de l'année, nous fîmes quelques excursions aux rives du Tsad, excursions qui acquéraient un intérêt nouveau par les changements qui s'étaient produits aux abords de ce lac marécageux, depuis le printemps de 1852, époque à laquelle je l'avais vu pour la dernière fois en revenant du Baghirmi. La ville de Ngornou presque toute entière avait été détruite par les eaux, et le lac s'étendait jusque près de Koukia, le village où nous avions fait notre première station, lors de la campagne du Mousgou.

Mon agréable vie en commun avec le docteur Vogel, prit fin par le voyage de ce dernier dans la province de Baoutschi, voyage qu'il entreprit le 20 janvier 1855. Je l'accompagnai pendant les deux premières journées, puis je le quittai en lui prodiguant mes souhaits de bonheur, sans me douter que ce jeune ami, si plein d'espérances, je ne devais jamais plus le revoir!

Le lecteur comprendra que je dus me trouver désormais seul et abandonné à Koukaoua. Je fus, en outre, atteint d'une cruelle affection rhumatismale qui m'accompagna jusque dans mon pays; elle me terrassa pendant plusieurs jours et m'affaiblit considérablement. Voyant que l'état de ma santé ne faisait qu'empirer, je n'en insistai que plus vivement auprès du cheik pour qu'il hâtât les préparatifs de mon départ; ce fut au point que le séjour de la ville me devint insupportable et que, le 20 février, je me retirai sur les digues de sable du Daouerghou, pour terminer mes affaires. Le cheik m'envoya, comme présent, cinq chameaux, auxquels j'en joignis moi-même deux autres; je me louai ensuite un guide jusqu'au Fezzan, auquel je payai d'avance la moitié de la somme convenue, croyant mon départ prochain; mais combien, cette fois encore, ne m'étais-je pas trompé!

Plusieurs circonstances contribuèrent à me faire retenir

deux mois encore par le cheik; d'abord, il ne semblait pas disposé à souscrire à ma prétention d'être remis en possession de mon bien volé, dont la valeur pouvait s'élever à un millier de thalers; peut-être aussi craignait-il pour moi le danger de voyager à ce moment, ou fut-il secrètement guidé par des nouvelles que lui avait apportées, peu de jours auparavant, un messager Tebou venu du nord; toujours est-il qu'il me fit prier, à plusieurs reprises, de rentrer en ville; sur mon refus, il m'envoya un domestique de mon ennemi, Diggelma, avec une escorte armée, de sorte que je me vis forcé de m'exécuter et de rentrer dans mon logement à Koukaoua.

Le 25 mars, arriva dans la capitale une caravane de cent Arabes avec soixante chameaux, dont le chef, nommé Hadj Djaber, apportait 1,000 dollars pour la mission; toutefois l'envoi était adressé, non à moi, mais au docteur Vogel. On me croyait toujours mort, et la caravane avait quitté le Fezzan avec cette conviction; ce ne fut donc pas sans une grande surprise que les Arabes me retrouvèrent parfaitement vivant. A la vérité, Hadj Djaber m'offrit, plus tard, de me remettre les fonds en question, mais le faux bruit qui s'était répandu, n'avait fait qu'accroître les embarras de ma situation; n'étais-je pas, tout au moins, fondé à croire qu'en Angleterre on m'avait retiré la direction de l'expédition, pour la confier à d'autres mains? Dans ces conjonctures, je fus d'autant plus heureux de voir enfin, le 28 mars, le cheik Omar me restituer les 400 dollars en espèces qui m'avaient été volés, et me promettre le remboursement des marchandises qui m'avaient également été dérobées; c'était du moins assez, avec un petit subside que j'espérais obtenir du docteur Vogel, pour solder mes créanciers de Kano et terminer mes préparatifs de départ; je renonçai donc à prétendre davantage, de crainte de créer de nouveaux retards et d'affaiblir les dispositions favorables de mon bon protecteur.

Attendant la première occasion propice pour mon départ, je fis en sorte de me distraire par l'étude de l'histoire et de la situation du Bornou et du Soudan en général, ainsi que par la conversation des individus les plus instruits parmi ceux que je connaissais; souvent aussi je me trouvais en société de mes deux derniers amis de Tombouctou, arrivés à Koukaoua depuis le 3 février. Quoi qu'il en fût, mon énergie ordinaire était épuisée et ma santé, complétement ruinée; mon grand souci était la question de savoir comment, malade comme je l'étais, je pourrais arriver au pays, et cette pensée m'obsédait au dernier point. Mon état d'épuisement s'aggravait encore par la chaleur extraordinaire qui se déclara vers le milieu d'avril (45° centigr.) et qui régnait chaque jour entre deux et trois heures de l'après-midi; tout mon entourage était convaincu qu'il ne m'était pas possible de supporter désormais plus longtemps le climat.

Cette conviction sembla ne pas être sans influence sur l'accélération de mon départ, et il me fut permis, au lieu d'attendre une plus grande caravane, de me mettre en route avec un marchand Tebou, nommé Kolo, qui devait être rejoint par une petite *kafla* d'autres Tebou, de la tribu des Dasa, qui se rendaient à Bilma pour y chercher du sel. Le 28 avril, je fis, en présence du cheik, un accord avec Kolo, et le même jour j'eus la joie fort vive de recevoir des lettres du docteur Vogel; ces lettres étaient datées en partie de Goudjeba (au sud-ouest de Koukaoua) et en partie de Jakoba, ville que n'avait encore visité aucun Européen, et indiquaient que l'entreprise de mon ami était en bonne voie. Ce jour fut réellement le plus heureux, ou plutôt le seul heureux qui marquât, depuis le départ de Vogel, mon séjour à Koukaoua.

Plein d'espoir de voir le docteur Vogel poursuivre avec succès mes travaux d'explorations et de découvertes, et de rentrer moi-même heureusement dans mon pays, je quittai pour la seconde fois le 4 mai, la ville, près d'une porte de laquelle j'allai camper pendant quelques jours, en attendant mon compagnon de voyage, Kolo. Le 9, tout était prêt pour mon départ vers le nord, et je me rendis une dernière fois à Koukaoua pour aller prendre congé d'Omar. Mon illustre ami, de la protection duquel j'avais joui pendant si longtemps et dont j'avais considéré la résidence comme ma patrie africaine, me chargea encore de le recommander au gouvernement britannique et me congédia ensuite de la manière la plus amicale.

Le lendemain, notre petite caravane se mettait en marche. Ma troupe se composait de mon fidèle serviteur Mohammed le Gatroni, qui n'était pas moins heureux que moi d'aller revoir son pays natal; de mes deux affranchis, Abbega et Dyrregou, du caporal Church, de onze chameaux et de deux chevaux. Nous arrivâmes, non sans maints petits déboires, à Yo, le 14 mai. A ma vive impatience, nous y restâmes cinq grands jours, pendant lesquels nous campâmes dans le lit desséché du *komadougou*. Je me sentis enfin heureux et libre de franchir, dans l'après-midi du 19 mai, la frontière factice du Bornou; jusqu'à ce moment, je n'avais pu me défendre d'une secrète crainte qu'un nouvel obstacle ne vînt entraver notre voyage.

Le lendemain matin, de bonne heure, nous étions à Barroua; nous y restâmes toute la journée pour nous y approvisionner de poisson sec, denrée à la préparation de laquelle cette localité doit sa célébrité, comme le lecteur se le rappellera par la description de mon voyage au Kanem. Ce poisson constitue le principal moyen d'échange au pays des Tebou, que nous avions à traverser au nord du Tsad, mais l'odeur qui s'en exhale en fait une marchandise fort incommode. Nous rencontrâmes à Barroua les Dasa ou Boulgouda, en compagnie desquels nous devions voyager jusqu'à Bilma, et nous suivîmes tous ensemble le chemin de Ngegimi. L'aspect du pays avait subi, depuis mon précédent passage, des changements extraordinaires ; toute mon ancienne route était submergée, la crue du Tsad ayant été, en cette année, extrêmement forte et les eaux du lac n'étant pas encore rentrées dans leur lit; de même que près de Ngornou, la rive semblait s'être effondrée et avoir baissé d'environ cinq pieds. En outre, il existait çà et là des hameaux d'éleveurs Kanembou, semblables à celui que retrace la vignette; les riverains du Tsad, hommes et animaux, prêtaient également leur contingent d'animation au pays. Nous vîmes ainsi les pirates Bouddouma, se livrant à leur occupation favorite, l'extraction du sel contenu dans les cendres du *siwak* (*Capparis Sodata*), et plus loin quelque troupe d'éléphants ou de buffles cherchant un peu de fraîcheur dans les eaux marécageuses du lac.

Le 22 mai, nous arrivâmes à Ngegimi, qui n'est pas la localité du même nom que j'avais visitée déjà lors de mon voyage au Kanem et de mon retour subséquent à Koukaoua; cette dernière avait été, dans l'hiver de 1853 à 1854, submergée par les eaux du Tsad, qui en recouvraient encore la place ; les habitants du village détruit, se retirant plus loin dans les terres, s'y étaient établis sur les digues. Nous vîmes bientôt arriver au camp les femmes des Kanembou, qui se distinguaient par la perfection de leurs formes; elles nous offrirent en vente des poulets, du lait et du *temmari* ou graine de cotonnier; elles nous apportèrent aussi du poisson, tant frais que séché. Elles recevaient, de préférence, du blé en paiement de leur marchandise, ainsi que des perles de verre destinées à orner leur corps d'ébène, dont le noir brillant était rehaussé par ces blancs ornements non moins que par de splendides dentures.

A partir de Ngegimi, nous quittâmes la route que j'avais prise déjà deux fois pour aller au Kanem et en revenir, et nous suivîmes pendant assez longtemps une direction complétement septentrionale. Traversant un pays montueux, nous arrivâmes dans la verdoyante vallée Kibbo, située à environ 2 1/2 milles de Ngegimi, et qui est remarquable non seulement par l'importance de ses sources, mais encore comme formant la limite septentrionale du domaine des fourmis blanches. Pendant la marche suivante, nous passâmes non loin du puits Koufe et nous traversâmes une contrée fort peu sûre, comme étant située sur le chemin des hordes de Touareg qui s'étendent depuis leurs établissements méridionaux du Damerghou jusqu'au malheureux Kanem. A quelques milles au delà de Koufe, nous rencontrâmes un courrier de la vallée Kaouar, le principal établissement des Tebou; cet homme nous apprit la mort de Hassan-Pacha, le gouverneur du pachalik de Fezzan; à cette nouvelle, déjà importante pour nous, il en joignit une autre qui nous concernait plus directement encore; c'est à dire que la route que nous avions à parcourir était menacée par les Efade, cette tribu pillarde et turbulente du nord de l'Asben, qui nous avait déjà causé tant de tribulations lors de mon voyage au Soudan, à travers le désert.

Ce danger et la grande chaleur qui régnait, dans cette saison, vers le milieu du jour, nous contraignirent de mettre de côté toutes nos aises et de voyager pendant une grande partie des nuits, tout en nous hâtant le plus possible d'avancer ; toutefois nous étions forcés de faire çà et là quelque jour de halte, à cause des difficultés du trajet, sensibles surtout aux pauvres esclaves des Tebou, réellement surchargés. La rapidité de notre voyage et la nécessité de cheminer seulement la nuit m'empêchèrent, à peu d'exceptions près, de rectifier ou de compléter les observations géologiques de Denham et de Clapperton, dans ces routes du désert ; je dois le regretter d'autant plus que le docteur Vogel lui-même, dans son trajet récent depuis le littoral septentrional jusqu'au Soudan, ne s'était occupé que d'observations astronomiques propres à établir ces routes dans leur direction fixe et leurs points principaux.

Nous rencontrâmes de nouveau un pays montueux aux belles vallées, fort propres, malgré leur état d'abandon, au pâturage des chameaux et des brebis. Le 28 mai, nous fîmes une courte halte au puits Belkaschi Farri ou Bedouaram ; c'était la même station où, plus tard, le sapeur Macguire fut assassiné, après une courageuse résistance, par une bande de Touareg ; en effet, après avoir appris, en 1857, la mort de son chef au Wadaï, il avait résolu de retourner en Europe, et ce fut ainsi qu'il périt et que furent perdus tous les papiers de Vogel en sa possession. Au delà de ce lieu, que marque à son tour la tombe d'un Européen, nous nous dirigeâmes de plus en plus vers le cœur du Sahara, et, dans l'après-midi du 31 mai, nous entrâmes en vue de l'immense mer de sable, dont l'indicible majesté me remplit de nouveau d'une émotion profonde. Devant nous s'étendait l'effrayant et morne désert de Tintoumma, et nous commençâmes une longue et pénible marche, ensevelis souvent dans des nuages de sable soulevés par un vent violent, jusqu'à ce que nous rencontrâmes enfin les rochers d'Agadem, et la vallée qu'ils enferment. Nous dûmes y rester deux jours, afin que nos pauvres esclaves pussent se refaire quelque peu ; mais nous eûmes beaucoup à souffrir encore des tourbillons de sable, et, comme cet endroit forme la station de toutes les caravanes en général, nous fûmes accablés d'un autre fléau, consistant en des myriades de poux du chameau, dont le sol était littéralement couvert.

Tandis que nous poursuivions notre voyage, le 5 juin, j'acquis la certitude que tout Agadem forme un vaste creux de terrain, s'étendant à l'est d'une série de rochers qui domine, d'une hauteur d'environ 300 pieds [1], la plaine environnante ; à l'ouest, au contraire, ainsi que vers le nord, il est borné par des collines de sable ; son élévation vers l'ouest est plus considérable que du côté opposé. Cette vallée produit abondamment des buissons de *siwak* (*Capparis Sodata*), et l'on y rencontre même temporairement quelques habitants isolés, appartenant principalement à la tribu des Bolodoua et des Amwadebe. Le plateau de la région du désert voisine était fréquemment interrompu par des chutes de terrain aux bords escarpés, s'étendant de l'est à l'ouest ; le sol redevint ensuite tellement uniforme que l'on eût pu le comparer à l'océan de sable du désert. Çà et là apparais-

---

[1] Je rappellerai au lecteur que les hauteurs indiquées sur la carte géographique accompagnant cet ouvrage, sont celles au dessus du niveau de la mer.

saient encore quelques petites crêtes de roc; nous rencontrâmes aussi, chemin faisant, une quantité de ces singulières cristallisations sablonneuses que les indigènes nomment « pousses de terre, » et dont l'origine n'est pas encore bien connue.

Le 7 juin, nous atteignîmes les sources de Dibbela. En approchant de cet endroit, je fus frappé du caractère romantique et plein d'un sauvage enchantement, propre à toute la contrée; tout autour s'élevaient de hautes collines de sable, dominées à leur tour par de noires masses de rocher et entrecoupées de vallées profondes, aux palmiers d'Égypte isolés. L'eau des sources était détestable, à cause de la grande quantité de natron dont elle était saturée. C'était à ce même endroit que M. Henry Warrington, qui avait accompagné le docteur Vogel à Koukaoua comme interprète, succomba aux suites de la dyssenterie, en retournant vers le nord; or, il est très probable que ce malheur fut dû à la mauvaise qualité des eaux. Immédiatement derrière le creux de terrain où se trouvaient les sources, s'étendait une seconde vallée où je ne vis plus que des *talha*, au lieu de palmiers d'Égypte. Après avoir franchi les digues sablonneuses de Dibbela, nous arrivâmes dans une plaine plus haute, dominée par d'autres éminences de sable, et nous campâmes sur le sol nu, à une heure avancée de la soirée. J'éprouvais toujours un plaisir sans nom, pendant ce pénible voyage à travers le désert, à m'étendre, à chaque station où nous arrivions, de tout mon long sur le sable; en effet, celui-ci est généralement si doux et si fin, qu'il serait impossible de se procurer une couche plus moelleuse. Que l'on se figure en outre le ciel splendide des nuits africaines, et l'on comprendra combien devaient être délicieuses nos deux heures de repos, quoique le sommeil n'y trouvât pas toujours sa complète satisfaction.

Le lendemain, nous remarquâmes, comme plusieurs fois déjà depuis notre entrée au désert, que le sol était humecté par une légère pluie, fait contraire à l'opinion généralement répandue, qu'il ne pleut jamais dans toute cette partie du Sahara ; à la vérité, la pluie qui tombe ne suffit pas à la croissance d'herbes et de plantes, mais le sol portait néanmoins des traces nombreuses de l'*Antilope Bubalis.*

Une marche forcée extrêmement pénible, et qui coûta la vie à quatre de nos malheureux chameaux Kanori, nous conduisit au puits Saoukoura, où nous arrivâmes, le 9 juin, dans un état d'épuisement complet. La vallée où se trouvaient les sources, à quelques pieds seulement au dessous du sol, offrait un aspect fort agréable, tous les abreuvoirs étant garnis de *siwak* et de buissons de palmiers. Une petite caravane de Tebou, que nous y rencontrâmes, nous donna la favorable assurance que la tribu rapace des Efade était rentrée dans son pays, de sorte que nous n'avions plus rien à craindre de ce côté. Cette bonne nouvelle nous permit de nous livrer à une journée de repos dont nous avions tous le plus grand besoin, pour nous diriger ensuite, en toute sécurité, vers la grande oasis des Tebou.

Après une marche de quinze heures, nous atteignîmes la limite méridionale de cette oasis, où se trouve l'abreuvoir de Mouskatenou, qui forme le premier une légère transition du désert aux contrées fertiles, en ce sens qu'elle ne constitue qu'un enfoncement de terrain peu considérable, rempli de marne et d'alun. La chaleur était, ce jour là, plus intense que de coutume, c'est à dire de 43°,3 centigr. (54°,7 R.) ; mais nous étions si désireux d'arriver à l'oasis proprement dite, que nous nous remîmes courageusement en route, vers l'après-midi. Cet endroit ne terminait pas seulement la première grande partie de notre voyage dans le Sahara, mais constituait encore un point des plus importants de toute cette région du désert ; en effet, il est le siége du petit peuple Tebou, qui y vit de son existence propre, placé au cœur du Sahara comme pour faciliter les rapports réciproques d'autres nations séparées entre elles par d'immenses espaces.

Avant d'atteindre le commencement de la vallée proprement dite, nous eûmes à gravir plusieurs éminences dont le sable n'était pas aussi profond que me l'avaient fait croire certaines descriptions. Là commençait la vallée aux palmiers des Tebou, nommée par eux Henderi Tege ou Tedê, et, par les Arabes, Kaouar, au pied d'un vaste rocher au large sommet. Le site était fort intéressant, et le sol verdoyant était couvert de petits jardins plantés de quelques légumes, de *ghedeb* (*Melilotus*), et bordés de feuilles de palmiers ; le tout était ombragé de beaux groupes d'arbres de cette dernière espèce. Après le morne trajet que nous venions d'effectuer, je fus tellement heureux d'être arrivé là, que je ne pus refuser à mes domestiques le plaisir de tirer une couple de coups de fusil, quoi que je fusse devenu très avare de ma petite provision de poudre.

Nos compagnons, les marchands de sel de Dasa, nous quittèrent à cet endroit et établirent leur camp à côté de l'épais bois de palmiers où se trouve la petite ville déchue de Bilma ; pour satisfaire notre compagnon Kolo, nous allâmes nous installer dans un aride vallon salé, près d'un petit village nommé Kalala, où Kolo avait des amis. J'eus du moins, en cet endroit peu agréable, l'occasion de me distraire en allant visiter les célèbres gisements de sel de Bilma. Ils étaient situés à quelques centaines de pas et formaient de petits bassins réguliers, de 12 à 15 pieds de diamètre, et entourés de tas de détritus. C'est dans ces bassins que se rassemblent les eaux des environs, saturées de sel, et que l'on recueille pour les faire évaporer dans des moules d'argile de la forme et des dimensions que j'ai indiquées plus haut. Aux bords des bassins, pour autant qu'ils fussent secs, s'attachaient de longues aiguilles de sel. Je ne vis qu'une petite quantité de ce produit préparé, l'époque où les Kel Owi viennent le chercher, n'arrivant que plusieurs mois plus tard; tous les environs des bassins au sel doivent offrir alors un coup d'œil fort animé et des plus intéressants.

Le jour où nous campâmes près de Kalala, c'est à dire le 13 juin, nous eûmes de nouveau, vers deux heures de l'après-midi, une petite ondée avec une température de 42° cent. (35° 6 R.) à l'ombre. Le lendemain, nous poursuivîmes de grand matin notre route dans la vallée Kaouar et nous vîmes bientôt à notre droite d'abrupts sommets de roc formant parfois des terrasses fort pittoresques. La vallée, de son côté, se couvrait de bois et, lorsque vint le jour, les nombreuses rencontres que nous fîmes, témoignèrent de l'animation qui régnait dans la vallée. Non loin du village Eggir, cette dernière était quelque peu rétrécie par une petite crête de roc; nous fîmes notre halte du midi au bord d'un bois de palmiers, à un endroit où l'on cultive aisément toute espèce de plantes au moyen d'un grand nombre de puits à traction; le sol, par lui-même, produisait également de l'*aghoul* (*Hedysarum Alhadji*) et du *molouchia* (*Corchorus Olitorius*). Pendant l'après-midi, nous passâmes devant plusieurs villages, puis nous arrivâmes à la plantation de dattiers de Dirki. Le bois dont elle est formée, et que nous traversâmes, était fort beau et les fruits étaient déjà presque mûrs; la ville elle-même avait, au contraire, le plus misérable aspect. Elle est cependant de quelque importance dans toute l'étendue du désert et l'était même pour moi, en ce sens que j'y rencontrai le seul forgeron de toute l'oasis, mes chevaux devant être ferrés à neuf pour traverser la région fort pierreuse qui s'étendait au delà de la vallée. Cet homme me promit d'envoyer le nécessaire à Aschenoumma, mais il ne tint point parole et fut ainsi cause que mes chevaux furent fourbus et que je perdis même l'un d'eux.

Laissant encore deux villages à notre droite, nous arrivâmes à Aschenoumma, la résidence du chef des Tebou. Cette petite localité est située sur une terrasse peu élevée formée par le versant des rochers escarpés qui bornent, du côté de l'est, la vallée. Nous ne campâmes pas près de la ville, où la chaleur, renvoyée par les rochers voisins, est intolérable; nous descendîmes, au contraire, dans la vallée, où un petit bois de palmiers entourait un groupe isolé de blocs de grès, au pied duquel il s'était amassé de l'eau dans quelques grandes excavations situées à peine à un pied du sol.

La petite ville d'Aschenoumma semble avoir éveillé de bonne heure l'attention des géographes arabes; toutefois elle ne se composait guère que d'environ 120 huttes basses, éparses sur le flanc du rocher, sans aucune symétrie. Je m'y rendis dans l'après-midi pour aller faire ma visite au chef, et je trouvai en lui un homme vieux avant l'âge, pauvrement vêtu, mais qui me reçut avec une convenance et une considération exemptes de tout reproche. Il accepta avec reconnaissance le présent que je lui offris et qui consistait en une tunique noire, quelques *tourkedi* et un voile;

il m'exprima ensuite l'espoir que je traverserais sain et sauf la région du désert qu'il me restait à franchir encore, pourvu que je ne perdisse pas plus de temps ; aussi ne restâmes-nous que jusqu'au lendemain en cet endroit agréable. Sur ma demande, le caporal Church gravit l'éminence de roc qui dominait Aschenoumma, afin de s'assurer si la vallée était également bornée à l'ouest par des montagnes, comme l'indique sur sa carte le capitaine Clapperton ; or, au moyen de ma lunette d'approche, il put constater l'exactitude de cette assertion. La vallée Kaouar pouvait avoir, à cet endroit, une largeur de quatre milles allemands.

Le 17 juin, nous quittâmes la résidence de ce petit prince du désert et, par une marche de 1 3/4 milles, nous atteignîmes la ville d'Anikimma, après avoir traversé deux gorges où la vallée, considérablement rétrécie, passait entre des rochers fort rapprochés entre eux. Anikimma, qui n'offrait guère d'importance en soi-même, n'en manquait pas à mes yeux, comme étant le lieu natal de mon compagnon, Kolo ; il en résultait que j'allais devoir accomplir seul avec mes domestiques la seconde moitié de mon voyage à travers le désert. Kolo nous régala parfaitement, au bord du bois de palmiers où nous campions, puis nous dîmes adieu à cet honnête compagnon de voyage. En cinq quarts d'heure, nous arrivâmes à Anay, la localité la plus septentrionale de la vallée Kaouar, où nous devions faire nos préparatifs pour la suite du voyage. Ces préparatifs consistaient principalement en l'achat d'une quantité de fourrage suffisante pour nos chameaux, afin de pouvoir effectuer les vingt journées de marche qui nous séparaient du point habité le plus méridional du Fezzan.

Devant nous s'étendait désormais une zone de désert,

large de 70 à 80 milles allemands, distance qui, grâce aux sinuosités de la route que nous avions à parcourir, équivalait bien à 100 milles. Le sol y était généralement rocailleux et semé d'éminences assez considérables. Il nous fallait traverser cette région inhospitalière avant de pouvoir songer à rencontrer le moindre établissement fixe, depuis Anay jusqu'à Tiggeri, au Fezzan. Toutefois le voyageur rencontre, surtout dans cette première partie de notre itinéraire, de petites oasis verdoyantes qui l'invitent au repos, en ce qu'elles lui offrent de l'eau, de l'ombre et des herbes pour les animaux; mais nous n'osâmes, vu notre petit nombre, nous arrêter à tous ces endroits du désert favorisés, du moins assez longtemps pour pouvoir nous reposer suffisamment de notre marche pénible sur un sol couvert de sable aveuglant ou de rude gravier, de collines sablonneuses et de défilés de roc; marche rendue pénible non seulement par toutes ces causes, mais encore par notre crainte des pirates du désert rôdant aux alentours. Toute notre sécurité reposait sur une célérité de marche semblable à celle d'une fuite et, sauf quelques heures de repos le midi et le soir, nous voyagions sans nous arrêter, soumettant nos forces et celles de nos animaux aux épreuves les plus rudes qu'elles fussent à même d'affronter.

Ce fut dans l'après-midi du 18 juin que nous commençâmes cet effrayant itinéraire. A moins d'une lieue au delà d'Anay, nous sortîmes de la vallée Kaouar, par un défilé rocailleux, pour rentrer dans le désert en y atteignant un niveau plus élevé. A environ 7 3/4 milles plus loin, nous gagnâmes, près d'Iggeba, une chute de terrain peu profonde, s'étendant au pied occidental d'une éminence; elle était garnie d'herbes ainsi que d'un grand nombre de palmiers d'Égypte et renfermait une source dont l'eau était d'une délicieuse fraîcheur. A partir de cet endroit, nous prîmes la route occidentale qui conduisait vers l'oasis de Siggedin, dont la situation topographique a été notée avec beaucoup d'inexactitude par Denham et Clapperton; cette route se nomme, d'après un certain défilé, Nefassa Serhira, ou « la petite gorge. » Siggedin, éloigné d'environ 5 1/2 milles d'Iggeba, s'étend également au pied occidental d'un groupe de montagnes considérable, qui s'étend de l'ouest à l'est; cette localité est abondamment ornée de palmiers d'Égypte, de palmiers flabelliformes, de dattiers et de *gherred* (*Mimosa Nilotica*); en outre, le sol, quoique couvert d'une croûte de sel en certains endroits, nourrit de grandes quantités de l'herbe nommée *sebot*. De temps à autre, à une époque plus avancée de l'année, il vient y demeurer temporairement des individus étrangers à la localité, et quelques maisons de pierre isolées, sur une sorte de promontoire du rocher, attestaient leur séjour occasionnel en ces lieux.

Nous arrivâmes à la vallée peu profonde de Djehaya ou Jat, par une marche forcée de plus de 7 milles. A nos fatigues était venu se joindre un véritable état de cécité, dû au vif éclat du sable blanc; mais notre arrivée dans la vallée riche en verdure, nous soulagea beaucoup, bêtes et gens. Le lendemain 23 juin, nous arrivâmes, par une contrée réellement fort rude, à une autre vallée, située à 15 milles plus loin, également très fournie de végétation et ornée de magnifiques *talha*; cette vallée était située à peu de distance du groupe de montagnes, Tiggera N Doumma, qui forme la frontière, quelque peu imaginaire, du Fezzan et du pays des Tebou indépendants. Nous pouvons également considérer ce point comme formant à peu près la limite du palmier d'Égypte (*Cucifera Thebaica*), dont il a été si souvent question dans le récit de mon voyage; car je ne vis plus de cet arbre qu'un exemplaire, le dernier, parmi les *talha* en fleurs qui entouraient le puits Maferass, le plus méridional du Fezzan et situé à environ 4 milles de Tiggera N Doumma. Nous passâmes, le 26 juin, à 4 3/4 milles plus au nord, près d'un second puits du même nom, et qui est celui dont le docteur Vogel a déterminé la position par ses observations astronomiques. Pour y arriver, nous dûmes traverser une vaste pleine déserte, véritable *meraïe*, féconde en mirages. Ce jour là, nous perdîmes, au delà d'Anikimma, notre premier chameau, et précisément celui sur les forces duquel nous avions le plus compté; ce malheur nous inspira les craintes les plus sérieuses pour l'avenir, et en effet, avant mon arrivée à Moursouk, trois autres chameaux et l'un de mes deux chevaux succombèrent aux terribles fatigues du voyage.

Le puits le plus prochain, après le puits Maferass, était celui d'El Ahmar ou Maddema, situé à 9 1/2 milles plus loin, en plein désert; abondamment entouré de coloquintes et de toute espèce de plantes propres à cette région, il était borné, au sud-ouest, par un groupe de montagnes imposant, mais j'y vis aussi de nombreux ossements d'hommes et d'animaux, gisant sur le sol et blanchis aux souffles de l'air. Nous passâmes en cet endroit la journée du 27 juin, qui fut réellement la plus chaude de tout mon voyage au désert; le thermomètre marquait, à l'ombre la plus fraîche que je pus trouver, 45°6 centigr. (36°4 R.), à deux heures de l'après-midi; au coucher du soleil, la température était encore de 40°6 centigr. (32°4 R.) [1]. Ce ne fut que pendant la nuit,

---

[1] La température la plus basse que je constatai pendant le mois de juin

qu'un vent violent amena quelque peu de fraîcheur. Toute vie animale n'était pas éteinte en ces lieux, car j'y trouvai en quantités énormes certaine espèce de scarabées; nous y vîmes également une troupe de gazelles, mais point de bêtes féroces.

Les marches suivantes étaient bien faites pour briser ce qu'il nous restait encore de force; non seulement elles furent longues, mais rendues doublement fatigantes par la nature rude et montagneuse du sol. Le 30 juin, nous pénétrâmes dans une vallée étroite et sinueuse qui nous conduisit au cœur d'un sauvage groupe de montagnes, et nous fîmes halte près d'une source portant à juste titre le nom d'El War, qui signifie « la peine. » Plus loin notre route passait par des défilés non moins resserrés, comme le Thnie E' Serhira ou « l'étroit passage, » où les rochers étaient ondulés de la manière la plus étonnante, et offraient l'aspect des vagues de la mer; plus loin, nous eûmes à franchir le Thnie El Kebira, au delà duquel nous arrivâmes, après avoir gravi avec difficulté quelques collines de sable, au puits Mescherou. Nous avions franchi environ 30 milles allemands depuis notre départ d'El Ahmar, le 28 juin.

Le puits Mescherou est célèbre par la quantité d'ossements de malheureux esclaves, dont il est entouré. Grâce à notre marche précipitée, nous ne nous y arrêtâmes que le temps nécessaire pour remplir nos outres et abattre un malheureux

---

1855, était, vers deux heures de l'après midi, 104° Fahr., soit 40° cent. ou 32° R. Au coucher du soleil, le thermomètre varia, pendant ces jours, de 68° à 86° Fahr. (20° à 30° cent. ou 16° à 24° R.). Pendant la seconde moitié d'avril, le dernier mois que je passai à Koukaoua, nous eûmes plusieurs fois, à ces mêmes heures, 113° Fahr. (45° cent. ou 36° R.), et jamais moins de 103° Fahr. (39°4 cent. ou 31°6 R.).

chameau devenu incapable d'avancer davantage. Nous fîmes encore environ neuf lieues et, le lendemain, après une marche de quelque cinq milles, nous arrivâmes au premier bois de palmiers du Fezzan. Nous rencontrâmes en cet endroit une petite caravane Tebou, qui me communiqua l'heureuse nouvelle que M. Frédéric Warrington, qui m'avait, cinq ans auparavant, accompagné pendant quelque temps depuis Tripoli, m'attendait à Moursouk.

Nous avions effectué ainsi la partie la plus périlleuse de notre pénible voyage à travers le désert; en effet, le 6 juillet, au matin, nous arrivâmes à la première localité du Fezzan, Tegerri ou Tejerri. Nous ressentîmes une impression aussi bienfaisante que profonde, lorsqu'à travers le léger feuillage, apparurent à nos regards les hautes murailles d'argile de cette petite ville, murailles semblables à celles d'une forteresse. Cette fois encore, je ne pus empêcher mes domestiques d'ébrécher de nouveau ma petite provision de poudre. Les habitants sortirent de la ville pour nous souhaiter la bienvenue; malheureusement, ils étaient trop pauvres pour pouvoir nous faire beaucoup plus que cette politesse, et ce ne fut qu'à grand'peine que je pus me procurer chez eux un poulet et une poignée de dattes. Après une courte halte, nous nous mîmes en route vers Madroussa, le village natal de mon fidèle Gatroni, qui y fut reçu à bras ouverts par sa famille. Cet honnête serviteur, dans la joie du retour, n'oublia pas son maître et m'offrit un excellent déjeuner qui fut relevé par un dessert auquel je n'étais plus guère habitué, consistant en quelques grappes de raisin. Peu après midi cependant, nous nous remîmes en route, et quoiqu'un accueil hospitalier nous attendît à Gatron, mon impatience de sortir du désert ne me permit aucun retard;

après deux longues étapes, nous rencontrâmes, près du village Yesse, le commode camp de M. Warrington, en compagnie duquel je fis enfin, le 14 juillet, mon entrée à Moursouk. Avant même d'arriver à la ville, nous fûmes reçus avec honneur par un grand nombre d'habitants notables, parmi lesquels je remarquai un officier du pacha.

J'avais donc enfin atteint la ville où devait, selon toute apparence, se terminer la série de mes misères et de mes dangers; mais il ne devait pas en être ainsi, car l'oppression du gouvernement turc avait fait éclater un grand soulèvement parmi les tribus les plus indépendantes du pachalik tripolitain, soulèvement qui s'étendait du Djebel sur tout le Ghourian, gagnant sans cesse du terrain et paralysant tout commerce. Le fauteur de ce mouvement était ce chef nommé Rhoma, qui, après avoir été pendant de longues années prisonnier des Turcs, avait pu, pendant la guerre de Crimée, s'échapper de Trébisonde, où il était renfermé. Cette situation me créait les plus sérieuses difficultés par le trajet que j'avais à faire par ces contrées, et me força de séjourner à Moursouk plus longtemps que je ne l'eusse voulu sinon, en présence de mon impatience d'arriver. Toutefois, je ne restai en cette ville que six jours, faisant les préparatifs de la dernière partie de mon voyage et congédiant deux de mes bons et anciens serviteurs. L'un d'eux était Mohammed le Gatroni, dont j'ai souvent loué l'attachement et la fidélité; sauf un congé d'une année, qu'il était allé passer auprès des siens, il avait été pendant cinq ans mon compagnon inséparable, et, si mes moyens me l'eussent permis, j'aurais doublé la gratification de 50 écus d'Espagne que je lui avais promise en sus de ses gages.

J'avais résolu de me rendre tout d'abord à Sokna, pour y

terminer ce qu'il me restait à faire. Je quittai donc Moursouk, dans l'après-midi du 20 juillet, et, passant par Rhodoua, village où se trouve un beau bois de palmiers et qui porte les vestiges d'un certain bien-être, j'arrivai à Sebba, qui avait été, il y a quelque vingt ans, la résidence du chef des Ouëlad Sliman, mes farouches compagnons de l'expédition au Kanem. A 4 ou 5 milles plus loin, je rencontrai, près de la petite ville de Temahint, un camp d'Arabes de la même tribu, qui s'informèrent avec curiosité de leurs frères de la lointaine Nigritie. Mon audacieux voyage à travers le désert, avec une poignée d'hommes seulement, excita l'admiration de ces hardis flibustiers eux-mêmes, et ils s'étonnèrent de ce que ceux de leurs compatriotes qui voulaient rentrer au pays, ne se fussent pas joints à moi pour faire, par mon entremise, leur paix avec les Turcs. Le 2 août, je gagnai l'importante ville de Sokna, après avoir traversé une région du désert pierreuse et stérile, rencontré le puits Om El Abid, et franchi ensuite le rude col de Soudah.

La ville de Sokna constitue encore aujourd'hui un point fort intéressant, tant sous le rapport de l'activité commerciale qui y règne, que sous celui du caractère des habitants; ils y ont conservé un dialecte de la langue berbère, qui leur est commun avec les Fokha, vivant à trois journées de Sokna, sur la route de Ben Ghasi. La ville offre de magnifiques plantations de dattiers et d'autres arbres fruitiers. Sa situation était alors défavorable, à raison de l'état de soulèvement des contrées septentrionales voisines, d'autant plus que tout commerce était mort et que les vivres étaient fort chers à Sokna. Aussi mes difficultés s'accrurent-elles à partir de cette ville ; et, comme l'impossibilité de louer des chameaux m'y retint neuf jours, je fus fort heureux de pouvoir du moins obtenir un logement excellent et bien aéré, en dehors des étroites rues de la ville.

En attendant, je délibérai sur ce que j'avais à faire, avec quelques personnages notables auxquels j'avais été recommandé. Nous écartâmes, comme trop dangereuses, la route ordinaire de Bondjem, ainsi que la voie détournée de Ben Ghasi, et je me décidai à en prendre une plus occidentale, celle nommée Teik El Merhoma, qui conduisait à une série de vallées encore inconnues aux Européens. Il me fallait avant tout attendre le courrier, pour connaître les nouvelles les plus récentes du théâtre de la guerre. Ces dernières n'étant nullement favorables, je me vis forcé d'augmenter en conséquence le loyer des chameliers avec lesquels je m'étais entendu déjà conditionnellement, et le 12 août, je me trouvai enfin prêt à partir. La route que j'avais choisie me conduisit, par les puits El Hammam, El Marati, Erschidie et Gedafie, à la vallée Ghirsa aux antiques et curieux tombeaux en forme d'obélisques, vallée qui fut l'objet d'un intéressant voyage d'exploration de la part du bien méritant lieutenant Smyth, amiral aujourd'hui. En quittant cette charmante vallée, encaissée entre de raides parois de roc, nous arrivâmes, par un rude et rocailleux plateau, à la vallée Semsem. Il s'y trouvait, à cette époque, un camp considérable d'Arabes, et même quelques chefs de la révolte actuelle, ce qui ne rendait pas ma position sans danger. Heureusement, ces tribus vouaient aux Anglais une considération trop grande pour s'opposer à mon passage; toutefois, ils me firent entendre clairement que s'ils pouvaient soupçonner chez les Anglais la moindre hostilité envers les populations arabes soulevées, ils couperaient le cou, non seulement à moi, mais à tout Européen qui leur tomberait entre les mains. Nous eûmes à cet égard un long et sérieux entretien, dans lequel je m'efforçai de leur faire comprendre ce qui pouvait le mieux contribuer à leur bien-être, et de leur prouver qu'ils n'avaient eux-mêmes que peu d'espoir de se soustraire à la domination des Turcs. Ayant promis ensuite un beau présent à l'un des personnages les plus éminents d'entre eux, j'obtins la permission de continuer mon voyage; je louai donc des chameaux frais jusqu'à Tripoli, ce qui me coûta beaucoup de peine, car personne n'osait se risquer à se rendre à la capitale, et je devais répondre, en outre, des bêtes qui m'étaient confiées. Je poursuivis mon voyage vers Beni Oulid, ce groupe de petits villages déjà connu depuis le capitaine Lyon, et consistant en maisons de pierre à demi détruites, que dominent les ruines de nombreuses forteresses du moyen âge; groupe de villages entrecoupés de vallées profondes, qu'ornent de magnifiques palmiers oléifères. En m'approchant de cet endroit, j'eus la joie de rencontrer un messager que M. Reade, le vice-consul anglais à Tripoli, avait courtoisement envoyé à mon rencontre, et qui était porteur de quelques lettres et d'une bouteille de vin, boisson que je n'avais plus eu, depuis des années, le plaisir de savourer.

Il se trouvait alors à Beni Oulid un frère de Rhoma, le chef de la révolte; la divergence d'intérêts des divers chefs de la localité, me causa en outre maintes difficultés, tout en finissant, du reste, par favoriser mon départ. Somme toute, j'étais réellement heureux de laisser derrière moi cette petite communauté turbulente, car je pouvais croire, désormais, avoir surmonté le dernier obstacle qui pouvait entraver mon prompt retour au pays. Ce ne fut que pendant l'année suivante que Rhoma fut battu; ayant tenté de relever une seconde fois le drapeau de l'insurrection, il fut tué près de Rhat, en 1858.

Au soir du quatrième jour après mon départ de Beni Oulid, j'arrivai à la petite oasis d'Aïn Sara, où je m'étais autrefois arrêté pendant quelques jours pour me préparer à ma longue pérégrination dans le centre de l'Afrique. J'y fus reçu de la manière la plus cordiale par M. Reade, qui était arrivé de la ville avec sa tente et tout un assortiment d'objets européens, pour me faire les honneurs du monde civilisé, attention à laquelle je fus on ne peut plus sensible, comme bien le pensera le lecteur.

Après une soirée passée fort agréablement, j'entrepris ma dernière marche sur le sol africain, pour faire mon entrée solennelle à Tripoli. Lorsque nous nous approchâmes de la ville, que j'avais quittée depuis cinq ans et demi et qui me semblait être le port du repos et de la sécurité, mon cœur frémit de joie, à la pensée du long voyage que je venais d'accomplir. J'éprouvais une sensation extraordinaire à la vue des magnifiques jardins des environs de Tripoli, mais mon émotion fut plus profonde encore, lorsque je contemplai l'immense surface de la mer, dont la teinte bleu foncé reflétait les rayons du splendide soleil des contrées méridionales. C'était le magnifique lac intérieur du monde ancien, le berceau de la civilisation européenne, qui avait été de bonne heure l'objet de mes plus ardents désirs et de mes études les plus assidues. Lorsque je foulai, désormais en sécurité, le rivage de cette belle Méditerranée, je me sentis le cœur si plein d'un sentiment de reconnaissance envers l'Être-Suprême, que je faillis descendre de cheval pour m'agenouiller au bord de la mer et me confondre en actions de grâces à cette Providence qui m'avait permis de traverser tant de dangers semés sur ma route, dangers dus au fanatisme des hommes et aux intempéries du climat.

C'était précisément jour de marché, et la place qui sépare la *menschiah* de la ville, était pleine de mouvement et de bruit. Mais quoiqu'on se livrât ici aux travaux de la paix, l'appareil de la guerre à son tour ne faisait pas défaut ; en effet, le rivage était couvert de soldats venus d'Europe pour tenir en respect les habitants, et je remarquai, dans le nombre, beaucoup d'individus solides, qui me semblaient capables, malgré toutes les fautes du gouvernement ottoman, de maintenir longtemps encore la domination qu'il exerce sur son vaste empire. Ces flots épais de peuple, aux groupes divers et bigarrés, cette immense mer bleue couverte de vaisseaux, ces bois touffus de palmiers, ces murs de la ville, blancs comme de la neige, resplendissant sous l'éclat d'un soleil radieux, formaient un ensemble aussi imposant qu'animé. J'entrai ainsi dans la ville, ému jusqu'au plus profond du cœur. Le consul général, colonel Herman, était absent, mais je fus néanmoins logé dans sa belle demeure, où me reçurent avec effusion tous mes anciens amis.

Je restai à Tripoli quatre jours, puis je m'embarquai sur le vapeur turc qui retournait à Malte après avoir amené les troupes. La traversée fut belle et rapide, et mes deux affranchis, Abbega et Dyrregou, que j'emmenais en Europe avec l'espoir de les mettre à même de rendre des services lors de futurs voyages d'exploration, ne souffrirent que peu et s'habituèrent vite à un élément aussi nouveau qu'étrange pour eux. Je ne fis à Malte non plus qu'un séjour très court, et je pris le plus prochain bateau à vapeur sur Marseille pour arriver en Angleterre par la voie la plus expéditive. Je passai à Paris sans m'y arrêter et, le 6 septembre, j'arrivai à

Londres, où lord Palmerston et lord Clarendon me reçurent cordialement en prenant une part des plus grandes au magnifique succès qui avait couronné mon expédition.

Ainsi se termina ma longue et pénible carrière d'explorateur de l'Afrique, dont cet ouvrage a retracé sommairement les détails. Préparé de corps et d'esprit à une pareille expédition, par des études, des expériences et l'habitude des fatigues, dans un précédent voyage dans l'Afrique septentrionale et l'Asie Mineure, je m'étais volontairement associé à l'entreprise, dans des conditions d'ailleurs on ne peut plus défavorables.

Le plan général de l'expédition avait été fort restreint, dans le principe, et les ressources pécuniaires qui y furent affectées, étaient également fort peu considérables ; l'heureux succès de notre entreprise pouvait seul en accroître l'importance, et ce succès était dû surtout à mon voyage auprès du sultan d'Agades, grâce auquel la confiance était revenue à notre petite troupe, éprouvée par tant d'événements malheureux. Lorsque le chef primitif de l'expédition eut succombé aux influences d'un climat meurtrier, j'avais repris, au milieu des plus grandes difficultés, son œuvre à peine ébauchée, et j'étais parvenu à explorer, presque sans ressources pécuniaires, des contrées jusqu'alors inconnues. Après avoir vécu ainsi quelque temps, je fus investi, à mon tour, par la confiance du gouvernement britannique, de la direction de l'entreprise; pourvu de subsides peu considérables qui ne me parvinrent même pas toujours, et frappé d'un nouveau malheur par la perte de mon dernier compagnon européen, je ne m'en livrai pas moins à un voyage dans le lointain occident, en vue d'aller visiter Tombouctou et d'explorer la partie du Niger restée voilée au monde scientifique par la mort prématurée de Mungo Park. Cette tentative de ma part réussit au delà de toute attente, et je pus non seulement arracher à son obscurité toute l'immense région restée plus inconnue, même aux marchands arabes, que toute autre partie de l'Afrique [1], mais encore à nouer des rapports d'amitié avec tous les chefs les plus puissants des rives du Niger, jusqu'à la ville mystérieuse de Tombouctou.

J'accomplis tous ces travaux, y compris le paiement des dettes de l'expédition précédente, s'élevant à plus de 2,000 thalers, moyennant 10,000 thalers seulement. S. M. le roi de Prusse y contribua pour 1,000 thalers, et j'en donnai moi-même pour 1,400. J'ai, sans nul doute, laissé sur ma route une ample part de travaux pour mes successeurs, mais j'ai du moins la satisfaction de pouvoir dire que j'ai découvert aux yeux du public savant de l'Europe de vastes régions du continent africain naguère inconnues ; que j'ai non seulement fait connaître plus ou moins ces contrées, mais encore rendu possible avec elles des rapports réguliers de la part du commerce européen.

J'ai donc lieu d'espérer que cette heureuse exploration de l'Afrique centrale, subsistera comme une précieuse acquisition du génie germanique, et j'espère avec confiance que de nouveaux travaux viendront compléter le résultat de mes efforts.

[1] Il semble étonnant que la contrée située immédiatement à l'orient de Tombouctou, jusqu'à Katchna (Katsena), soit plus inconnue aux marchands mores, que tout le reste de l'Afrique centrale. (*Quarterly Review*, mai 1820, page 234.) Le capitaine Clapperton s'exprime dans le même sens, en parlant des dangers de la route de Sokoto à Tombouctou (second voyage, p. 225).

APPENDIX.

APPENDICE.

APPENDICE.

APERÇU HISTORIQUE, ETHNOGRAPHIQUE ET POLITIQUE SUR LE WADAI.

I

Nous avons vu, dans les parties de mon ouvrage où je me suis occupé de l'histoire du Baghirmi, qu'un vaste royaume avait été fondé par la tribu des Tundjour, et que ce royaume, composé d'une foule d'éléments hétérogènes à peine rassemblés, ne mit pas même un siècle à tomber dans un état de ruine complète. La partie qui s'en detacha la première, embrassait les contrées orientales du pays, et ce fut Kourou, le troisième prédécesseur de Sliman, premier roi musulman du Darfour, qui battit les Tundjour et assit dans ces régions la domination de la tribu des Foraoui.

D'après la tradition indigène, la partie centrale, ou noyau proprement dit du royaume des Tundjour, fut conquise, en l'an 1020 de l'hégire, par le fondateur du royaume musulman du Wadaï, Abd El Kerim, fils de Yame.

Woda, fils de Yame, appartenant à la tribu des Gemir [1] (alors établie au pays de Schendi et convertie à l'islamisme) avait pénétré avec ses congénères dans cette contrée qui prit plus tard, paraît-il, et en son honneur, le nom de Wadaï; il semble y avoir joui d'une très haute considération. Son petit-fils Abd El Kerim fut gouverneur de certaines provinces appartenant à Daoud, alors roi des Tundjour, qui ne tarda pas, toutefois, à apprendre à ses dépens la puissance de son voisin oriental, Sliman, le premier roi musulman du Darfour.

Inspiré par des motifs religieux, ce personnage passa plusieurs années à Bidderi, localité située à une dizaine de milles à l'est de la capitale du Baghirmi, capitale qui, semble-t-il, n'existait pas encore à cette époque. En effet, Bidderi était une des villes où s'étaient établis, depuis longtemps déjà, des membres de la vaste tribu des Foulbe; il y demeurait, entre autres, une famille à laquelle sa science profonde et sa sainteté incontestée avaient valu, par l'introduction de l'islamisme, une influence considérable dans le large rayon des provinces environnantes. Or, le principal membre de cette famille, Mohammed, inspira à divers chefs l'idée de renverser la domination païenne des Tundjour, afin d'y substituer un royaume mahométan. C'étaient Abd El Kerim, le petit-fils de Woda; Amalek, chef des Marfa, qui résidait en un endroit nommé Hoggene; le Massalati Moumin; l'Abou Scharib Dedebam et le Djellabi Wouël Banan, tous compagnons ou adhérents d'Abd El Kerim.

---

[1] La prétention d'attribuer à cette famille royale la descendance des Abassides, est purement chimérique. J'ai en ma possession une lettre revêtue du sceau royal portant cette présomptueuse devise.

Ce dernier retourna dans sa patrie, et y répandit ses idées d'affranchissement. Peu d'années plus tard, il se révolta contre son suzerain Daoud, s'établit à Madaba, localité située dans les montagnes à une dizaine de milles au nord de la future ville de Wara, et, après une lutte terrible, jeta les premiers fondements du royaume auquel il donna, en l'honneur de son aïeul, le nom de Wadaï. Abd El Kerim mourut après un long règne, et eut pour successeur son fils Charout. Ce fut ce prince qui fonda Wara et y établit sa résidence. Comme l'indique son nom, qui signifie « entourée de collines, » cette ville est pourvue de fortifications naturelles qui la rendaient propre au siége du gouvernement de Charout.

Ce prince régna également plusieurs années et fut suivi, à son tour, de son fils aîné, Charif, qui, moins heureux que son père et son aïeul, fut tué par la belliqueuse tribu des Tama, qu'il avait tenté d'asservir.

Le successeur de Charif fut Yakoub Arouss, son frère cadet, lequel fut assez fort pour pouvoir entreprendre une expédition dans l'intérieur du Darfour. Moussa, fils et successeur de Sliman, le glorieux fondateur de ce royaume musulman, commençant à fléchir sous le poids des années, Arouss pouvait espérer ne rencontrer chez ce prince que peu de résistance; mais il en arriva autrement, et Arouss fut par lui battu et contraint à une retraite précipitée. Son successeur fut Charout II, son fils, qui acquit, pendant un règne de quarante années, beaucoup de gloire et semble avoir inauguré dans ses États une ère de bien-être tel que l'on ne pourrait guère s'y attendre dans un royaume composé de tant d'éléments hétérogènes.

Le fils de Charout II fut Djoda ou Djaoude, surnommé

Charif E' Timan et plus connu sous son titre glorieux de Mohammed Soulaï ou Soule, c'est à dire « le libérateur. » Ce titre lui fut donné par ses sujets, à la suite de la victoire par laquelle il affranchit son pays du joug des Foraoui qui, en vue de rendre le Wadaï tributaire, l'avaient envahi avec une puissante armée commandée par Abou 'L Kassem, fils puîné d'Amed Bokkar et le sixième roi musulman du pays. Ce fut ce prince célèbre et victorieux qui éleva le Wadaï au rang d'un État respecté et même redouté de ses voisins et qui lui donna le nom nouveau de Dar Soulaï [1].

Ce fut également ce prince qui, vers la fin de son règne, arracha au sultan du Bornou, sinon la totalité, au moins la meilleure partie du Kanem; il y parvint, tant par la prise de Mondo ou Mando, ville des Tundjour, que de Mao, résidence d'un *chalifa* du sultan du Bornou. Telle fut l'origine des dissensions qui existent encore aujourd'hui entre le Bornou et le Wadaï. Comme son père, Mohammed Soulaï régna quarante ans.

Il eut pour successeur son fils, Saleh, surnommé Derret. Ce prince m'a été dépeint, d'une voix presque unanime, comme un mauvais roi; mais ce jugement semble être dû, du moins en partie, à ce que Derret fit mettre à mort un grand nombre d'ulémas, personnages fort considérés au Wadaï. Il hâta sa propre fin, en s'exposant, par sa conduite, au ressentiment de la mère de son fils aîné, Abd El Kerim, laquelle appartenait à la tribu des Malanga. A son instigation, Abd El Kerim marcha contre son père, monté sur le

---

[1] Cette dénomination indique évidemment l'influence arabe et musulmane, par l'importation du mot *dar*, qui signifie « le royaume » ou « la maison. » Par contre, il est fort rare qu'un véritable Foraoui emploie, pour désigner le pays, le nom de Dar For.

trône depuis huit années seulement, tandis que Derret se livrait à une expédition contre les Madala, habitants d'une localité voisine de Madaba et des établissements des Malanga. Après une lutte sanglante, Derret fut battu et tué. Ces événements se passaient en 1805. Quoique s'écartant notablement d'autres assertions, ils sont, tels que je les rapporte, appuyés sur des indications qui ne laissent pas la moindre prise au doute.

Abd El Kerim, mieux connu sous le nom de Saboun, qu'il prit plus tard, monta au trône du Wadaï, que souillait le sang paternel; mais à peine exerça-t-il le pouvoir suprême, qu'il lui imprima un caractère tel, que tous s'accordent à reconnaître en lui le prince le plus sage que l'on ait jamais connu dans cette partie du globe.

Toutefois, le premier acte de son règne fut basé sur le mépris le plus scandaleux du droit des faibles; ce fut l'annexion du Baghirmi, dont les habitants étaient beaucoup plus avancés que leurs voisins orientaux, dans la voie du progrès social, annexion par laquelle il s'enrichit ainsi que son pays. Ces Baghirmiens avaient eux-mêmes acquis illégitimement de vastes trésors, consistant non seulement en corail et en objets de grand luxe, mais encore en écus d'Espagne et en florins d'Autriche monnayés; c'était le fruit de leurs rapines dans l'expédition qu'ils avaient dirigée contre Dirki, dans la grande vallée de Tebou (*henderi Teda*), sur la route du Fezzan. D'après des assertions dignes de foi, Abd El Kerim aurait emporté de l'argent pour une quantité de cinq charges de chameau, soit environ 1,500 livres pesant. Ce fut également sous son règne que le Baghirmi, comme j'ai déjà eu l'occasion de le dire, devint pour toujours une province tributaire du Wadaï.

Après avoir fondé de la sorte un puissant empire, Abd El Kerim consacra tous ses efforts à se créer des relations directes avec les ports de la Méditerranée, dans le but de se procurer aisément tous les articles qui étaient encore presque inconnus aux habitants du Wadaï avant la spoliation du Baghirmi.

Feu M. Fresnel, dans sa dissertation sur le Wadaï, s'est livré à des recherches trop complètes pour qu'il ne soit possible d'ajouter quelque chose aux travaux de ce savant; mais, puisque j'en suis arrivé à parler d'Abd El Kerim et de ses tendances, je crois devoir relever les erreurs commises par M. Fresnel relativement à la mort de ce prince et à ses successeurs. Abd El Kerim Saboun mourut dans la dixième année de son règne, c'est à dire en 1815, dans une localité voisine de Wara, nommée Djounne, où il avait, selon le témoignage de personnes bien renseignées, réuni une armée pour marcher contre le sultan du Bornou, ou plutôt contre le cheik Mohammed El Kanemi; car ce dernier brûlait d'arracher aux mains d'Abd El Kerim et de restaurer dans son ancienne splendeur le Kanem, ce noyau du royaume de Bornou.

Saboun mourut sans avoir le temps de désigner son successeur, mais tous les individus auxquels je parlai de cette mort inopinée, m'assurèrent qu'elle n'était pas le moins du monde due à un empoisonnement. Quelques détails relatifs à cet événement diffèrent complétement, à leur tour, de la version de M. Fresnel. C'est ainsi que Saboun n'eut pas de fils du nom de Seksan. Il en délaissa six, dont l'aîné, nommé Assed, était issu d'une femme de la tribu des Kondongo, tandis que le second, Youssouf, et trois de ses frères, étaient nés de la même mère, qui appartenait à la tribu des

Madaba. Quant à la mère de Djafar, ce jeune prince du Wadaï, que son long séjour à Tripoli et ses aventures nombreuses ont fait quelque peu connaître en Europe et surtout en Angleterre [1], elle appartenait à une autre tribu encore.

Saboun mort sans s'être choisi un successeur, les partisans de la tribu des Madaba entrèrent en lutte contre les adhérents de celle des Kondongo, ou du prince Assed; après avoir battu ces derniers et tué leur candidat, les Madaba mirent Youssouf sur le trône. Ce roi, auquel on donne parfois le surnom de Charifaïn, mais non d'une manière générale, régna d'abord sous la tutelle de son oncle Abou Rokkhiye; l'ayant mis à mort, ainsi que le puissant *agid* des Mahamid, Dommo, il gouverna le Wadaï, pendant seize années, de la manière la plus despotique, jusqu'en 1830, époque à laquelle il fut assassiné, à l'instigation de Simbil, sa propre mère. Jamais il ne régna, au Wadaï, de prince du nom d'Abd El Kader, et le major Denham est parfaitement dans le vrai, lorsqu'il indique comme étant le successeur immédiat de Saboun, le prince qui occupait le trône en 1823.

A Youssouf succéda son fils Rakeb, encore enfant, qui mourut de la petite-vérole, dix-sept ou dix-huit mois après son avénement. Le trône échut alors à un personnage nommé Abd El Asis, qui appartenait à une des branches de la famille royale; il était fils de Radama, dont le père, Gandigin, était frère cadet de Djoda Mohammed Soulaï, tandis que sa mère appartenait également à la famille régnante.

---

[1] Voyez, dans le *United Service Journal*, 1830, la *Story of Jafar* de M. le consul Barker, ou plutôt du lieutenant sir Henry Smyth, aujourd'hui contre-amiral.

Soutenu par la belliqueuse tribu des Kodoï (ou Bou Senoun, comme les nomment les Arabes, à cause de leurs dents rouges), parmi laquelle il s'était fixé, il réussit à se maintenir sur le trône, en dépit d'une lutte incessante contre ses adversaires. Sa première rencontre eut lieu avec les Kelingen, qui favorisaient, au lieu de Djafar, l'héritier légitime du pouvoir, un autre prétendant, nommé Kede. Toutefois les Kelingen furent complétement battus à Folkoto, localité voisine de Wara.

A peine Abd El Asis eût-il commencé à jouir de quelque repos, que la tribu des Kondongo, abandonnant ses montagneuses retraites, s'avança contre lui; mais elle fut à son tour battue et presque anéantie, près d'un village nommé Bourtaï. Abd El Asis, que mes amis me dépeignirent comme un homme doué de qualités hors ligne et d'une intelligence supérieure, succomba, comme son prédécesseur, aux suites de la petite-vérole, après un règne de cinq ans et demi. Son fils Adam, à peine sorti de l'enfance, lui succéda au trône, mais après une année à peine, il fut renversé et traîné en captivité au Darfour.

Voici quelles furent les circonstances qui occasionnèrent cette révolution : Mohammed Saleh, surnommé sans motif bien connu « E' Scherif, » avait pénétré depuis longtemps déjà et secrètement dans le Wadaï. N'ayant pu s'y former un parti assez fort pour lui permettre de faire valoir ouvertement ses droits au trône, comme frère de Saboun, il s'adressa au roi du Darfour, lui promettant un tribut annuel considérable s'il consentait à appuyer ses prétentions. Grâce à la misère qu'avait fait naître dans le pays une terrible disette, il ne fallut à Mohammed que le concours de deux hauts personnages *(agade)*, Abd E Sid et Abd El Fatha; or, le prétendant ne rencontra d'autre résistance que celle du *kamkolak* des Kodoï, et encore fut-elle vaine.

Ce fut ainsi que Mohammed Saleh, soutenu par des forces étrangères, monta au trône, au mois Tom El Aouel de l'an 1250 de l'hégire, soit en juillet 1834. Ce prince travailla constamment au bien-être de son pays, mais les dernières années de son règne furent malheureuses, tant pour ses sujets que pour lui-même.

La première entreprise qu'il tenta pour augmenter les richesses de son peuple, ou plutôt les siennes propres, ainsi que pour étendre sa domination, fut une expédition contre le Karka ou Kargha; c'est un pays marécageux, composé d'îles et de prairies à demi submergées, qui se trouve situé à l'angle sud-est du Tsad, et dont j'ai parlé dans ma description du Kanem. Mohammed s'empara, en cette circonstance, d'une quantité considérable de bétail. Peut-être avait-il encore un but différent; en effet, un autre membre de la famille royale, nommé Nour E'Din, qui descendait en droite ligne de Saleh Derret par Youssouf et Fourba, s'était réfugié dans ce pays presque inaccessible et pouvait, grâce à l'influence dont il jouissait parmi toutes les tribus environnantes, devenir par la suite un compétiteur dangereux. L'année suivante, Mohammed marcha contre les Tama, tribu rapace et jusqu'alors invincible, qui a ses établissements dans une contrée montagneuse, à quatre journées au nord-est de Wara. Il les battit, tua leur chef et leur en imposa un de son choix; mais à peine Mohammed fut-il retourné dans ses foyers, que les Tama chassèrent le chef. L'année suivante, il dut revenir, les battit de nouveau et les contraignit d'en accepter un autre, nommé Ibrahim.

Ce fut peu après, en 1846, que Mohammed Saleh entreprit, contre le Bornou, l'expédition dont j'ai parlé brièvement dans mes tables chronologiques de l'histoire de ce royaume, et que M. Fresnel a indiquée sous un aspect complétement erroné. En effet, quoique le roi du Wadaï pénétrât jusqu'au cœur du Bornou, il ne parvint pas à y rétablir la dynastie des Saifoua, mais, au contraire, consomma la ruine de cette dernière, circonstance qui ne permet pas de considérer son entreprise comme ayant été des plus heureuses. Toutefois il s'empara d'un butin considérable qui lui coûta une grande partie de son armée, tant à la bataille de Koussouri que pendant sa retraite, surtout au passage du Schari.

A la vérité, le roi remporta, chemin faisant, un léger avantage sur les tribus Tebou établies sur le Bāhr El Ghasal. Il subjugua ces tribus et leur imposa une redevance annuelle. Ce n'est qu'à cette époque que semblent prendre naissance les fonctions de l'*agid el bahhr*.

Après cette expédition au Bornou, dans tous les cas mémorable, Mohammed Saleh n'en entreprit pas de nouvelle; mais après trois ou quatre années de repos, il vit éclater une lutte sanglante entre les deux moitiés de ses États.

La cause réelle ou supposée de cette guerre civile, qui maintint, jusqu'à mon départ du Soudan, le Wadaï dans un état de grande faiblesse, était la cécité du roi. En effet, cette infirmité — qui, d'après les lois du pays rendait le prince incapable d'exercer plus longtemps l'autorité suprême, — jointe à l'impopularité générale qu'avait attirée à Mohammed Saleh sa cupidité, fournit aux Kodoï, qui considéraient Adam comme leur chef légitime, un prétexte pour lui contester le droit d'occuper davantage le trône. Ce fut par suite de ces circonstances qu'en 1850, pour se soustraire aux manœuvres de ses ennemis, avoués ou secrets, il abandonna Wara, l'ancienne résidence des rois du Wadaï depuis Charout Ier, pour la transférer à Abeschr. Cette localité n'est qu'un village sans importance, situé à une vingtaine de milles au midi de Wara, dans le pays des Kelingen, partisans du roi, et presque entièrement aride; c'étaient deux motifs pour que Mohammed Saleh pût s'y croire en sûreté.

La lutte, longtemps préparée en silence, éclata en 1851; au mois de Schaban, en cette année, le roi se vit forcé de marcher contre les Kodoï, qui, soutenus par une partie des Abi ou Abou Scharib, l'attendaient dans leurs montagnes. Lorsqu'il fut arrivé à leur portée, le vendredi 9 Schaban, ils fondirent sur lui avec impétuosité; perçant les rangs de son armée, ils massacrèrent un grand nombre de personnages du plus haut rang, parmi lesquels son vieux frère, aveugle aussi, Abou Horra, et sa fille Fatima. Sur le point d'être tué lui-même, le roi ne dut son salut qu'à l'adresse et au dévouement de son entourage. Après cette cruelle leçon, il réussit, le lendemain, à attirer l'ennemi dans la plaine, où la supériorité du nombre et l'excellence de la cavalerie royale valurent aux Kodoï, et surtout à leurs alliés, ces pertes considérables qui les forcèrent de se réfugier dans leurs hautes retraites. Malgré ce désastre, que les indigènes nomment la bataille de Torbigen ou de Djalkam, les belliqueux Kodoï n'ont point renoncé à soutenir leurs prétentions; lors de mon séjour au Baghirmi, il était même question qu'ils reprissent l'offensive après la moisson.

J'ai traité, jusqu'à ce point, l'histoire du pays, dans les dépêches que j'envoyai en Europe après mon retour du Baghirmi, et la remarque par laquelle je terminais mon aperçu historique sur le Wadaï, s'est depuis confirmée de la manière la plus étonnante. Voici quelles étaient textuellement mes paroles : « La désunion qui règne actuellement au cœur du Wadaï est d'autant plus féconde en conséquences, que le roi Mohammed Saleh semble être sur un pied de mauvaises relations avec Mohammed, son fils aîné. L'héritier du trône, étant resté à Wara, après le transfert de la cour à Abeschr, a refusé d'obtempérer à plusieurs invitations successives de se présenter devant son père, et s'est retiré dans les contrées méridionales du pays. »

Quelques mois seulement après que j'avais tracé ces lignes, nous apprîmes, au Bornou, qu'une guerre civile avait éclaté entre le père et le fils. Il s'ensuivit une lutte longue et sanglante dans laquelle Mohammed battit non seulement son père, mais encore tous ses frères, malgré leurs nombreux adhérents, tandis qu'il n'avait lui-même d'autre appui que son énergie et son courage personnel, comme étant fils d'une étrangère, Fellata du Kordofan. Par là s'explique la conduite violente de cet usurpateur, qui devait naturellement avoir contre lui l'aristocratie du pays ; c'est ainsi qu'il sévit cruellement contre une grande partie des hommes les plus considérables du Wadaï.

Je ne possède pas de renseignements précis relativement à l'état actuel de la politique dans ces contrées ; toutefois j'ai appris que Mohammed a été supplanté par l'un de ses propres frères. Nous en saurons davantage, à l'égard de ces intéressantes régions, si le docteur Vogel — qui, ainsi que nous le savons aujourd'hui, est arrivé au Baghirmi par le Kanem et le Fittri pour se diriger ensuite au nord, vers le Wadaï — si le docteur Vogel, dis-je, contre toute attente, n'a pas succombé. Malheureusement les dernières nouvelles reçues du Borgou, en date du 20 juin, ne laissent que peu d'espoir que nous revoyions jamais ce jeune et intrépide savant, dont la carrière, au point de vue personnel comme à celui de la science, s'ouvrait sous de si brillants aspects. Il est plutôt à craindre que, plus tard, Wara ne figure parmi les nombreux lieux de sépultures d'Européens, dont est parsemée l'Afrique centrale. Cependant une nouvelle mais faible lueur d'espoir renaît en ce moment (commencement de septembre 1857), et puissent sous les efforts que l'on tente pour dévoiler le sort mystérieux de l'illustre voyageur, nous permettre de profiter au moins du fruit de ses travaux ! Si l'on venait à acquérir seulement la certitude qu'Edouard Vogel a été décapité par le prince du Wadaï, soit par fanatisme, soit pour quelque autre cause, la vie de mon jeune ami ne pourrait être considérée comme ayant été inutilement sacrifiée, et sa mort elle-même servirait à protéger les voyageurs futurs contre d'aussi tragiques destinées.

Telle est donc ma courte esquisse de l'histoire du Wadaï, pour autant que mes recherches au Baghirmi me permirent de m'y initier. Je puis garantir, du reste, l'exactitude de mon récit, quoiqu'il s'écarte de maintes autres assertions.

Je terminerai par quelques observations générales.

Le pays ainsi réuni en un vaste empire, grâce aux efforts, non toujours systématiques mais empreints d'énergie, de ses gouvernants, s'étend de l'O. N. O. à l'E. S. E., dans sa plus grande largeur, et se trouve compris environ entre le 15ᵉ et le 23ᵉ degré de longitude de Greenwich, et le 15ᵉ et le 10ᵉ degré de latitude. Je n'esquisserai que brièvement et à grands traits les particularités les plus caractéristiques de la configuration physique de la contrée ; pour les détails, ou les trouvera renseignés dans la relation de mes itinéraires, desquels est tirée, du reste, ma connaissance générale du pays.

Le Wadaï proprement dit est une contrée assez plate, mais qu'entrecoupent une quantité de montagnes isolées, d'une nature sèche et aride, incapables d'alimenter des cours d'eau de quelque importance. Le peu de sources même dont je pus constater l'existence, contiennent de l'eau chaude, et principalement celles qui se trouvent aux environs d'Hamien, localité située dans la vallée Waringek. Le pays tout entier s'abaisse de l'est à l'ouest, c'est à dire du pied du Djebel Marra, au Darfour, vers le bassin du Fittri; celui-ci est le lac intérieur des Kouka, qui absorbe toutes les eaux charriées par les petites rivières, pendant la saison des pluies, lesquelles eaux se rassemblent dans la grande vallée du Batha. Le Wadi Kia seul semble faire exception, en ce sens que, s'étendant du nord au sud, le long de la chaîne de montagnes susmentionnée, il semble, d'après la plupart de mes renseignements, n'avoir aucun rapport avec ce bassin et se diriger peut-être vers quelque bras du Nil. Dans la partie septentrionale du Wadaï, où la contrée est bordée de régions désertes, il existe plusieurs petits cours d'eau (*saraf*) qui vont se perdre dans le sable.

Quant aux pays situés entre les deux lacs intérieurs, le Fittri et le Tsad, j'ai déjà dit ailleurs qu'ils consistent en une contrée élevée coupant toute communication entre les deux bassins, tandis que les cours d'eau et les vallées y forment les voies naturelles, le long desquelles s'élèvent les établissements des habitants. Sur ces pays encore, nous apprendrons des choses toutes nouvelles, si le docteur Vogel existe encore ou si l'on parvient à retrouver au moins ses derniers papiers; car il est aujourd'hui positif que ce voyageur a traversé la contrée, au mois de mars 1856, en se rendant du Kanem au Fittri.

Quant aux autres provinces du royaume, du moins vers le midi, elles semblent offrir des aspects plus variés et de plus nombreux cours d'eau permanents, que le cœur même du pays; toutefois les travaux d'exploration effectués jusqu'à ce jour ne suffisent pas à nous donner une idée générale à cet égard.

II

Le Wadaï est encore, sous tous rapports, un État jeune où se trouvent réunis tous les éléments politiques les plus opposés. Cet ensemble hétérogène, du reste, n'a rien d'extraordinaire dans un pays aussi vaste que le Wadaï, et surtout pour cette partie du globe, car le nombre de dialectes usités dans le pays ne dépasse pas celui des idiomes dont on se sert au Foumbina. Au Bornou même, où, par suite d'un système politique de nivellement et de centralisation, plusieurs tribus ont été, par le temps, complétement anéanties, on parle encore, endéans les limites du royaume, plus de quinze langues différentes.

Il faut distinguer d'abord, au Wadaï, deux groupes principaux : ce sont les tribus nègres indigènes ou immigrées et les tribus arabes. Je m'occuperai en premier lieu des tribus nègres, dont suit une nomenclature complète accompagnée de quelques observations sur leur degré de force et d'importance politique. Toutefois on ne peut rien affirmer encore aujourd'hui quant à leurs rapports de parenté réciproque, en l'absence de vocabulaires de leurs idiomes respectifs. Je ne pus moi-même parvenir qu'à connaître la signification de trois mots, dont un du langage de la tribu principale, les Maba, un de celui des Kouka, et enfin un mot de celle des Abii ou Abou Scharib. Quant aux établissements de ces diverses tribus, la relation de mes itinéraires les indiquera beaucoup plus clairement que ces données générales.

Je considérerai d'abord le groupe de tribus habitant le Wadaï proprement dit où Maba, généralement indiqué, dans le pays même, sous la forme arabe, Dar Maba; ces tribus parlent une seule et même langue, nommée Bora Mabang, de laquelle je pus réunir un vocabulaire assez complet, contenant plus de deux mille mots et un grand nombre de phrases, y compris l'oraison dominicale. Ce groupe consiste dans les tribus ou plutôt dans les subdivisions ci-après : les Kelingen, qui habitent plusieurs villages situés à environ une journée au midi de Wara; les Malanga, au nord-est; les Madaba et les Madala, voisins de ces derniers, et les Kodoï, ou habitants des montagnes (*kodok*, mont). Les Arabes les nomment Bou Senoun (au singulier « Sennaoui »), à cause de leurs dents rouges, dont la coloration est due à la qualité des eaux que consomment ces Kodoï. Conservant, dans leurs montagnes, la force physique et l'esprit d'indépendance qui les caractérisent, ils sont unanimement reconnus comme la plus brave de toutes les tribus du Wadaï. Leurs retraites les plus célèbres de la montagne sont Kourougoun (la résidence de leur chef), Boumdan, Mogoum, Bourkouli, Moutoung et Warschekr, toutes localités situées à une journée à l'est de Wara.

Après les Kodoï, viennent les subdivisions, moins importantes, des Kouno, des Djambo, des Abou Gedam, des Ogodongda, de Kaouak, des Aschkiting, des Bili, des Bilting, des Aïn Gamara, des Koromboï, des Ghirri (qui habitent Am Dedik), des indigènes de Scherefi, des Manga (établis dans la contrée nommée Firscha), des Amirga (ou habitants de Maschek), et des indigènes d'Andobou, de Schibi, de Tara, localités voisines de Wara.

Toutes les subdivisions du Maba, que je viens de citer et auxquelles appartiennent encore quelques petites peuplades, ont toutes un caractère propre et forment autant d'agglomérations distinctes. Les plus nombreuses sont celles des Kelingen, des Kadjanga, des Malanga et des Kodoï; mais la prééminence des Kelingen ne repose que sur cette circonstance, que la mère du roi actuel (*momo*), qui exerce au Wadaï une certaine influence, est issue de cette tribu.

Les rois du Wadaï ne descendent originairement ni des Keligen, ni d'aucune des tribus qui composent le groupe du Maba ou Dar Maba, et que je viens d'énumérer; mais ils sortent, au contraire, des Gemir, cette tribu que j'ai citée plus haut et qui est d'une nationalité toute différente. Malgré cette circonstance, la décadence où est tombée la tribu des Gemir, qui possède un idiome particulier, me fait ne la placer qu'au second rang.

Je citerai ensuite les diverses subdivisions des Abou Scharib ou Abii, dont la tribu, dans son ensemble, dépasse numériquement le groupe du Maba; mais les dialectes y sont tellement différents entre eux, que les indigènes de l'une et de l'autre ne se comprennent que difficilement; il en résulte que la langue usitée pour les rapports réciproques est le Bora Mabang, familier à tous les gens notables du pays, à quelque tribu qu'ils appartiennent. Citons en premier lieu les Abou Scharib Menagon et Mararit, qui ont un idiome commun, duquel j'ai formé un vocabulaire d'environ deux cents mots, ainsi qu'une traduction du *pater*. Je comprendrai, dans cette tribu, les Tama, qui, d'après des renseignements positifs, s'y relient par des rapports étroits, quoique les Tama et les Abou Scharib aient leurs établissements fort éloignés entre eux; en effet, les Menagon et les Mararit demeurent à environ six journées au de marche sud de Wara, tandis que les Tama vivent dans une contrée montagneuse située à quatre journées au nord-est de cette capitale.

Cette belliqueuse tribu, qui se distingue principalement par son adresse à manier l'épieu, semble avoir perdu jusqu'à un certain point son indépendance, qu'elle avait su défendre pendant plus de deux siècles. Au commencement toutefois, les Tama réussirent à chasser un certain Bilbildek, que leur avait imposé le roi actuel du Wadaï, après avoir fait décapiter E' Nour, leur chef; mais il parait qu'après un seconde expédition, un nouveau chef, du nom d'Ibrahim, était parvenu à s'établir à Nanoua, l'une des localités les plus importantes des Tama. Aussi ces derniers fréquentent-ils aujourd'hui les marchés du Wadaï, tandis que les Kaï Maba, ou habitants du Maba proprement dit, ne hantent pas les leurs. Les Tama possèdent de nombreux chevaux, mais fort peu de bétail.

Après les Tama, je mentionnerai les Abou Scharib Gnorga et Darna, qui sont établis à l'est des Menagon et des Mararit; puis les Abou Scharib Koubou, qui habitent Gonanga, près d'Andabou. Viennent ensuite les Abou Scharib Soungori, qui occupent une contrée fort étendue et voisine du Darfour; ils y sont mêlés aux Massalit et se font remarquer par l'élève d'une magnifique race de chevaux; les Abou Scharib Schali, voisins des Soungori; les Abou Scharib Schochen, qui habitent principalement la localité de même nom; les Abou Scharib Boubala, alliés intimes des Kodoï, dont ils sont les voisins orientaux, et enfin les Ouëlad Djemma, qui appartiennent également au vaste groupe des Abou Scharib, mais se distinguent, paraît-il, par un idiome, ou plutôt un dialecte particulier.

Je joindrai à ce groupe les Massalit, qui sont les plus nombreux après les Abou Scharib et pourraient bien avoir quelques rapports de parenté avec les Soungori, auxquels ils vivent mêlés. Toutefois les Massalit semblent être tombés au dernier degré de la barbarie; ils ne leur répugnerait même pas de manger de la chair humaine, et ce reproche s'adresse principalement à la subdivision qui habite Nyessere, près de la frontière du Darfour.

Aux Massalit succèdent, dans l'ordre du voisinage, la tribu des Ali, puis, dans les environs mêmes de Wara, celle des Mimi, tribu qui passe pour avoir une langue à elle. Vient alors un groupe de plusieurs tribus, dont il ne sera guère possible d'établir les rapports mutuels que lorsqu'on possédera des vocabulaires et des données grammaticales de leurs idiomes ou dialectes respectifs; ce sont les tribus des Moëo, des Marfa, des Korounga ou, d'après les Arabes, Karinga, et celle des Kaschemere. Il ne serait pas invraisemblable qu'il existât, entre ces tribus et les Massalit, une sorte de parenté.

Les Kondongo forment à leur tour une tribu autrefois très puissante, mais considérablement déchue depuis la guerre contre Abd El Asis et la famine qui en fut la conséquence. Ils sont renommés pour l'excellence de leur tisseranderie.

Voici encore quelques tribus ou nationalités distinctes : les Kabbaga, situés ou sud-est de Wara et voisins des Koubou ; les Moubi, sur le Batha ; les Marta ; les Dermondi ou Daramdoutou ; les Bakka ou Ouëlad El Bachcha, près de Malam ; les Birkit, qui vivent près de la frontière du Darfour, pays où il s'en trouve également un grand nombre ; les Tala ; les Kadjagsse ou Kadjagasse, voisins immédiats de la limite S. S. O. du Wadaï propre ; les Tundjour, qui ont leurs établissements non loin de ces derniers, et constituent les débris d'une nation jadis puissante, qui dominait autrefois toutes ces contrées ; ils habitent aujourd'hui principalement Magara, localité appartenant au Dar Soyoud.

Plus loin se trouvent les Kouka qui sont généralement établis le long du cours inférieur du Batha, et au Fittri, où ils forment, avec les Boulala, sous le rapport idiomatique, un groupe commun différant essentiellement des tribus du Wadaï précédemment citées, mais étroitement lié, au contraire, aux habitants du Baghirmi, dont le langage, du moins dans la moitié des éléments qui le composent, est identique à celui des Kouka.

Après ces derniers, je dois citer encore les Dadjo, tribu fort nombreuse malgré son état de décadence. Pour ce qui concerne leurs établissements, ils sont pour la plupart situés au sud-est de ceux des Kouka, avec lesquels ils ont quelques lointains rapports de parenté. Peut-être les éléments de la langue des Kouka qui n'ont pas de relation avec la langue des Baghirmiens, sont-ils identiques aux expressions correspondantes des Dadjo. Il ne nous est pas encore possible, jusqu'à présent, d'établir les rapports qui peuvent exister entre les Dadjo et les Abou Telfan, qui habitent une contrée située à deux journées au S. S. O. de Birket Fatima. Les

Abou Telfan semblent n'occuper, sous le rapport de la civilisation, qu'un rang fort secondaire et passent, aux yeux des habitants du Wadaï, pour païens *(djenachera)*; ils possèdent des chevaux et du bétail en abondance.

Il existe encore, dans la province Dar Soyoud, sur le Batha moyen, une tribu nommée Kaoudara, qui parle un idiome particulier et habite une localité considérable, du nom de Kinne.

Avant de me livrer à l'énumération des tribus qui occupent les provinces extérieures, au midi, et ne sont encore qu'à moitié soumises, je citerai encore les So Rhaoua ou, comme on les nomme au Wadaï, So Chaoua; les Gouraan; puis deux grandes subdivisions des Tebou ou plutôt Teda, qui habitent le désert au nord du Wadaï, possèdent de grandes richesses en troupeaux et se sont rangées sous l'autorité du roi de ce dernier pays.

Les tribus des provinces méridionales sont : les Silla, habitants de la contrée montagneuse qui s'étend au S. S. O. de Schenini; les Bandala, voisins de Djedji; les Rounga, qui occupent le pays au sud-ouest de Silla, éloigné de quinze journées de Wara, et qui payent tribut à la fois au Darfour et au Wadaï; les Daggel, dont la capitale, Mangara, est située au nord de Rounga et à l'ouest de Silla, les Goulla, à la belle structure corporelle et en partie au teint cuivré, établis à l'ouest des Rounga; les Fana, au midi des Goulla; les Birrimbirri, au S. S. E. du Wadaï; les Seli, au midi des Rounga, et enfin les Koutingara.

Telle est la nomenclature, quelque peu aride, des nombreuses tribus appartenant à la population nègre du Wadaï. De nouvelles explorations dans l'intérieur de ce pays, et la formation de vocabulaires des divers idiomes qui s'y parlent, sont seules propres à nous édifier, plus tard, sur les rapports réciproques de parenté entre ces tribus.

Pour ce qui concerne les autres grands groupes, et principalement la population arabe du Wadaï, elle comprend les tribus suivantes, établies en ce pays depuis environ cinq cents ans. Ce sont d'abord les Mahamid, qui forment la plus puissante de ces peuplades et possèdent en abondance des chameaux et du menu bétail; ils demeurent ou plutôt errent dans les vallées qui s'étendent au nord de Wara, et principalement dans le Wadi Orahda, situé à deux journées de l'endroit où semble les avoir visités le docteur Vogel, qui nous fournira, s'il lui est donné de jamais revenir, de brillantes descriptions de la vie nomade de cette tribu de pasteurs. Non loin de celle-ci se trouvent les Beni Helba, qui semblent avoir été alliés politiquement aux Tundjour; les Schiggegat, en partie étroitement unis aux Mahamid et en partie établis dans le voisinage de Djedji; les Sebbedi; les Sef E' Din et les Beni Hassan. Ces derniers, que nous avions déjà rencontrés au Bornou et au Kanem, où ils sont fort nombreux, ne semblent guère jouir d'une condition meilleure au Wadaï, et une grande partie d'entre eux errent dans le Soudan oriental, cherchant à se créer quelques ressources par leur travail; d'autres se rendent, à la saison des pluies, dans une localité nommée Etang, située au nord-est de Wara, entre le pays des Tama et celui des So Rhaoua.

Tandis que toutes ces tribus errent au nord de Wara, celles que je vais énumérer sont établies, au moins pendant une partie de l'année, dans la vallée du Batha. Ce sont d'abord les Missirie, la troisième tribu arabe du Wadaï sous le rapport numérique; ils se partagent en deux subdivisions: les Missirie Sorouk, ou noirs, et les Missirie Homr, ou rouges ; leur résidence principale est Domboli. Viennent ensuite les Chosan, qui les suivent sous le rapport du nombre ; les Soyoud, les Djaatena, les Sabbade et les Abidie, auxquels nous pouvons joindre encore les Nouaïbe, qui habitent plus au nord du Batha. A ceux-ci succèdent les Sabalat, tribu assez pauvre, qui élève du bétail pour les besoins personnels du roi. Au sud des Soungori se trouvent les établissements des Korobat, dont le chef-lieu est Tendjing, à l'est de Tundjoung, localité éloignée, à son tour, de deux journées de Schenini.

Les tribus errantes des Kolomat et des Terdjem habitent les riches prairies qui s'étendent à quatre journées au sud-est de Birket Fatima, prairies qu'arrose un cours d'eau peu profond, sorte de *noullah* indien, nommé Bahhr E' Tini ; vers l'extrémité sud-ouest du royaume, et près de la frontière orientale des provinces païennes tributaires du Baghirmi, se trouvent, au bord d'un autre *noullah* probablement sans courant, les établissements des Ouëlad Raschid, desquels ce *noullah* lui-même tire son nom. Une partie de ces Ouëlad Raschid sont établis parmi ces tribus idolâtres, et principalement parmi les Boua Kouli, avec lesquels ils semblent avoir des rapports de famille. Ils sont extrêmement riches en chevaux d'une petite race, et possèdent des biens fonciers considérables.

Je dois citer enfin un dernier groupe de tribus arabes, qui font paître leurs troupeaux au bord d'un autre amas d'eau, peu profond et dont le courant semble très faible, nommé Om E' Timan ; souvent encore, on le désigne sous le nom des tribus établies sur ses bords. Vers l'est, et non loin des Bandala, demeure la nombreuse tribu des Salamat ; du côté opposé, se trouvent les Hemad et les Scharafa, qui visitent aussi parfois le Bahhr E' Tini. A côté de ces derniers, et vers les frontières occidentales du royaume, sont établis les Douggana ou Daghana, autrefois dépendants du Bornou.

Toutes ces tribus peuvent se diviser en deux catégories, par rapport à leur teint : ce sont les « Sorouk » et les « Homr. » Le premier groupe, qui répond aux Arabes de couleur foncée, comprend principalement les Missirie Sorouk et les Abidie, tandis que le groupe des « Homr, » beaucoup plus nombreux, renferme les Mahamid, les Raschid, les Chosam, les Hamide et les tribus que j'ai citées plus haut.

III

Les détails qui précèdent, sur les divers éléments de la population du Wadaï, indiquent suffisamment combien le gouvernement de ce pays doit être dépourvu de cohésion, de logique et d'unité. En en étudiant le caractère, la première chose que nous remarquons est la division du Wadaï en quatre provinces, sans doute à l'imitation du Darfour; ce sont : la contrée des confins occidentaux ou Louloul Endi; celle des confins méridionaux, ou Motay Endi; celle des confins orientaux, ou Talount Endi, et enfin celle des confins septentrionaux, ou Tourtalou. Chacune de ces quatre grandes provinces ou subdivisions est administrée par un *kamkolak*. Celui de la province occidentale, nommé Nehed, a sa résidence à Gosbeda, village situé près de Maschek, et à trois journées O. S. O. de Wara; le *kamkolak* du midi, actuellement Mohammed, a la sienne à Kourkouti, sur le Beteha; celui de l'est, Abakr (ou Abou Bakr) Ouëled Meram, habite près des frontières du Darfour, tandis que le *kamkolak* du nord, Scheich El Arab, fils de Tondo, tient sa cour à

Megeren, localité située à une vingtaine de milles au nord de Wara.

Outre ces quatre *kemakel* (pluriel de *kamkolak*), il existe encore quatre gouverneurs secondaires nommés *kamkolak endikrek*, qui semblent avoir pour fonctions, outre quelques obligations particulières, de remplacer au besoin les *kemakel* eux-mêmes. Ces fonctionnaires sont actuellement : le *kamkolak* Nassr, suppléant de Nehed ; Hedjab, qui réside dans le midi, Kelingen et Rakeb.

Ces *kemakel* exercent la conduite générale des affaires de leur province et ont sur leurs administrés droit de vie et de mort ; ils prélèvent la « dhiafa » ou littéralement « présent d'hospitalité, » sorte de tribut proportionné à l'importance des localités. Leur autorité semble toutefois ne pas s'étendre sur la partie arabe de la population, et les tribus indigènes elles-mêmes offrent fréquemment des exceptions analogues ; c'est ainsi que les Tama, les Kodoï, les Boulala, les Middogo et quelques subdivisions des Abou Scharib, possèdent leurs chefs propres, et que plusieurs tribus idolâtres ont conservé leurs princes primitifs. En outre, un grand nombre de localités habitées par des tribus indigènes ont été assignées pour résidence à des *agade* ou *agid* ayant exercé les fonctions de gouverneur des tribus arabes, de sorte que les *kemakel* jouissent, dans les expéditions militaires, d'une autorité beaucoup moindre que celle de l'*agade*.

Enfin, il a été installé, dans la province orientale, un *agid e' sybbha* (*sobah*) particulier, indépendant du *kamkolak* oriental et résidant à Bir Taouïl, sur la frontière du Darfour, quoique son autorité ne s'étendît, dans l'origine, que sur la tribu des Korobat.

Voici une nomenclature des *agid* ou *agade* actuels, des tribus qu'ils administrent et des chefs indigènes de celles-ci :

NOMS DES AGID.	NOMS DES CHEFS.	NOMS DES TRIBUS.
Djerma, neveu de Mohammed Saleh.	Abd E' Salam Hagar.	Mahamid.
	Mallem Bourma [1] et Dendani [2]	Beni Helba.
	Chamis Ouëled Sebe.	Sebbedi.
	Tamoki	Schiggerat.
	Goddoum.	Sef E' Din. / Beni Hassan.
	Moussa Chabasch.	Ouëlad Djenoub.
	Scherf E' Din	Maharie Ouëlad Ali.
Magene.	Yarima	Missirie Sorouk.
Dagga	Magaddam	Missirie Homr:
(Le *kamkolak* Nehed)	Alladjad	Soyoud.
Mammedi.	Riyat	Nouaïbe.
Fadalallah (Fadhl-Allah)	Schech Saleh	Djaatena.
	Al Baher.	Douggana.
Djerma Schogoma.	N***	Chosam.
Hanno.	Dilla / Radama	Hamide.
Barka Messer	Sindour.	Abidie.
Djerma Abd El Asis	Saleh	Kolomat.
Gadi.	Fakih Yakoub	Terdjem.
Bached, *agid c' sybbha*	N***	Korobat.
Saïd.	Diyab, surnommé Sidi Djenoun	Salamat.
	Rekek, beau-père du roi Djedd El Mola	Scharafa.
Horr.	Scheich Andje	Sabbada.
Danna	Halib, une femme.	Raschid.
N***.	Mafer	Sabalat.
Abd El Wahed	Diyab	Debaba, subdivision de la tribu de même nom.
Fakih Ali ou Alio, surnommé Agid El Bahhr, et dont le père périt à la bataille de Koussouri	Adim	Assale.
		TRIBUS TEBOU.
	Ab Kaschelle	Kreda.
Birre	Abou Nakor.	Schinnakora. Sakerda. Sakere. Madamee. Famalle.

Ces *agid*, parmi lesquels le plus puissant, Djerma, possède la moitié du Wadaï, jouissent d'une grande autorité,

---

[1] Il a sa résidence à Galoum Kouscha.

[2] Il habite Am Sidr, *saraf* situé à une journée au nord-ouest de Wara et à une distance égale de Galoum Kouscha.

en temps de paix comme en temps de guerre; car ils ont non seulement la surveillance des affaires de leur circonscription, mais encore la direction de la force armée, qu'ils commandent en personne dans les combats. Ils entreprennent continuellement, en outre, de vastes expéditions piratiques pour leur propre compte. Après Djerma, l'*agid* le plus puissant à cause de sa nombreuse cavalerie est l'*agid el bahhr*, qui prélève, outre le tribut général du Baghirmi au Wadaï, un impôt particulier sur Moïto, la ville-frontière du nord-est, au Baghirmi ; après Djerma et l'*agid el bahhr* viennent, semble-t-il, les *agid* des Djaatena et des Douggana. L'*agid e' sybha* est très mal famé à cause des exactions et des désagréments qu'il fait constamment subir aux voyageurs et aux pèlerins, qui évitent en conséquence, le plus possible, de passer par le territoire soumis à son autorité.

Chacun de ces *agid* a son *chalifa* ou lieutenant, nommé *agid el birsch*, dont il se sert lorsqu'il ne veut pas se déplacer lui-même; plusieurs de ces fonctionnaires en sous-ordre jouissent d'une grande autorité. Il leur est adjoint encore, de par le sultan, un *emin*, dont les fonctions consistent à surveiller et contrôler le recouvrement des tributs et à s'assurer que la demi *dhiafa* ou part du sultan, lui revienne exactement.

Les tributs ou impôts, nommés *diwan*, sont proportionnés aux ressources et aux produits de chaque contrée et, par conséquent, de nature très variée. Chaque habitant des villes du Wadaï propre en général, est assujéti, outre les impositions et les présents extraordinaires, à une contribution personnelle de 2 *moudd;* le *moudd* est une mesure équivalente à vingt-une poignées de sarrasin (*douchn*); il doit participer ensuite à un impôt collectif consistant, pour la ville entière, en un certain nombre de chameaux. Parmi les Arabes, chaque père de famille doit fournir, tous les trois ans, une *kaffala* de deux têtes de bétail, et d'une seule s'il est *faki* ou lettré. En sus de ces impositions générales, il en existe d'autres, particulières à la partie nègre de la population. C'est ainsi, par exemple, que tout village doit, à chaque grande fête musulmane, fournir un *machalaïe* de blé à l'*adjaouadi*, ou individu auquel il est assigné comme revenu; le *machalaïe* est une mesure de 3 *moudd* ou *medad;* un fonctionnaire royal, portant le titre de *sidi e' derb*, ainsi que le *sidi el alboïe*, perçoivent, en outre, un revenu analogue, tandis que les villages plus considérables ou les villes, paient proportionnellement davantage, jusqu'à même 10 *mechali*. Les moindres villages doivent encore, en sus, une charge de chameau de blé à leur *adjouadi*, et les localités plus importantes, des quantités proportionnellement plus considérables. La population noire indigène, au Wadaï, n'a à livrer ni bétail, ni bandes de coton (*tokaki*), si ce n'est sur l'ordre exprès et occasionnel du roi ; la nature des impôts se règle plutôt sur les produits et le degré de bien-être des localités. C'est ainsi que les Soungori, dont j'ai déjà cité la belle race chevaline, sont astreints à une redevance annuelle de cent chevaux, tandis que les Gemir et les Tundjour paient leurs impôts exclusivement en riz sauvage, dont ils ont à pourvoir le ménage du souverain.

Quant aux Arabes, ils ont, outre la contribution commune (*kaffala*) déjà citée, un tribut à payer au roi; ce tribut, nommé *noba*, consiste en la livraison, tous les quatre ans, d'une vache par quatre individus. En outre, chaque camp est tenu de fournir une génisse, aux jours de fête; les Arabes souffrent beaucoup de l'onéreuse *dhiafa* qui leur est imposée chaque année, lors de la visite de l'*agid el birsch*, tandis que les indigènes du Wadaï, par d'autres causes encore, cherchent à les maintenir dans un état de sujétion qui ne leur permet pas d'acquérir beaucoup de bien. L'impôt des Mahamid consiste entièrement en chameaux, dont ils auraient, paraît-il, un millier à fournir tous les trois ans ; les Abidie, de leur côté, qui, ne possédant que fort peu de bétail, n'en sont pas moins les pasteurs du roi, s'acquittent exclusivement en beurre.

La diversité des impôts n'est pas moins considérable dans les provinces extérieures du Wadaï. Les Dadjo fournissent 1,000 *tokaki*, ainsi que du miel. Ce dernier article forme aussi la contribution des Daggel, des Kebaït et des Bandala, tandis que Silla, outre son miel, est tenu de fournir un nombre déterminé de belles esclaves ; Rounga, qui livre aussi sa part de cette substance recherchée, est assujéti à un impôt supplémentaire et annuel, de cent grandes dents d'éléphant ou sinon de cinquante esclaves. C'est exclusivement en esclaves que consiste la redevance de Goulla et des contrées païennes adjacentes. Parmi les tribus Tebou, celle des So Rhaoua donne un certain nombre de chevaux, tandis que c'est en chameaux que s'acquittent les Gouraan, en tant qu'ils dépendent du Wadaï.

Il me faut enfin citer en dernier lieu le *diwan* que fournit le roi du Baghirmi, depuis l'époque où Othman, le père du souverain actuel de ce pays, recourut à l'aide de Saboun pour rentrer en possession de ses États, comme je l'ai dit en parlant de l'histoire du Baghirmi. Ce tribut, dont la perception s'opérait précisément pendant mon séjour à Massena, consiste en cent chevaux de toute espèce, autant d'esclaves mâles, trente belles esclaves femelles (*serari*), et mille chemises (*goumsan*). Ce tribut, dont la valeur totale est de 2,500 à 3,000 écus d'Espagne, se prélève de trois en trois ans, sans préjudice à un présent de dix *serari*, quatre chevaux et autant de *goumsan*, que s'attribue le *djerma* Ouëled El Meram, fonctionnaire qui a la haute surveillance de ce royaume tributaire. Il y a ainsi un surveillant (*kourssi*) pour toutes les provinces extérieures du Wadaï proprement dit, et le *djerma* n'est pas seulement *agid* des tribus arabes susmentionnées, mais exerce encore, en outre, les fonctions de *kourssi* du Baghirmi et de tout le Fittri, ainsi que des Dadjo et des Middogo. Le *kourssi* actuel de Rounga, nommé Scherif, a sa résidence à Schenini, localité qui doit, ainsi que les villages environnants, lui fournir en nature tous les vivres dont il a besoin, et d'où il se rend chaque année dans la province, afin d'y percevoir les impôts. Les Ouëlad Raschid ont également, vu leur éloignement de la capitale et peut-être leur tendance à l'idolâtrie, un *kourssi* spécial, quoi qu'ils soient rangés, avec les Salamat, sous l'autorité d'un seul et même *agid*.

Pour ce qui concerne l'administration intérieure du pays, comme il n'existe pas de pouvoir civil proprement dit au Wadaï, je me bornerai à mentionner les membres du *fascher* ou conseil royal, au sein duquel le sultan actuel, Mohammed Scherif, ne paraît du reste jamais. Ce conseil tient ses séances sur une place en plein vent, nommée également Fascher, et y traite toutes les affaires publiques. Le principal membre du conseil (*fascher mele*) est le *sing melek* (littéralement « maître des portes »), qui exerce les fonctions et l'autorité d'un visir, en ce sens que toutes les affaires intérieures lui passent par les mains. Le *sing melek* actuel paraît être un homme intelligent; il se nomme Aschen et est le frère cadet du puissant *djerma* Ouëled El Meram qui, plus riche et plus influent que lui, n'occupe cependant que le second rang dans le cérémonial officiel du *fascher*. Viennent ensuite : le *kamkolak* Rakeb, sorte de majordome; l'*emin* Abd Allahi, frère du *sing melek* et « surveillant des chemises » ou trésorier du sultan; le *kourssi* Abou Bakr, fils d'Abou Horra, duquel j'ai parlé plus haut et qui réside actuellement dans le pays des Kodoï; le *kourssi* Abd Allahi, inspecteur des Ouëlad Raschid; l'*agid* el Mahamid; l'*agid* des Ouëlad Raschid; l'*agid* des Djaatena; l'*agid e' Salamat*, l'*agid el chosam;* l'*agid el birsch;* l'*agid el edderi;* le *maigenek*, ou commandant de l'avant-garde du sultan, à la guerre, comme le *djerma* des anciens rois du Bornou; le *kamkolak* Mohammed Wokilik; le *kamkolak* Nehed; le *kamkolak* Tando; le *kamkolak* Abou Bakr; l'*agid el abidie*, le *kourssi* Rounga; l'*agid e' sybba;* le *kamkolak* Ataman (Othman); l'*agid* Ammarga, intendant de la maison royale; l'*agid* Salem, l'inspecteur des céréales destinées au palais; l'*agid* Youngo, également chargé de fonctions domestiques; le *milleng dime*, *chalifa* du *kamkolak* des confins méridionaux; le *milleng touri*, *chalifa* du *kamkolak* oriental; Mohammed Djegeles, *chalifa* de l'*agid el Mahamid;* Mohammed Dahaba Bodda, lieutenant du *kamkolak* Mohammed; le *chalifa* Fod, qui réside dans le midi; l'*adjouadi* Koubar, qui demeure à Abgoudam, à onze journées au midi de Wara, et enfin quelques autres personnages moins importants.

J'ai cité tous ces membres du conseil royal d'après leur rang officiel. La mère du sultan (*momo*) a également voix délibérative dans l'assemblée, mais n'y paraît jamais en personne.

Je ne m'appesantirai pas longuement sur l'armée du pays.

Après les recherches minutieuses auxquelles je me suis livré, je crois ne pas me tromper en évaluant à 7,000 hommes la force de la cavalerie, arme qui, dans toutes ces contrées, constitue le principal élément de la force armée. Un millier de ces cavaliers portent la cotte de mailles (*derret*); mais le nombre de ces armures va toujours croissant, d'année en année, en ce sens que, depuis les relations qui existent entre le Wadaï et le Ben Ghasi, chaque caravane en apporte plusieurs charges de chameau. Le prix en est d'une ou deux esclaves femelles. Les chevaux de la troupe sont excellents; exposés aux ardeurs du climat et à toutes les intempéries, toujours privés d'ombre et d'abri, ils résistent à tout; toutefois ceux des grands sont nourris de riz au lait. Les chevaux du sultan portent le titre collectif de *arouaïl* (sing. *rouaïl*), outre le nom particulier que l'on donne à chacun d'eux. Peu de soldats sont armés de fusils, et des habitants mêmes du Wadaï m'ont affirmé qu'il n'y en avait guère que trois cents dans ce cas. L'arme qu'ils manient le mieux est l'épieu, tandis que les Foraoui se servent préférablement de l'épée.

Le rang des chefs militaires se règle d'après le nombre de troupes qu'ils peuvent mettre en campagne. Sauf le sultan et le *sing melek*, nul ne peut prétendre égaler, sous ce rapport, le *djerma agid* des Mahamid; à celui-ci succèdent, dans le même ordre de préséance, le *djerma* Abd El Asis et le *kamkolak* Rakeb; ils sont tous hommes libres. Après eux viennent les esclaves, tels que le puissant *agid el bahhr;* Fadalalle, l'*agid* des Djaatena; Saïd, l'*agid* des Salamat; Danna; Dagga, l'*edderi* ou commandant de l'arrière-garde; Magene; El Horr; Hanno, l'*agid* des Hamide, qui n'est pas esclave, mais Wadaoui indigène; le *djerma* Schogoma; Kaffa et d'autres encore.

Il y a, dans la cavalerie particulière du sultan, plusieurs chefs revêtus du titre de *djerma*, tels que Angaroutou, Dhohob, Rebek, Kaoukob, Hassan, Siade, Dhahab, Foudhl, qui réside ordinairement au Kanem, Mongo et enfin Benaï.

Dans la famille du sultan, la prééminence appartient aux fils (*kolotou*) et aux filles (*meram*) de ce dernier. Lors de mon séjour au Baghirmi, il y avait cinq *kolotou*. L'héritier présomptif, Mohammed, qui semblait être, alors déjà, dans de mauvais rapports avec son père, est le fils d'une femme Poullo ou Felatnie que Mohammed Saleh épousa au Kordofan; cette origine est cause de la désaffection dont le futur sultan est l'objet au Wadaï. Ali et Adim ont une mère commune, Madem Schekoma; Chodr, le troisième fils, et Machmoudi sont d'une autre mère encore. Après les *kolotou* et les *meram* viennent les *habbabat* ou, dans la langue du Wadaï, *elissi* (sing. *elik*); ce sont les femmes ou concubines du sultan, parmi lesquelles Schekoma et Sokaï sont les préférées.

Les fonctionnaires attachés à la cour sont les suivants : les serviteurs royaux (*barakena koli*); les hommes chargés des tentes (*dalali koli* ou *siad el alboïe*); les courriers (*touërat*); les porte-épieux (*motor mele*) ; les pages et valets de chambre (*tangna koli*) ; les messagers à demeure au palais (*ledegabe*); les chefs des écuries (*koraïat* ou *siad el chel*) ; les intendants des chemises et *tokaki* ou bandes de coton (*garrafin* ou *siad el cholgan*), et enfin les eunuques, directeurs des appartements des femmes (*artou*, sing. *arak*, ou bien *schiouch*).

Dans tout le Wadaï, les localités sont généralement petites, et des indigènes eux-mêmes m'ont assuré qu'il n'y existe pas de ville où il y ait plus d'un millier d'habitations. Wara, naguère la capitale, cessa, en 1852, d'être la résidence royale, qui fut transportée à Abeschr; depuis lors, Wara est tombé dans une telle décadence, qu'il ne s'y trouve plus qu'à peine quatre cents maisons; à Nimro, la célèbre capitale des Djellaba, il n'y en a guère que la moitié. Les localités des Kodoï sont généralement les plus considérables et quelques-unes d'entre elles renferment jusqu'à près de six cents maisons; par contre, les établissements les plus restreints sont ceux des Mimaï. La ville la plus étendue de tout le Wadaï, semble être Kodogous, à deux journées à l'ouest de Schenini.

Les habitations, au Wadaï, consistent, comme dans toutes les parties du Soudan, en groupes de huttes de roseau tressé, de forme hémisphérique, nommées *mahareb* ou *samavi* et entourées d'un mur ou d'une haie (*scheragena dali*); il est rare qu'elles soient construites en argile, si ce n'est pour l'usage du sultan, des grands personnages et des Djellaba. Les Arabes, par contre, habitent des huttes mobiles faites au moyen de nattes qu'ils fabriquent eux-mêmes en tressant des feuilles de palmier flabelliforme, et que les Wadaoui nomment *reri*.

Le commerce en gros, au Wadaï, est presque entièrement aux mains des Djellaba, que je n'ai pas compris plus haut parmi les tribus indigènes, et qui, venant de la vallée du Nil, ont immigré dans le pays depuis une centaine d'années; actuellement ils occupent, mais non d'une manière exclusive, Nimro, localité située à 8 millés au sud-ouest de Wara, l'ancienne capitale. Ces Djellaba, marchands de naissance, font leurs affaires par compagnies, dont chacune a sa ligne de voyage déterminée; c'est ainsi qu'une compagnie se rend tous les ans à Rounga, tandis qu'une seconde visite les mines de cuivre situées au midi du Darfour; une autre compagnie transporte ces marchandises vers les lointaines régions du sud-ouest, chez les Ouëlad Raschid et dans les pays-frontières idolâtres du Baghirmi (Bedanga, Gogomi, Andi); d'autres encore parcourent les marchés du Baghirmi, du Logone et du Bornou. Lors de mon séjour à Massena, il s'y trouvait un si grand nombre de ces marchands, qu'ils s'étaient bâti un grand village au dehors de la ville, sur la route d'Abou Gher. Il y a également de ces compagnies commerciales qui explorent chaque année les marchés du Darfour et de Kordofan; il en est enfin, et ce sont les plus riches, qui vont au Ben Ghasi, sur les annales duquel M. Fresnel nous a donné des détails si complets. Chacune de ces associations reçoit du sultan, et pour toute la durée du voyage, l'assistance d'un *agid* qui en prend la direction et qui s'attribue, de ce chef, une large part des bénéfices.

Les principaux articles qui forment l'objet des transactions de ces compagnies, sont le sel, que les Mahamid et les Tebou apportent à Nimro et à Wara, où les Djellaba l'achètent par grandes quantités pour le transporter aux confins les plus éloignés du pays, et même jusqu'au Logone; le cuivre, provenant des célèbres mines El Hofrah et de Rounga, et qui s'exporte à grands frais au Bornou; des marchandises européennes, telles que les draps fins, les burnous, les cottes de mailles, les perles de verre et autres menus objets, le calicot, le papier, les aiguilles, etc., tous articles importés par les caravanes Ben Ghasi, ou arrivant d'Égypte par le Darfour et échangés par les Roungaoui, les Ouëlad Raschid et les Baghirmiens, contre de l'ivoire, produit qui s'exporte ainsi à grand bénéfice, de Wara au Ben Ghasi. D'autres marchandises encore, dont trafiquent les Djellaba, sont les ânes de la race orientale, très recherchés dans les parties occidentales de la Nigritie; les *tourkedi*, le tabac, le *kohol* et maints autres articles encore, apportés au Baghirmi par les marchands Haoussaoua, et pris en échange ensuite par les Djellaba. Toutefois, la branche de commerce dont le mouvement est le plus considérable, comme dans tout le Soudan en général, est la traite des esclaves.

Il n'existe, nulle part au Wadaï, de marché où soient réunis les principaux produits du pays, ni même les choses les plus indispensables à la vie matérielle; quiconque veut se les procurer doit se rendre, dans ce but, à des distances considérables. C'est ainsi que les habitants de Wara, ainsi que les Mahamid, lorsqu'ils veulent s'acheter une provision de blé, leur principal aliment, sont obligés de se transporter à Girre, localité située à l'ouest de Nimro, ou bien aux villages des Kodoï; ils vont également, à cette fin, visiter les établissements des Kaschemere (tels que Kouldi, Boutir, Koundoungo, Kornaïe, Hedjir), tandis que l'on achète cette denrée à très bas prix sur les confins méridionaux, à Abker, Gnamounia, Mistachede, ainsi que dans la vallée du Batha, surtout à Doumboli, Rass El Fil, Soummoukedour, Agilba, Kossi Wahed et Assaïge.

Le moyen d'échange à valeur fixe est la *tokia* (au pluriel « *tokaki* »), consistant en deux bandes de coton longues de 18 *dra* sur trois de large et composées d'autres bandes plus petites; surpassant en dimensions les bandes de coton du Baghirmi, du Bornou et de la Nigritie occidentale, elles ne les valent pas sous le rapport de la qualité. Toutes les affaires de détail se traitent au moyen de ces *tokaki*, tandis que la monnaie des grandes opérations consiste en bétail, la grande richesse du pays, ou en esclaves; les espèces monnayées européennes n'ont été importées que récemment au

Wadaï, par les marchands Ben Ghasi. On achète trois ou quatre moutons pour une *tokia*, chez les Mahamid, qui possèdent, ainsi que je l'ai dit déjà, de nombreux troupeaux de menu bétail; moyennant trente brebis on se procure un vache, et pour douze ou quinze vaches, un bon cheval. Pour une *tokia* on obtient encore 4 ou 5 *ouëba* de blé; l'*ouëba* est une mesure qui équivaut au huitième d'une charge de bœuf; il en est ainsi lorsque le blé est cher, car, dans d'autres circonstances, comme après la moisson, on obtient 6 *ouëba*, tandis qu'une vache vaut 30 à 36 *ouëba*, et un bœuf, de seize à vingt.

Il est évident que, dans un état nouveau, composé, comme le Wadaï, d'une agglomération de tribus à demi barbares, l'industrie ne peut enfanter que les produits les plus grossiers, tels que des armes et des instruments de labour; on se sert, pour les confectionner, du fer indigène ainsi que du cuivre que l'on trouve à Rounga et, quoique en quantité moindre, dans le Wadi Djelingak. Les Wadaoui ne connaissent point la manière d'employer le bel indigo que produit leur pays, à la teinture de leurs habits, ou plutôt de leurs chemises, car il n'y en a que fort peu d'entre eux qui aient les moyens de se procurer quelque chose de plus que ce vêtement. On prétend même que la plus grande partie du peuple ne possédait absolument qu'un tablier de cuir, avant le butin qu'Ab El Kerim Saboun avait rapporté du Baghirmi. La teinturerie d'indigo est le monopole des Baghirmiens et des Kanori établis au Wadaï; ce sont surtout ces derniers, qui possèdent d'importants établissements de teinture dans les endroits ci-après : Djemil E' Sid, localité située à deux petites journées au sud-ouest de Wara, et dont les habitants ont la réputation de fournir le bleu le plus beau; Birbaschou, autre colonie Kanori, sise entre Djemil E' Sid et Wara; Schalla et Leyin, à l'ouest de Djemil E' Sid, puis Biren, localité assez importante située sur la Beteha, à deux journées au sud-ouest de Wara. D'autres teinturiers Kanori sont établis à Karringala, à deux journées au midi de Wara, et à Derdigi, à une journée au midi de Karringala, ainsi qu'à Kelingen Messer, village de la tribu des Kelingen. Quoiqu'il en soit, une chemise noire ou bleue est encore, au Wadaï, un article de luxe qui distingue du vulgaire les gens de qualité ; c'est ce qui explique la conduite des Wadaoui dans leur expédition contre le Bornou quand, ainsi que je l'ai dit plus haut, ils se contentèrent de dépouiller de leurs chemises noires tous les Baghirmiens et Kanori qui tombèrent entre leurs mains, au lieu de réduire leurs prisonniers eux-mêmes en esclavage.

Sous le rapport de la science, nul ne supposera que le Wadaï soit fort avancé; toutefois les *faki* et les ulémas du Wadaï sont célèbres parmi toutes les peuplades du Soudan, sans en excepter les Foulbe ou Fellani, par leur profonde connaissance du Koran. Outre ce dernier, ils possèdent plusieurs petits livres ou traités, propres à l'instruction tant grammaticale que religieuse et intitulés : Noh, Elfiye, Chalil, Ressala, Achdar Mandhoum, Achdar Manssour, Bakadi, Taalik, Abou El Hassan, Thaman Al djenne, Adjeli ou Aoudjeli El Koubbara, Aoudjeli El Ousstha, et d'autres. Ces *faki* ou docteurs interprètent très habilement le droit religieux, mais la *siassa* influe sur leurs décisions beaucoup plus que les prescriptions des livres de la loi.

Le plus illustre docteur du Wadaï est aujourd'hui un homme de la tribu des Abou Scharib, universellement connu sous le nom de Faki El Bahhr. Lié, depuis de longues années, avec Mohammed Saleh, il dut peut-être à cette circonstance de n'être pas mis à mort, comme tant d'autres savants, par ce farouche souverain. Parmi ceux qui succombèrent se trouvait le *scheich el heran*, célèbre docteur également issu de la tribu des Abou Scharib, que Mohammed accusa injustement de l'avoir trahi pour les Kodoï, ses ennemis; le même sort échut au grand et savant *imam* Mohammed Girga.

Le *douchn* (*Pennisetum Typhoïdeum*) constitue le principal aliment des habitants du Wadaï, comme de ceux de tout le Soudan; toutefois ils ont aussi du froment et du riz. Ils possèdent, en outre, de la viande en abondance, et passablement de lait et de beurre, ce qui leur permet de varier un peu leur ordinaire, consistant en une pâte insipide de poisson séché et écrasé; cette pâte se prépare en forme de pain et porte alors le nom de *menditschek*, tandis que le poisson sec, sous sa forme naturelle, s'appelle *fertene*. Par contre, ils possèdent une grande variété de mets, dont je donnerai une petite nomenclature, mais sans pouvoir expliquer en vertu de quels préceptes gastronomiques on les prépare. Je ferai seulement remarquer avant tout, que l'on ne se sert pas, au Wadaï, des grands mortiers de bois (*foundouk* ou *karrou*) exclusivement employés dans les autres parties du Soudan, mais qu'on y broie le *douchn* entre deux pierres, chose aisée au Wadaï, tandis qu'au Bornou et au Baghirmi, il n'y a pas de pierres à trouver. A l'aide de ce *douchn*, on prépare les mets ci-après : le *damirge*, plat quotidien; le *massafa*, aliment fort recherché au Wadaï; le *reschefa*, autre plat composé de *douchn* et de lait; le *takarin*, ou mélange de *douchn* et de graisse de bœuf; le *kissere*; le *denassi*; l'*amkoschou*, le *souri*; le *kokor*; l'*adjine amrafa*; le *rototo;* le *soubaï,* et enfin un mets composé de sésame et nommé *amkeleno.* En fait de pâtisseries, il y a le *killikab,* fait de *douchn* et de miel ; le *matabba,* de miel et de riz ; le *kak,* de *douchn* ou de *riz* mélangé de beurre, de miel et de dattes ; l'*adjine serka* et enfin le *faouoro,* composé de dattes bouillies dans du lait et refroidies ensuite. Sous le rapport des viandes, les mets les plus recherchés sont la *oueka* et le *schaham el kebel.* Pour les boissons spiritueuses, je citerai celle que les Arabes nomment Merissa ; il en existe trois espèces : la *bilbil* ou rouge, l'*akebesch* ou blanche et celle nommée *hal.*

En terminant cette étude sur le Baghirmi, je crois devoir ajouter qu'elle fut entièrement faite dans cette contrée, en 1852. Ce n'est qu'en 1855 que je connus le « *Voyage au Ouaday,* » publié en 1851 par MM. Jomard et Perron, et je n'y trouvai rien qui m'obligeât à rectifier un mot de mon récit. La relation du Scheich E Tounssi est excellente en ce qui concerne les conditions sociales de la population, mais fourmille d'exagérations relativement aux détails politiques, tels que la force de l'armée, le tribut du Baghirmi, etc.

SAUF-CONDUIT DONNÉ PAR EL BAKAY A L'AUTEUR, LORS DE SON RETOUR DE TOMBOUCTOU AU BORNOU.

Ahmed El Bakay débute par une préface en prose rimée, où il énumère tous ses ancêtres jusqu'à la dixième génération, et adresse sa lettre à quiconque se trouvera en rapports avec l'auteur. Il désigne particulièrement, à cet égard, ses frères et amis parmi les Arabes, les Touareg, les Foullan et les Nigritiens résidant dans les contrées soumises à l'islamisme et surtout ceux de la descendance de Fodie; les nobles fils d'Abd Allah et d'Othman, parmi lesquels se distingue l'*imam* Ali (Aliou) Ben Mohammed Bello; tous les amis de l'humanité et croyants du pays; tous les amis qu'il compte au Bornou, parmi lesquels, surtout, leur éminent cheik Omar, et enfin les musulmans en général. C'est donc à tous les individus que nous venons d'indiquer, qu'El Bakay recommande, dans les termes, ci-après, le voyageur chrétien :

« Votre hôte et le nôtre, Abd El Kerim Barth, le chrétien

anglais, est venu nous visiter de votre part; nous lui avons fait honneur en conséquence et avons agi envers lui de manière à le préserver de tout dommage, le traitant, officiellement et dans la vie privée, comme ami; le défendant, tant contre les peuplades errantes que contre les habitants fixes du pays; faisant de la sorte jusqu'au moment où il retournerait auprès de vous, sain et sauf comme il était venu. L'accueil que nous lui avons réservé est donc à l'abri de tout reproche, comme celui qu'il avait rencontré précédemment auprès de vous, car l'hôte des hommes généreux doit être traité avec largesse, tandis qu'il est défendu de mal agir envers les honnêtes gens. Aussi est-il naturel à ceux qui ont le cœur droit et pur, de se montrer hospitaliers, comme il l'est également aux êtres vicieux, de se livrer à la méchanceté; or les bonnes intentions et les bons procédés sont agréables à Dieu et aux hommes. Je vous prie donc avec instance de traiter notre hôte et le vôtre avec honneur, largesse et équité. Ne vous laissez pas induire en erreur par ceux qui disent : « Tenez, c'est un chrétien! Ne lui témoi-
« gnez pas d'amitié; causez lui plutôt du mal, en vue d'être
« agréable à Dieu! » Car de pareils principes sont contraires au Koran et au Sounna et ne méritent que le mépris des hommes éclairés.

Il est écrit : « Dieu ne vous défend pas de témoigner de
« la bonté et de l'amitié à qui ne cherche pas à combattre
« vos croyances ou à vous chasser de vos demeures, car il
« aime les justes; » d'aucuns disent : « Nous ne sommes
« point obligés de bien agir avec les infidèles; » mais Dieu leur répond à son tour : « Vous traiterez loyalement
« quiconque garde fidèlement sa parole et craint Dieu;
« car Dieu aime ceux qui le craignent. » Nous savons,

du reste, ce que disent les prophètes, lorsqu'ils nous enseignent la bienveillance envers tous les hommes. Mahomet dit : « Chaque fois que tu verras venir à toi un homme « honorable, reçois-le avec honneur; » et, joignant lui-même l'exemple au précepte, il recevait avec aménité tous ceux qui venaient vers lui, qu'ils fussent musulmans ou *kitabi* (sectateurs de la Bible, juifs ou chrétiens), c'est à dire infidèles. S'occupant de ceux d'entre eux qui se trouvent dans des conditions spéciales ou qui ont à payer le tribut, il s'exprime ainsi : « Celui qui tuera l'un de ses semblables ne « respirera pas les parfums du ciel, qui s'étendent cepen-« dant à une distance telle, qu'il faudrait cinq cents années « pour la franchir. » Et le chef de sa race, Abraham, était affable avec tout le monde, au point que, dans le livre de Dieu, il est loué pour sa générosité envers ses hôtes et la douceur qu'il mit dans sa conversation avec les anges envoyés vers lui au sujet des infidèles; car il est dit de lui : « Nous discutâmes à l'égard des compagnons de Loth, et « Abraham est un homme bien hospitalier! » Il vint aussi vers le Prophète une mission des chrétiens de Nadjran; il la reçut avec honneur, et lui fit rendre justice, selon sa coutume et ses inclinations naturelles. Il conclut ensuite avec ces chrétiens une convention relativement au tribut qu'ils avaient à lui fournir et, après les avoir une seule fois engagés à embrasser l'islamisme, n'attenta ni à leur sécurité, ni à leurs croyances; puis lorsqu'ils furent mis en possession de son engagement écrit, il en observa fidèlement les obligations. Le Prophète traita de la même manière les juifs de Médine, avant la guerre qu'il leur fit. Dieu dit : « Sauf un « petit nombre, tu ne trouveras en eux que des hommes de « mauvaise foi, mais tu leur pardonneras, car Dieu aime les

« miséricordieux! » Et eux le saluaient d'ordinaire par ces mots fâcheux : « *Assilam Alaïka,* » tandis qu'il se contentait de leur répondre : « pareillement. » Aïscha lui en fit enfin reproche, un jour, et maudit ces juifs, mais il la calma. « N'as-tu pas entendu ce qu'ils disent, » lui demanda-t-elle ; « et toi-même, » répliqua le Prophète, « ne sais-tu ce que « je leur ai répondu ? Mais ce que je leur ai tant de fois sou- « haité va s'accomplir, tandis qu'il n'en sera pas de même « pour moi ! » Et quand alors le Prophète formula ses préceptes d'exclusion, ce n'était qu'à l'égard des ennemis de Dieu et de lui-même, faisant pour leurs propres croyances la guerre aux sectateurs de l'islam. C'est pour ceux-là seuls qu'il dit : « O Prophète, persécute les infidèles et les hypo- « crites, et traite-les avec rigueur ! » C'est ainsi qu'il existe des prescriptions à l'égard de chaque catégorie de mécréants. Il arriva, un jour, de chez les Foullan occidentaux un homme se prétendant savant, mais à tort, et cet homme me demanda : « Dieu ne dit-il pas : « Nul qui croit à Dieu et à « la fin dernière, ne peut aimer ceux qui résistent à Dieu et « à son Prophète, » et, continua cet homme, tu aimes ce- « pendant cet infidèle chrétien ! »

Je lui répondis : « Suis-tu, alors, cette autre parole « divine : « Dieu ne vous défend pas de témoigner de la « bonté et de l'amitié à ceux qui ne cherchent pas à com- « battre vos croyances ni à vous chasser de vos demeures, « car il aime les justes ; Dieu vous défend seulement d'aimer « ceux qui, pour cause de religion, portent les armes contre « vous, vous ont chassé de vos demeures, ou y ont aidé ? »

Sur ce, mon interlocuteur resta silencieux. Je repris : « Dis, crois-tu que l'un de ces versets annule l'autre ? En ce « cas tu es un menteur et tu mérites d'être traité comme tel ;

« ou bien es-tu d'avis qu'il y ait contradiction et que, par-
« tant, Dieu puisse se contredire? Alors tu es un idiot qui se
« laisse duper et dupe à son tour les autres. Peut-être cepen-
« dant crois-tu seulement à une partie du Koran, sauf à
« rejeter le reste, comme douteux? Dans ce cas, tu serais un
« de ceux desquels il est dit : N'ajoutez-vous foi qu'à la
« moitié du livre sacré? Et tu ne serais qu'un infidèle,
« malgré tes déclamations contre les mécréants. »

Il me demanda alors une explication de mes paroles, et je lui dis : « Qu'il te suffise de savoir que, malgré les cheveux
« gris dont ta tête est couverte, tu ne connais ni le livre de
« ton Dieu, ouvert cependant à ta vue, ni le Sounna de ton
« Prophète. Car les prescriptions relatives aux infidèles
« ennemis et à ceux qui ne le sont pas, figurent ostensible-
« ment dans le Koran et le Sounna. En ce qui concerne
« l'infidèle inoffensif, il n'existe pas de défense d'agir ami-
« calement envers lui ; bien au contraire, il est formelle-
« ment ordonné de le traiter avec justice. Pour l'infidèle
« hostile, il n'est rien dit à cet égard, ce qui exclut néces-
« sairement toute prescription expresse, mais seulement
« Dieu a fait défense de nouer avec lui des rapports d'amitié,
« parce que ce serait lui donner la préférence sur les musul-
« mans ou lui prêter assistance contre eux. Mais la bonté ou
« l'affection témoignées à un infidèle inoffensif sont évidem-
« ment conformes à la loi. Il en est tout autrement de
« l'amitié dont serait l'objet un infidèle ennemi de la foi,
« tandis que la bienveillance envers lui doit être rangée au
« nombre des cas douteux ; hostiles, soit ouvertement ou en
« secret, ces hommes appartiennent à une catégorie d'indi-
« vidus envers lesquels toute inclination, tout sentiment
« affectueux sont positivement prohibés. Telle est la loi

« relativement aux infidèles. En ce qui concerne les *kitabi*,
« il existe des prescriptions spéciales, qu'ils soient ennemis,
« amis en vertus de traités, ou tributaires. Dans tous les
« cas, nous pouvons épouser leurs filles. Et si quelqu'un
« prétend qu'il n'est pas légal de témoigner de la bienveil-
« lance à un *kitabi*, je le prie de me dire comment il traite-
« rait une épouse *kitabi* quand Dieu nous ordonne de bien
« agir avec nos femmes, et que le Prophète nous le prescrit
« à son tour. Or, si cela est vrai pour la femme *kitabi* d'un
« musulman, il ne doit y avoir aucune différence, si ce
« n'est celle des sexes, entre elle et son père et ses frères.
« Il est donc indubitable que les égards et la bonté qu'il
« doit à sa femme lui incombent au même titre envers les
« parents de celle-ci. »

L'émir du Massina, le Foullani, m'a également parlé de cet Anglais avec autant d'ignorance que d'inhumanité, élevant à son sujet des prétentions aussi absurdes que ridicules. De même que ses dignes conseillers, ignares et sans religion, il voulut invoquer, comme preuves à l'appui, certains versets du livre de Dieu, relatifs aux hypocrites et concernant spécialement Abd Allah Ben Obbaï Ebn Saloul[1] et ses acolytes; mais ils se confondirent réciproquement par l'étalage de leur ignorance du Koran et du Sounna. C'est au point qu'ils ne purent citer ni un seul mot de ce dernier, ni le moindre texte de la loi canonique; et voilà, outre leur manque de foi dans les livres sacrés, quel est leur degré de science! Ne trouvant ni dans le Sounna, ni dans la loi canonique, autre chose que la condamnation de leur sottise, ils se rabattirent

---

[1] Abd Allah Ben Obbaï Ebn Saloul est un personnage dont le nom figure dans le Koran.

sur le Koran et en forcèrent le sens d'une manière arbitraire, absurde et complétement ridicule. Mais malheur à eux, pour ce qu'a tracé leur main! malheur à eux, par le fruit qu'ils en recueilleront !

Entre autres choses, je leur dis ceci : « Si ce que vous
« prétendez était conforme, en théorie ou en pratique, à la
« religion musulmane, je m'en serais prévalu avant vous,
« de même que Chalil Ben Abd Allahi et Othman Ben
« Mohammed Bello, les deux descendants de Fodie. Bien
« plus ; le Grand Sultan, notre maître, Abd E'Rahman, fils
« d'Hischam, et le *chakan* des deux continents et des mers,
« Abd El Medjid, fils du sultan Mahmoud, eussent su, bien
« avant vous, ce qu'ils avaient à faire. Pour ce qui concerne
« votre prétention d'avoir hérité de vos aïeux l'obligation de
« haïr et de combattre les infidèles, vous saurez que nous
« descendons de vos ancêtres plus directement que vous
« mêmes ; en effet, c'est à peine si vous vous en connaissez
« à plus de trente ans en arrière, tandis que nul n'hérite
« que de son père et de son aïeul. De qui ce chrétien est-il
« l'hôte ? Sous la protection et la foi de qui se trouve-t-il
« placé ? Il est l'hôte et le protégé du sultan des croyants,
« Abd El Medjid, et de l'*imam* des croyants, notre seigneur
« Abd E'Rahman. A la vérité, il a hérité de ses pères l'obli-
« gation de combattre les infidèles ; mais pour ce qui est
« des maîtres de Noukkouma[1], ils n'ont ni religion, ni
« science, ni intelligence, ni humanité. A quoi donc doi-
« vent-ils leur prépondérance ou leur prééminence sur tant
« d'hommes qui leur sont supérieurs, quand ils voient par

---

[1] Ce sont les Foulbe du Massina, dont la domination eut pour berceau Noukkouma, sur l'île du Niger.

« eux-mêmes qu'ils sont le rebut du genre humain, vivant
« au bout du monde, à tel point que le Sounna et les
« devoirs qu'il prescrit, sont encore chose inconnue pour
« eux? »

Mais je crois inutile de m'appesantir davantage sur ce que dirent ces individus ainsi que sur les autres arguments que je fis valoir contre eux. L'essentiel est que vous sachiez, ô croyants! que Dieu nous a envoyé des Prophètes, chargés de nous transmettre son livre et ses prescriptions, et que quiconque serait assez audacieux pour vouloir y ajouter ou en retrancher la moindre chose, est frappé de malédiction et de damnation. En conséquence, traitez le musulman, qu'il soit ou non pieux, comme le livre de Dieu et le Sounna du Prophète vous ordonnent de le traiter; agissez envers le *kitabi* allié, tributaire ou ennemi, comme il vous est commandé d'agir; et faites également comme il vous est prescrit pour les simples infidèles, hostiles ou inoffensifs. Car tous sont serviteurs de Dieu, dont la volonté est toute-puissante et dont la science embrasse tout [1]. Or, quiconque se conduit envers l'une ou l'autre de ces catégories autrement qu'il n'est dit, erre dans son jugement et fait mal.

Ce chrétien est donc l'hôte des musulmans et se trouve placé sous leur protection, sous la foi de leurs contrats et sauf-conduits. Nul musulman ne peut lui nuire sans violer la loi et commettre une infamie flagrante. Oui, il jouit du droit de l'hospitalité, car l'hôte de l'homme généreux doit être traité avec largesse, et tout croyant est généreux, tandis qu'il n'y a d'avares que les hypocrites. Et la libéralité qui ne

---

[1] Ce passage, qui est en vers dans l'original, a été tiré, selon toute apparence, de quelque source connue, mais ne se trouve pas dans le Koran. Il n'en fait que plus d'honneur à son auteur, quel qu'il soit.

part pas du cœur constitue-t-elle le croyant? Et la récompense du bien, quelle est-elle? Le Dieu miséricordieux dit : « Y a-t-il d'autre récompense du bien que dans le bien lui-« même? »

Ensuite, les compatriotes de cet homme, les Anglais, nous ont rendu des services que l'on ne peut ni contester ni même mettre en doute ; ces services consistent dans l'amitié des Anglais pour les musulmans nos frères, la sincérité qu'ils leur témoignent, ainsi que l'assistance toute cordiale qu'ont reçue d'eux nos deux sultans Abd E'Rahman et Abd El Medjid. Or, cette conduite des Anglais est universellement connue et reconnue. Il est donc à la fois de notre droit et de notre devoir de leur témoigner notre reconnaissance pour ces dispositions bienveillantes, et de fortifier les traités et la confiance qui existent entre eux et nous.

C'est principalement à vous, mes frères, que j'adresse ces paroles : à vous qui appartenez à la circonscription de nos Touareg ; à vous, gens du Karidenne, le domaine d'Alkouttabou Ben Kaoua Ben Imma Ben Ig E' Scheich Ben Karidenne ; à vous, mes amis et compagnons, les Dinnik, qui formez le royaume de mon frère, neveu et nourrisson, Moussa Ben Bodhal Ben Katim ; à vous, habitants de l'Aïr, Kel Geress et Kel Owi ; à vous, nos bien-aimés de la race de Fodie, à vos savants, hommes sages et hospitaliers qui exercent l'autorité et l'administration dans vos contrées ; à vous tous salut et bénédiction, enfants de l'*imam*, du fils de Bello, le magnanime, du fils d'Othman, le parfait! Car, en vérité, mon hôte est votre hôte, qui n'a rien à craindre de votre part, parce que vous obéissez à Dieu, à Dieu qui soutient ceux qui observent ses commandements.

Et comme votre chef, l'*imam* Mohammed Bello — Dieu

lui soit miséricordieux! — m'a déclaré verbalement et par lettre autographe que lui et son royaume étaient à ma discrétion, aussi longtemps que cela serait en son pouvoir, j'use de mon plein droit en vous recommandant mon hôte et le vôtre, de même que tout Anglais qui, plus tard, viendrait à vous ou à moi et habiterait temporairement parmi vous.

Et ce que je vous demande, je le sollicite également de mes frères du Bornou, et spécialement du cheik Omar Ben Mohammed, de l'émir, du juste; car, quoique je ne les aie jamais vus de mes yeux, je sais que leur foi est la mienne et je suis lié à eux par les liens de la religion. Ne vous laissez donc pas dominer par la peur. En vérité, cet homme est un chrétien fort distingué. Mais il y a, entre les chrétiens et nous, de tels champions de l'islamisme[1] que, si les infidèles parvenaient jamais à les vaincre pour venir ensuite nous attaquer, nous devrions renoncer à toute résistance armée. Mais Dieu est notre refuge suprême! Il sait vaincre en ruse et en finesse les fourbes, trahir les traîtres et faire éclater l'imposture des infidèles. Car, dans son Livre, il nous dit, ainsi qu'aux Prophètes : « Dieu est votre asile et celui de tous les croyants qui vous suivront. » S'ils tentent de vous circonvenir, Dieu vous soutiendra. C'est lui qui vous a fortifiés de son aide en unissant vos cœurs à ceux de tous les croyants. C'est ainsi que la religion de Dieu nous grandit et nous rend victorieux, car elle n'est jamais faible que de la faiblesse de ses confesseurs. Que la bénédiction du Livre de Dieu et celle des Prophètes soient sur nous et avec nous! Ainsi, que la crainte ne naisse chez aucun musulman, qu'on veuille le

---

[1] El Bakay fait ici allusion au sultan et à l'empereur du Maroc.

circonvenir ou le tromper, car ceux qui le font se révoltent contre Dieu, que vengera le Sounna de son Prophète. Laissez-les vous opprimer jusqu'au vrai jour du combat, car le plus sanguinaire des hommes est celui qui s'élève avant le temps contre l'iniquité, pour retomber dans l'impuissance au moment fatal! Et pour ce qui me concerne, mes frères, j'ai écrit pour l'Anglais un sauf-conduit général, adressé à quiconque habite mon pays ; je l'ai adressé également à vos pays à vous, plein de confiance en votre piété comme en votre humanité et votre prudence. Faites pour mon protégé ce que j'ai fait, en écrivant en sa faveur, sous réserve de notre dévouement à l'*imam*, notre seigneur, Abd E' Rahman et notre sultan, Abd El Medjid ; ne soyez pas comme les gens de Noukkouma, semblables à des sourds et des muets, car ils m'ont fort chagriné. En vérité, j'aime mon hôte, le chrétien! Veillez donc à ce qu'il ne rencontre ni obstacle ni dommage, car le Prophète aimait les Kouraïsch, malgré leur inimitié et leur manque de foi en lui. Dieu dit : « Un prophète est venu à vous ; il déplore vos vices et en est inquiété; » puis il dit au Prophète lui-même : « Tu ne gouverneras pas toujours ceux que tu aimes ! » et le Prophète aimait ses oncles et il se réjouit de leur conversion à l'islamisme, surtout de celle d'Abou Taleb ; mais il connnaissait les desseins de Dieu à l'égard de la communauté et se trouvait, par là même, lié à celle-ci. Le plus grand des infidèles est celui qui ne connaît ni le Livre de son Dieu, ni le Sounna de son Prophète ; car c'est ainsi qu'il se permet ce que défend la loi et défend, au contraire, ce qu'elle prescrit ; se rapprochant de qui il lui est enjoint de s'écarter, s'éloignant de ce qui le concerne et s'imaginant bien faire, tout en exécutant mal ce qui est ordonné. Il n'est d'actions ni de culte par lequel Dieu soit honoré, si ce n'est par l'obéissance à ses décrets, et nul adorateur ne se rapproche autant de lui par l'omission d'un acte quelconque, que celui chez qui cette omission est commandée par la loi.

Que mon salut vous soit réitéré avec mes vœux pour votre bonheur! Adieu!

FIN.

TABLE DES MATIÈRES DU CINQUIÈME VOLUME.

Chapitre Ier. — Esquisse historique sur Tombouctou et les principaux Etats riverains du Niger avant l'invasion des Foulbe. — Description de Tombouctou 5

» II. — Séjour à Tombouctou jusqu'à la fin de 1853. — Conduite des Foulbe envers l'auteur. — Anomalies des crues périodiques du Niger. . 41

» III. — Les premiers mois de 1854 à Tombouctou. — Nouvelles attaques de la part des Foulbe. — L'auteur forcé de quitter la ville. — Séjour dans le désert jusqu'au départ définitif. — Importance industrielle et commerciale de Tombouctou 75

» IV. — Vaine tentative de départ et retour vers Tombouctou. — Départ définitif. — Voyage jusqu'à Gogo, sur la rive septentrionale du Niger 109

» V. — Le Niger de Gogo à Saï. — Retour à Koukaoua 159

» VI. — Dernier Séjour à Koukaoua. — Retour à Tripoli par le désert. — Arrivée en Angleterre. 218

Appendice.
Aperçu historique, ethnographique et politique sur le Wadaï . 251
Sauf-conduit donné par El Bakay à l'auteur, lors de son retour de Tombouctou au Bornou 293

ERRATA.

Page   6, ligne 20, *au lieu de* accompagné, *lisez* accompagnée.
»   53,   »   15, *au lieu de* laines, *lisez* laine.
»   66,   »   16, *au lieu de* attaques, *lisez* atteintes.
»   90,   »   21, *au lieu de* de chronique, *lisez* chronique.
»   92,   »   25, *au lieu de* un troupe, *lisez* une troupe.
»   106,   »   31, *au lieu de* cardamone, *lisez* cardamome.
»   162,   »   20, *au lieu de* formait, *lisez* formaient.
»   210,   »   24, *au lieu de* de Fezzan, *lisez* du Fezzan.
»   268,   »   16, *au lieu de* Keligen, *lisez* Kelingen.

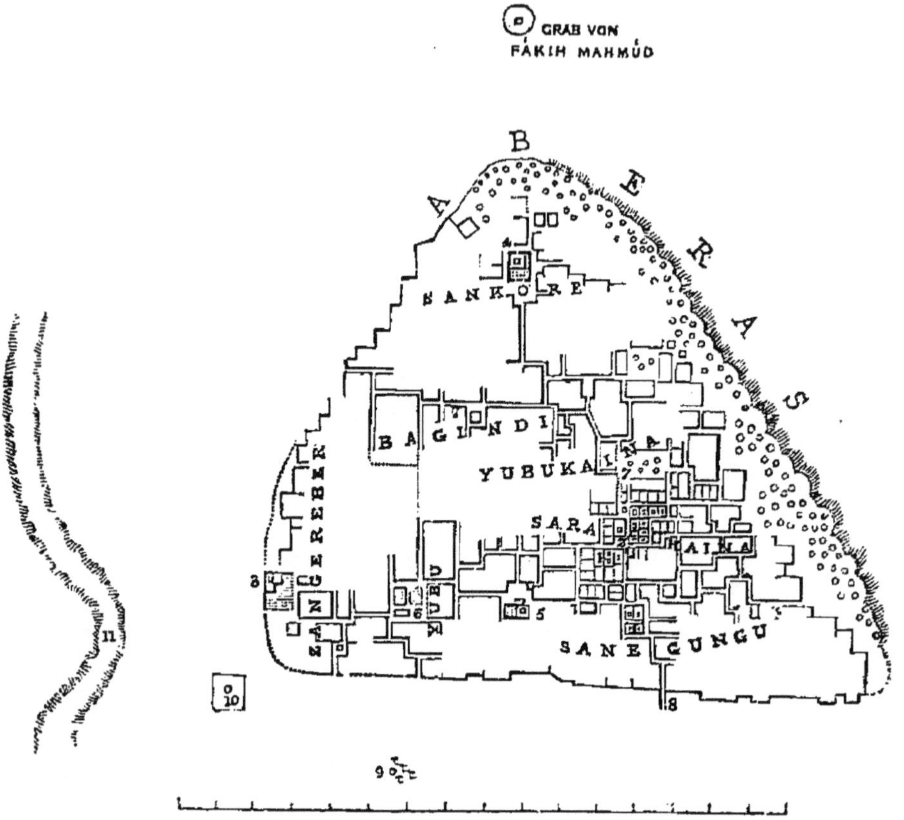

1 yard = 3 pieds.

1. Habitation du cheik Ahmed El Bakay, contiguë à une autre maison lui appartenant également ; devant l'une et l'autre se trouve une petite place où le cheik a établi un oratoire pour ses écoliers.

2. Troisième maison appartenant également au cheik et où je demeurais. La vignette suivante en donne le plan.

3. La grande mosquée ou « Gingere (Djingere ou Sangere) Ber Djama El Kebira. »

4. La mosquée Sankore, située dans le quartier du même nom, considérée généralement comme la plus ancienne de la ville.

5. La mosquée Sidi Yahia.

6. Le grand marché (*Youbou*).

7. Le marché à la viande, où se trouvait autrefois le palais des rois de Sonrhaï.

8. Porte conduisant vers Kabara.

9. Puits entouré d'une petite plantation de dattiers.

10. Autre puits avec un petit jardin.

11. Endroit d'une vallée peu profonde, jusqu'où de petites embarcations purent pénétrer, depuis le Niger, dans l'hiver de 1853-1854.

N° 82. - *Voir* tome IV, page 35.

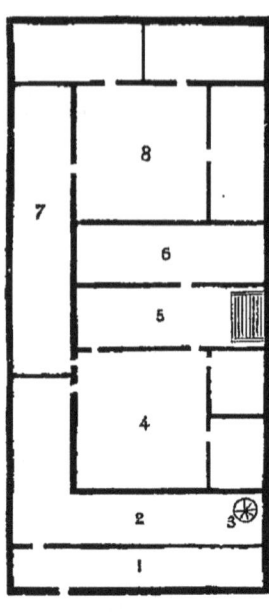

1. Première antichambre.
2. Seconde antichambre pourvue d'un escalier conduisant à la terrasse et à la mansarde de la partie antérieure.
3. L'escalier en question.
4. Cour intérieure.
5. Salle pourvue de deux entrées, où je me tenais jour et nuit; à la droite de la seconde entrée se trouvait un lit de roseau.
6. Salle aux bagages, susceptible de clôture.
7. Corridor couvert.
8. Seconde cour, destinée d'abord aux femmes, et où j'avais placé mon cheval.

Les salles contiguës, ainsi que le mur postérieur de la maison, étaient en ruines.

N° 83. — *Voir* tome IV, page 36.

N° 84. — *Voir* tome IV, page 100.

N° 85. — *Voir* tome IV, page 100.

N° 86. — *Voir* tome IV, page 100.

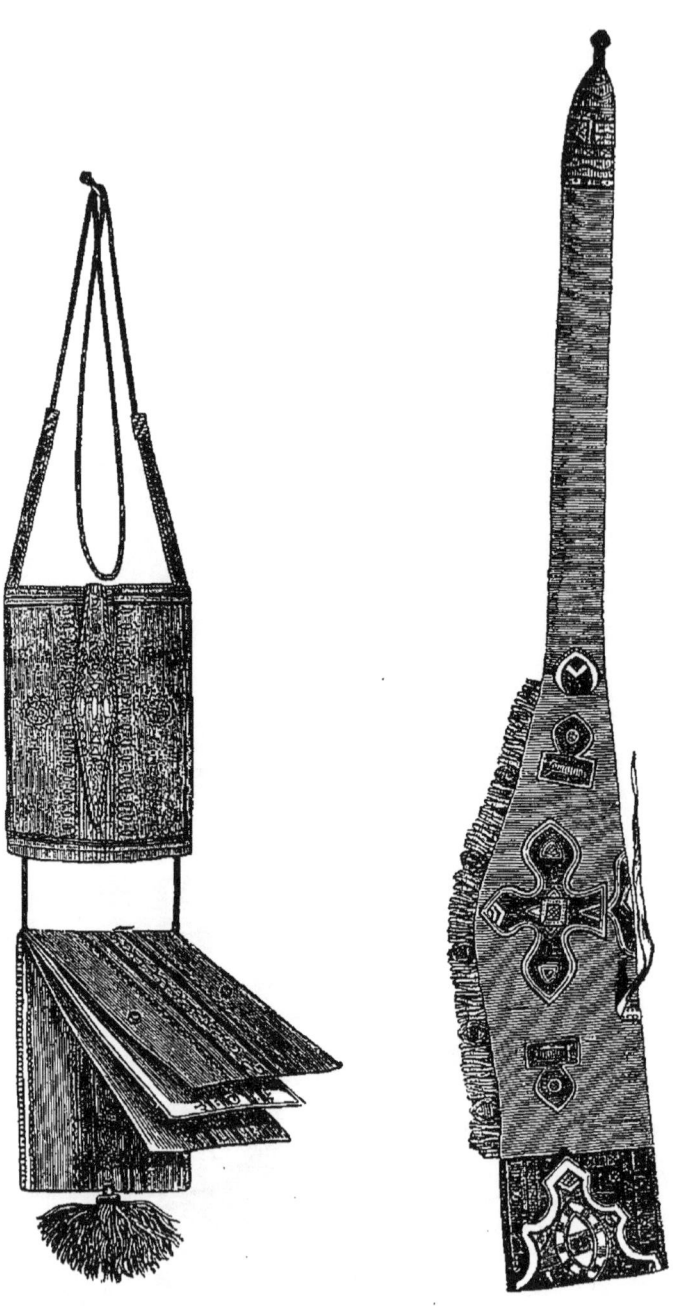

N° 87. — *Voir* tome IV, page 100.   N° 88. — *Voir* tome IV, page 100.

N° 89. — Voir tome IV, page 121.

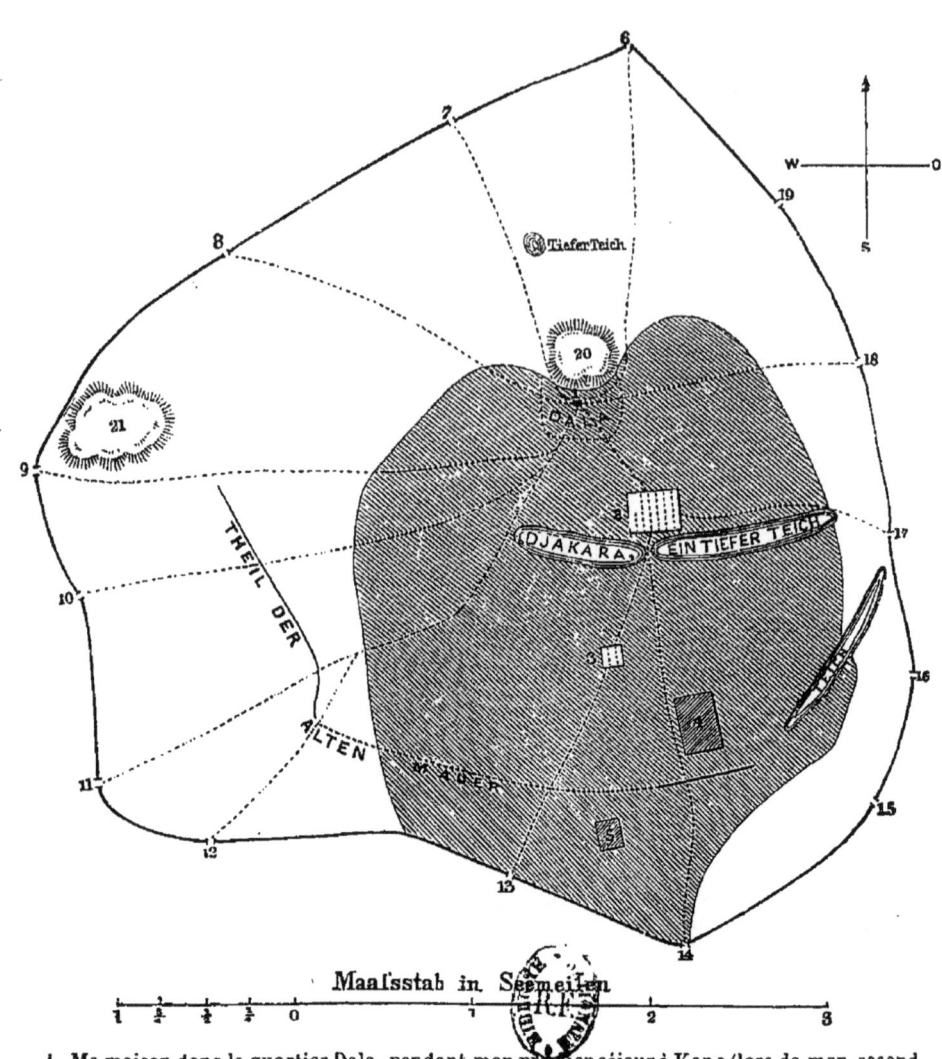

1. Ma maison dans le quartier Dala, pendant mon premier séjour à Kano (lors de mon second séjour, je demeurai dans le même quartier, mais dans une autre maison située à peu de distance). — 2. Grand marché. — 3. Petit marché. — 4. Palais du *serki*. — 5. Palais du *ghaladima*. — 6. *Kofa* (ou porte) *Massouger*. — 7. *Kofa n Adama*. — 8. *Kofa n Gouda*. — 9. *Kofa n Kanssakali*. — 10. *Kofa n Limoun* ou *Kofa n Kaboga*. — 11. *Kofa n Dakanye* ou *Kofa n Doukania*. — 12. *Kofa n Dakaïna*. — 13. *Kofa n Naïssa*. — 14. *Kofa n Koura*. — 15. *Kofa n Nassaraoua*. — 16. *Kofa n Mata*. — 17. *Kofa n Wambay*. — 18. *Kofa n Mugardi*. — 19. *Kofa n Roua* (fermée aujourd'hui). — 20. *Doutsi n Dala*. — 21. *Kogo n Doutsi*.

N° 90. — *Voir* tome IV, page 207.

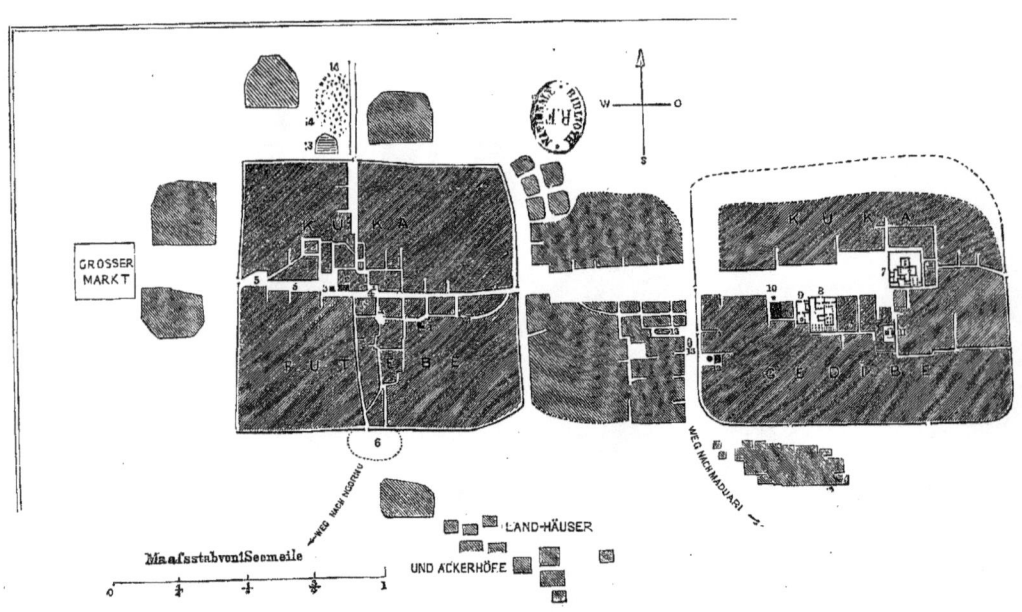

1. Maison anglaise. — 2. Palais du cheik, dans la ville occidentale (billa foutebe), avec une mosquée à l'angle. — 3. Minaret de la mosquée. — Place derrière palais, ornée d'un magnifique gommier, le plus beau de Koukaoua. — 5. Dendal ou rue principale. — 6. Bas-fond situé devant la porte méridionale et où s jetés tous les débris et immondices, ainsi que les cadavres des chameaux, du bétail et parfois même des esclaves; dans la saison des pluies il forme un vaste profond marécage. — 7. Palais du cheik, dans la ville orientale (billa gedibe). — 8. Palais du visir El Hadj Beschir. — 9. Maison où je fus logé à mon arrivée, m qui fut occupée plus tard par Lamino, le chef des serviteurs de Hadj Beschir. — 10. Résidence d'Abou Bakr, fils aîné et préféré du cheik, située à l'ouest de maison précédente, et devant laquelle s'élève un grand gommier. — 11. Maison d'Abba Youssouf, frère puîné du cheik. — 12. Demeure de Lamino, pendant mon d nier séjour à Koukaoua, en 1855. — 13. Excavations du sol, d'où l'on tire l'argile nécessaire aux constructions, et qui forment, dans la saison des pluies, des ma profondes d'eau stagnante. — 14. Cimetière. Les tombeaux y sont du genre le plus simple et ne consistent qu'en trous où l'on dépose les cadavres, envelop de nattes.

N° 91. — *Voir* tome IV, page 217.

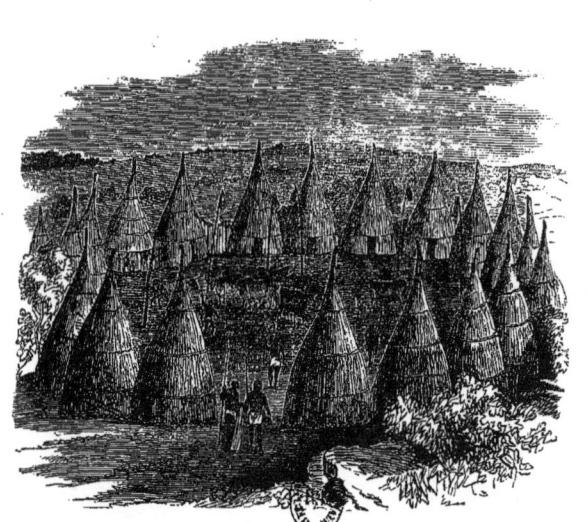

N° 92. — Voir tome IV, page 225.

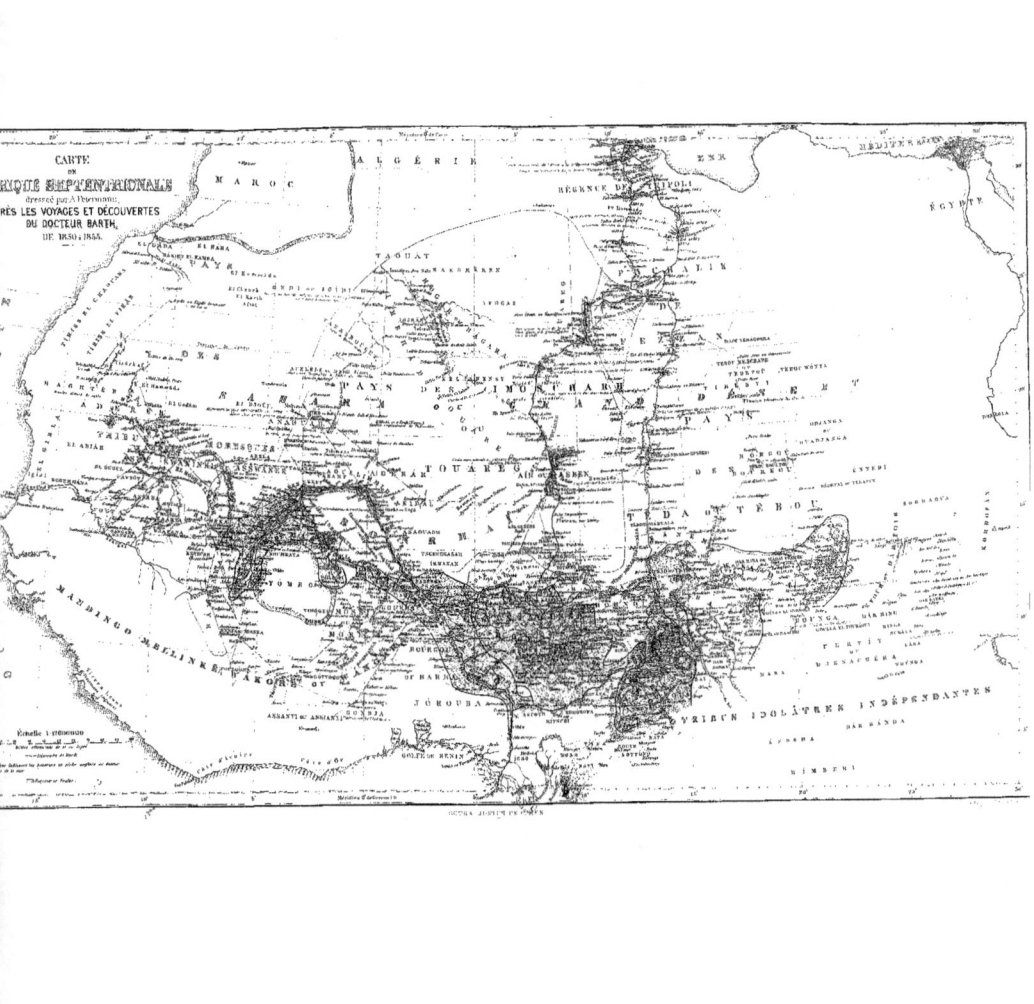

www.ingramcontent.com/pod-product-compliance
Lightning Source LLC
Chambersburg PA
CBHW060351170426
43199CB00013B/1837